职业教育城市轨道交通专业教材

城市轨道交通票务组织

杨 亚 主 编
张 燕 副主编

電子工業出版社
Publishing House of Electronics Industry
北京 • BEIJING

内 容 简 介

本教材是“职业教育城市轨道交通专业教材”之一。教材的内容以轨道交通企业站务人员岗位需求、学生的认知规律及教师的教学积累为依据，融合了不同票务工作任务对职业技能的要求，构建了相关的理论与实践知识。经过与轨道交通企业专家深入、细致、系统的分析，本教材最终确定了 11 个项目 32 个任务，比较全面地概括了城市轨道交通自动售检票系统终端设备的结构组成、主要技术性能、作用和操作流程，城市轨道交通票务系统的业务管理及清分系统，城市轨道交通车站车票及现金、报表的使用与管理，城市轨道交通票务事务及票务违章的处理，城市轨道交通特殊情况下的票务应急处理。

本教材可作为职业院校城市轨道交通运营管理专业及相关专业的教学用书，也可以作为从事城市轨道交通运营组织职工的参考资料和培训用书。

图书在版编目（CIP）数据

城市轨道交通票务组织 / 杨亚主编. —北京：电子工业出版社，2014.12
职业教育城市轨道交通专业教材
ISBN 978-7-121-24700-2

Ⅰ. ①城… Ⅱ. ①杨… Ⅲ. ①城市铁路－旅客运输－售票－管理－高等职业教育－教材 Ⅳ. ①U293.2

中国版本图书馆 CIP 数据核字（2014）第 257769 号

策划编辑：徐 玲
责任编辑：康 霞
印 刷：三河市华成印务有限公司
装 订：三河市华成印务有限公司
出版发行：电子工业出版社
北京市海淀区万寿路 173 信箱 邮编 100036
开 本：787×1 092 1/16 印张：12.25 字数：314 千字
版 次：2014 年 12 月第 1 版
印 次：2021 年 8 月第 11 次印刷
定 价：28.00 元

凡所购买电子工业出版社图书有缺损问题，请向购买书店调换。若书店售缺，请与本社发行部联系，联系及邮购电话：（010）88254888，88258888。

质量投诉请发邮件至 zlts@phei.com.cn，盗版侵权举报请发邮件至 dbqq@phei.com.cn。

本书咨询联系方式：xuling@phei.com.cn。

总序 Preface

随着国民经济持续快速发展，人流、物流、信息流以前所未有的密度涌向大城市并向周边辐射。城市化进程加快，城镇人口迅速增长，我国市区常住100万人口以上的大城市已达40多个，超过200万人口的特大城市已有14个。目前，我国城镇人口比例已经达到45%左右，城市规模的扩大、城市人口的增长，带来了城市交通需求的高速增长。为解决大中城市交通紧张问题，我国已有越来越多的城市把发展城市轨道交通列入城市发展计划。截至2010年，北京、天津、上海、广州、深圳、南京、重庆、武汉、大连、长春10个城市已经开通运营的城市轨道交通线路总长已近1000千米，加上正在建设的沈阳、成都、杭州、西安、苏州等城市在建线路总长也超过1200多千米。此外，还有青岛、宁波、郑州、厦门、东莞、昆明、长沙、乌鲁木齐、南宁、济南、兰州、太原、福州、厦门、合肥、无锡、贵阳、烟台、石家庄、温州等诸多城市都在进行轨道交通规划或建设工作。中国城市轨道交通建设正在进入快速有序的发展阶段。预计在2015年前后，我国将建设79条城市轨道交通线路，长达2260千米，到2020年中国城市轨道交通规模有望突破3000千米。随着城市轨道交通的快速发展，各类城市轨道交通人才需求量急剧增加，从城市轨道交通的专业人才用工需求看，城市轨道交通每公里需要50～60人。对于这个技术密集型行业来说，各城市的轨道交通都需要大批应用型人才，才能保证正常的运营和管理。因此，城市轨道交通行业具有广阔的人才需求空间。

城市轨道交通发展给职业教育的人才培养带来良好契机，为适应城市轨道交通人才培养需求，更好地服务国民经济建设，2010年5月，电子工业出版社在武汉组织召开了“职业教育城市轨道交通专业教学研讨会”，成立了“职业教育城市轨道交通专业项目式教材”编审委员会，确定了“职业教育城市轨道交通专业项目式教材”编写方案。根据专业教学研讨会议精神，经过主编、参编老师的共同努力，“职业教育城市轨道交通专业教材”终于与大家见面了。本套教材基本涵盖了“城市轨道交通专业”的主要课程和内容，满足了专业建设与教学需要；为适应职业教育的改革与发展，教材力求体现当代职业教育新理念、新思路；为紧跟城市轨道交通行业发展，尽量使教材保持一定的知识与技术领先。本套教材编写以职业能力为主线，以职业生涯为背景，以工作结构为框架，以岗位能力为依据，以工作情境为支撑，以工作过程为基础。教材体系结构力求从学科结构向职业工种技能结构转变；教材内容组织力求根据城市轨道交通专业学生今后从事职业工作岗位要求及标准出发，突出典型岗位的工作过程，满足职业标准要求，贯穿主要规章和作业标准。本套教材具有以下特点：

1）教材体例符合职业教育教学改革和发展方向

教材内容选择以《国家职业标准》规定的岗位（群）需求和职业能力为依据，以工作任务为中心，以理论知识为基础，以实践技能为依托，以工作情景为支撑，以案例呈现为特点，以拓展知识为延伸，充分考虑城市轨道交通典型岗位的工作任务的工作过程特点和教学过程特点的有机结合，体现教材的职业性特点。

2）教材内容凸显城市轨道交通专业领域主流应用技术和关键技能

教材内容凸显城市轨道运营、行车组织、客运组织、机车车辆等设备运用与检修及作业组织方法等主体工种的专业知识和技术，包括车站站长、行车调度、车辆维修、客运服务等典型岗位的主流应用技术和关键技能。

3）教材内容涵盖城市轨道交通行业和专业发展的“四新”内容

教材内容组织保持一定的前瞻性，反映行业与专业最新知识、工艺、装备和技术。教材编写从现代教学理念和教学模式出发，体现城市轨道交通前沿的创新成果和经验。

4）教材注重实践性，重视案例和实际动手场景的呈现

教材组织通俗实用，融入和结合了轨道交通专业骨干教师多年的教学经验和体会，合理地取舍和反映城市轨道交通的基本专业知识和基本技能；通过具体模拟训练和情景实操，使学生加深对专业知识和技能的理解以及基本技能和基本方法的掌握，从而可以缩短学生到企业后的上岗时间。

本套教材不仅适用于职业教育各层次教学，也适用于城市轨道交通行业相关人员在职进修提高和培训教学用书。

本套教材由浙江师范大学交通运输系吴晓主任担任主编，西安铁路职业技术学院赵岚、湖南铁道职业技术学院张莹担任副主编。吴晓负责本系列教材编写工作的整体策划与体例结构设计。教材在编写过程中得到了许多城市轨道交通行业专家、电子工业出版社等领导和同仁的大力支持，在此表示衷心感谢！

在本套教材的编写过程中，编者们参考了大量的书籍、文献、论文等，也引用了许多专家学者的资料，编者已尽可能地在参考文献中详细列出，谨在此对他们表示衷心的感谢！同时，可能由于我们的疏忽，有些资料引用了而没有指出出处，若有此类情况发生，深表歉意！由于城市轨道交通正处于快速发展期，资料收集很难达到齐全和最新，再加上编者水平所限，书中错误和疏漏在所难免，敬请大家见谅，也恳请读者在阅读后及时批评指正，我们将十分感谢。

吴　晓

前言 Introduction

职业教育最显著的特点就是“以就业为导向，以能力为本位”。同时，职业院校城市轨道交通运营管理专业的培养目标是为企业培养具有站务员、值班员、值班站长岗位技能的工作人员。基于此，我们组织编写了《城市轨道交通票务组织》教材，通过本教材的学习，能使学生掌握站务岗位相关票务工作任务和应具备的技能，培养学生实际动手的能力，从而使学生能适应站务岗位票务工作要求。

本教材分为 11 个项目，每个教学项目可分解为若干个具体的教学任务,每个任务都包含若干个知识点和技能，分别以理论模块、技术模块、案例模块、实训模块、拓展模块等内容体现。

本教材的特点如下。

（1）以工作任务为中心来组织内容，依据在企业现场的实际调查及分析以及对毕业学生的回访结果而编写的。

（2）注重实用性、操作性、实践性，紧密结合城市轨道交通车站站务人员各岗位的实际工作内容。

（3）围绕满足岗位需要的基本实践技能来优化教学内容，将实用性强的实训任务贯穿教材始终，着力提高学生的学习兴趣。

（4）以培养学生职业素养为主线，提高学生分析问题和解决问题的能力。

本教材由成都工业职业技术学院杨亚担任主编、张燕担任副主编，本教材编写的具体分工为：项目一、二、四、六、十一由张燕编写，项目三、五、七、八、九、十由杨亚编写，杨亚负责编写教材提纲和全书的统稿工作，全书由深圳地铁运营总部客运三分公司王达主审。

为方便教师教学，本教材还配有电子教学参考资料包，包括电子教案、教学指南、习题答案（电子版），请有需要的教师登录华信教育资源网（www.hxedu.com.cn）免费注册后再进行下载，有问题请在网站留言板留言或与电子工业出版社联系（E-mail:hxedu@phei.com.cn）。

本教材在编写过程中参阅了近年来各位专家学者的专著，受益匪浅。在此我们向提供帮助的专家学者及学校在轨道交通车站工作的毕业生表示衷心的感谢。由于编者水平有限，难免有不当之处，敬请读者不吝赐教。

编　者

2014 年 11 月

目录 Contents

项目一　城市轨道交通自动售检票系统认知

项目描述

城市轨道交通的自动售检票系统是处理城市范围内众多轨道交通线路售检票业务的管理系统，涉及路网业务、线路业务、车站处理、终端处理和车票媒介方面的内容。根据业务和层次的不同，城市轨道交通自动售检票系统的基本架构多种多样，系统架构的选择与轨道交通网络的结构、售检票方式、清分需求和车票媒介等相关。本项目主要介绍自动售检票系统的5种基本架构形式，重点分析分级集中式架构各层级的功能。

任务一　城市轨道交通自动售检票系统层级架构

学习目标

（1）掌握城市轨道交通自动售检票系统的概念；

（2）了解城市轨道交通自动售检票系统的基本架构形式。

学习任务

画出自动售检票系统分级集中式层级架构图。

教学环境

多媒体教室。

理论模块

一、城市轨道交通自动售检票系统概述

（一）城市轨道交通自动售检票系统的概念及类型

随着技术的进步和人们生活方式的改变，人们对轨道交通的乘用方式也发生了变化，特别是对信息的应用和管理效率的要求，使得以往的一些技术模式和操作方案都难以适应。

自世界上第一条铁路首次正式办理客运服务、进行乘客售检票以来，售检票系统就成为收费运营轨道交通的重要子系统之一。因此，城市轨道交通自动售检票系统作为城市轨道交通向公众提供服务的窗口，是城市轨道交通系统运营服务的核心子系统。

城市轨道交通自动售检票系统通过计算机技术、网络技术、现代通信技术、自动控制

技术、智能卡技术、大型数据库技术、机电一体化技术、模式识别技术、传感技术、机械制造技术、统计、财务等专业知识的综合运用，来实现城市轨道交通售票、检票、计费、收费、统计、清分结算等全过程的自动化，大大减少票务工作人员的工作量，提高运行效率和效益，使乘车收费更趋合理，减少逃票情况的发生。同时，轨道交通自动售票系统可大大减少现金流通，减少堵塞人工售检票过程中的各种漏洞和弊端，避免售票“找零”的烦琐，方便乘客。

城市轨道交通自动售检票系统按票卡介质的不同可分为一次性磁票自动售检票系统、重复使用磁票自动售检票系统、接触式智能卡自动售检票系统、非接触式智能卡自动售检票系统。

（二）城市轨道交通自动售检票系统的组成及工作内容

城市轨道交通自动售检票系统由路网中央计算机系统（清分系统）、线路中央计算机系统、车站计算机系统、终端设备、车票媒介等设备及网络、各种接口和运作制度组成，其主要工作内容如下：

（1）实现中央系统、车站系统和终端设备之间的数据传输和处理；

（2）完成车票制作、售票、检票、票务统计分析等工作；

（3）及时、准确地进行客流、票务数据的收集、整理、汇总和分析；

（4）实现轨道交通收益方的清分结算及与关联系统等外部接口之间的清分结算，同时可通过银行或金融机构实现账务划拨。

二、城市轨道交通自动售检票系统的基本架构

城市轨道交通自动售检票系统是处理城市范围内众多轨道交通线路售检票业务的管理系统，涉及路网业务、线路业务、车站处理、终端处理和车票媒介方面的内容。根据业务和层次的不同，城市轨道交通自动售检票系统的基本架构多种多样，系统架构的选择与轨道交通网络的结构、售检票方式、清分需求和车票媒介等相关。在多条线路组成的城市轨道交通路网中，根据投资主体、运营管理、换乘方式、轨道交通线路的构成，以及票务处理、票务分析和票务结算系统的需求，实现自动售检票系统的基本架构一般有线路式架构、分散式架构、区域式架构、完全集中式架构和分级集中式架构 5 种。目前我国常见的架构模式为分级集中式架构，本书将详细介绍分级集中式架构，对前 4 种架构形式做简要介绍。

1. 线路式架构

线路式架构的自动售检票系统是根据符合运营线路独立管理自动售检票系统和票务的设想。

在线路式架构中，每条运营线路建有一套独立的自动售检票系统，包括中央计算机系统、车站计算机系统、终端设备和车票媒介。中央计算机系统完成线路轨道交通自动售检票的管理、票务统计和票务结算，并单独与外部卡清算系统连接，实现与外部卡清算系统的交易数据转发、对账和结算等。不同线路之间的自动售检票系统是彼此独立的，票务信

息不能共享，无法满足站内跨线换乘的票务清分应用需要。由于彼此信息独立，对于路网运营管理，如运营模式改变等指令的请求发出和跨线实时下发等都会带来一系列管理上的问题。因此不能适应全路网管理和路网线路不断发展的自动售检票运营管理及票务管理的实际需要。其架构形式如图 1-1 所示。

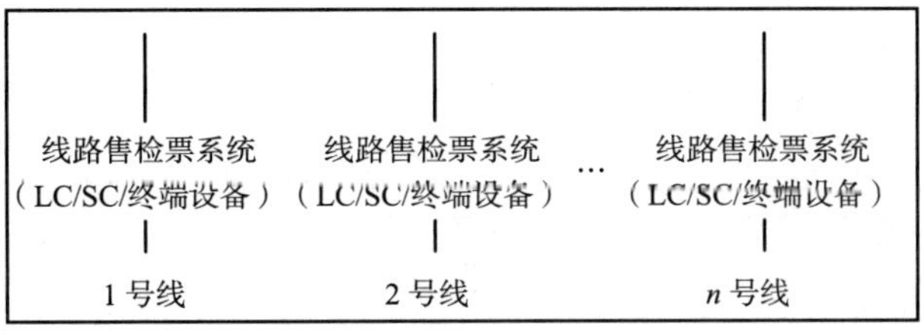

图 1-1　线路式架构

2. 分散式架构

轨道交通网络由若干区域构成，每个区域由若干条线路组成，但各个区域相互独立，完成本区域线路的票务处理和运营管理，构成分散式架构。

分散式架构的自动售检票系统包括多套独立的区域中心，每个区域之间相互独立，每个区域仅能对本区域的线路实现票款、客流统计和收支分离等方面的管理，每个区域清分中心负责相应区域线路的清分，区域中心与外部卡清算中心连接，交换外部卡交易数据和清分结果。由于清分中心是相互独立的，所以区域清分中心之间不能实现互联，乘客不能跨区域直接换乘，但能够在区域内直接换乘。其架构形式如图 1-2 所示。

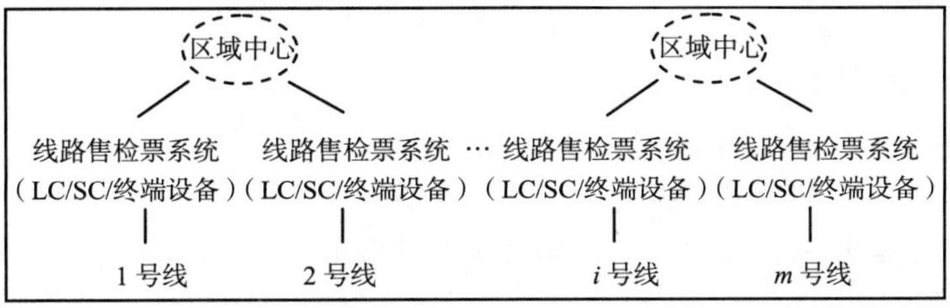

图 1-2　分散式架构

3. 区域式架构

区域式架构是在分散式架构和线路式架构基础上设置一个路网中心。该路网中心直接与独立线路的售检票系统连接，同时与区域中心连接，区域中心直接与所管辖线路的自动售检票系统连接。区域中心负责获取所管辖线路的交易数据，确定其管辖范围内各线路的换乘清分方式和结算，并对所管辖范围内各线路的跨线交易数据进行实时清分。路网中心负责获取全路网交易数据，确定区域中心和其余各线路的换乘结算方式和数据公共接口，并对区域中心和其余线路的跨线交易数据进行实时清分，路网中心具有与外部卡清算系统的接口，用于转发数据、对账和结算等。其架构形式如图 1-3 所示。

4. 完全集中式架构

完全集中式架构是将轨道交通网络中所有的线路拟为一条路网式线路，设置一个路网中心，线路上的车站计算系统集中后通过通信设备直接与路网中心连接，即不设置线路中央系统进行相应的清分处理。

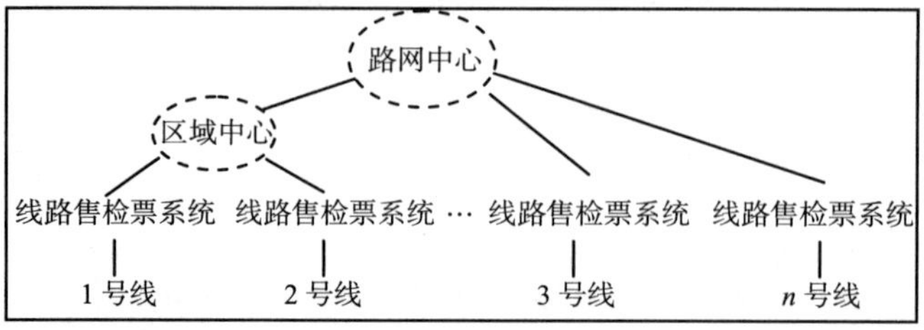

图 1-3　区域式架构

完全集中式架构的自动售检票系统的路网中心与各独立线路的车站系统直接连接，路网中心相当于自动售检票系统的中央数据处理系统，负责获取全路网的所有交易数据及对各线路的清分、统计和管理，同时负责线路的运营管理。架构形式如图 1-4 所示。

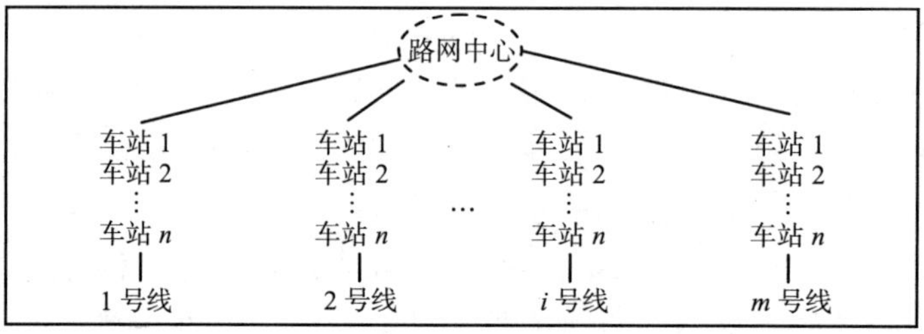

图 1-4　完全集中式架构

5. 分级集中式架构

1）基本架构形式

分级集中式架构是在线路式架构的基础上设置一个路网中心，该路网中心负责获取全路交易数据，确定各线路换乘结算方式的数据公共接口，并对各线路的跨线交易数据实时清分。

分级集中式架构自动售检票系统的路网中心直接与各独立线路售检票系统的线路中央计算机系统连接，路网中心负责对各独立的线路进行清分、统计和管理。架构形式如图 1-5 所示。

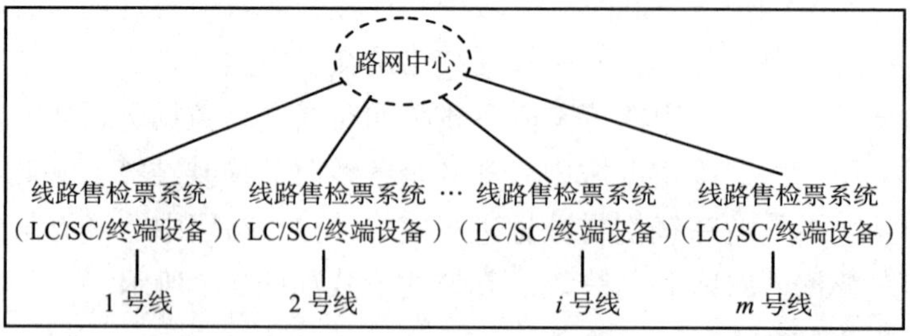

图 1-5　分级集中式架构

2）特点分析

从技术的角度来看，此系统架构清晰，可以实现路网不同线路的换乘清分，满足路网捷运化和信息化的需求。但在分级集中式票务系统架构中，由于乘客换乘的路径较多，跨线换乘票务清分规则的确定和计算复杂。

从运营管理的角度看，分级集中式架构的售检票系统可以实现对全路网票款、客流的全面管理，可实施收支分开的管理。

从投资的角度来看，分级集中式架构的自动售检票系统由多套线路售检票系统和一个路网中心构成，路网中心负责与线路售检票系统的连接，同时也负责与外部卡清算中心的连接。

从投资上看，由于只建设一个路网中心（考虑主备系统），所以相应的投资也较少，即采纳此架构建设的票务系统在总投资上将相对较少。

3）适用性

分级集中式层级架构的自动售检票系统能够满足轨道交通网络化的基本需求。

实操模块

[实训任务]

画出某个地铁公司 AFC 层级架构图。

[实训目的]

了解分级集中式自动售检票系统的层级架构。

[实训要求]

掌握自动售检票系统的概念及分级集中式层级架构中不同层级之间的关系。

[实训环境]

理实一体化教室。

[实训指导]

指导老师指导学生依据地铁运营线路画出架构图。

[实训考评]

架构图层级清晰，口述不同层级之间的关系正确。

课后复习题

1. 城市轨道交通自动售检票系统的概念。
2. 城市轨道交通自动售检票系统的分类。
3. 自动售检票系统的基本架构形式。
4. 分级集中式自动售检票系统的架构特点。

任务二　自动售检票系统的层级构成及功能

学习目标

（1）了解路网中央计算机系统主要设备的构成及功能；

（2）熟悉线路中央计算机系统主要设备的构成及功能；

（3）掌握车站计算机系统主要设备的构成及功能。

学习任务

（1）能描述车站计算机系统的功能；

（2）能描述车站自动售检票系统终端设备的组成。

教学环境

多媒体教室。

理论模块

在自动售检票系统的架构形式中可以看出，分级集中式架构的自动售检票系统能够满足轨道交通网络化的基本需求，目前大多数城市轨道交通自动售检票系统均采用的是分级集中式架构形式，因此以分级集中式架构形式来分析自动售检票系统各层的结构及功能。

一、分级集中式自动售检票系统的构成及功能

分级集中式架构的自动售检票系统根据功能分为 5 个层次：第一层是路网层，第二层是线路层，第三层是车站层，第四层是终端设备层，第五层是车票层，其结构如图 1-6 所示。

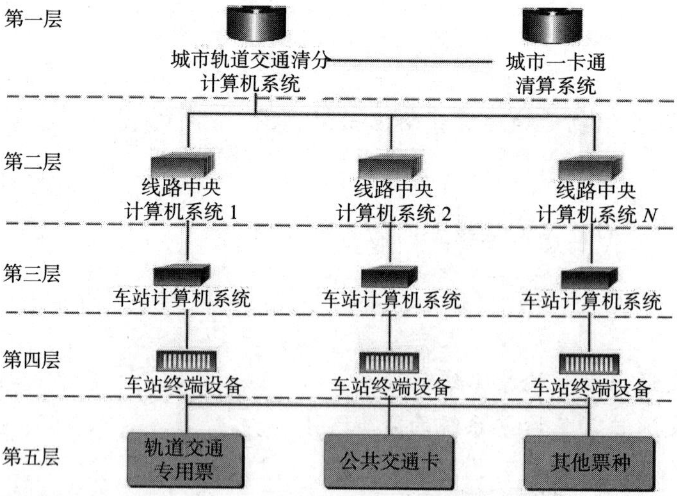

图 1-6　自动售检票系统 5 层架构图

（一）清分计算机系统

1. 构成

城市轨道交通路网计算机系统（通常也称清分计算机系统）是全路网票务系统的汇集层，负责路网运营管理的主要信息管理系统，包括清分计算机（服务器和工作站）、网络设备、车票编码/分拣机、不间断电源和打印机。

2. 功能

城市轨道交通路网计算机系统主要负责全路网所有线路售检票系统单程票/储值票换乘交易数据的收集、处理、清分和清算；负责路网所有线路外部卡交易数据的收集、转发、处理、清分和结算；负责路网车票的统一编码和管理；负责与外部卡清算中心的统一接口处理。其基本功能如下。

（1）设置和下达运行参数、票价表、降级运营模式、交易清分数据、黑名单及车票调配信息。

（2）向城市公共交通清算系统上传一卡通车票的原始数据，并接收其下发的黑名单。

（3）对车票进行跟踪管理，并提供车票交易的历史数据和车票余额等信息的查询及黑名单数据管理。

（4）管理系统时钟同步。

（5）管理系统密钥。

（6）车票编码/分拣机对系统发行的车票进行初始化、编码、分拣。

（7）接收和处理数据线路中央计算机系统上传的各类车票交易数据。

（8）对所采集到的数据进行分类处理，完成各种统计分析报告和报表打印。

（9）具有系统及数据的自动备份和恢复功能。

（10）对系统中各种参数的设置和更新进行管理。

3. 性能

（1）大型数据库应采用关系型数据库，符合 SAG、ODBC 工业级标准，支持 SQL-92 结构化查询语言和 RAC 集群及并行处理技术。

（2）应能保存不少于 13 个月的业务数据。

（3）支持系统 24h 连续在线实时运行。

（二）线路中央计算机系统

1. 构成

线路中央计算机系统（LCC）是各线路票务系统的线路中央层，负责线路运营管理的主要信息管理系统，是整个系统承上启下的重要环节，主要由结算系统、线路运营管理系统、数据交换系统、报表管理系统、网络管理系统、网络设备及各部门操作工作站（包括票务管理、财务管理、计划管理、审核管理等终端工作站）、打印机等组成。

2. 功能

线路中央计算机系统主要负责线路交易数据的收集、处理、分析和管理，并与路网中心交换数据；清分交易数据的管理由路网中心与线路中央计算系统共同完成。基本功能如下。

（1）接收、发送城市轨道交通清分系统的运营参数、票价表、降级运营模式、交易结算数据、账务清分数据、黑名单及车票调配信息。

（2）向清分系统上传各类原始数据。

（3）接收和处理系统各类车票的原始交易数据、设备状态数据及设备维修数据等。

（4）对所采集到的数据进行分类处理，完成各种统计分析报告和报表打印。

（5）具有系统及数据的自动备份和恢复功能。

（6）设置和管理本线路系统和终端设备的操作权限。

（7）对系统各参数的设置和更新进行管理。

（8）与时钟系统同步，并将时钟信息下达到车站计算机系统。

3. 性能

（1）大型数据库应采用关系型数据库，符合 SAG、ODBC 工业级标准，支持 SQL-92 结构化查询语言。

（2）应能保存不少于 6 个月的业务数据。

（3）支持系统 24h 连续在线实时运行。

（4）具备每日处理不少于 400 万笔交易量和每秒能处理 5000 条交易数据的能力。

（5）实时查询车站设备状态及数据，在 5s 内下达查询命令并返回查询结果。

（6）对保存的数据进行统计及报表查询，在 30s 内显示并返回查询结果。

（7）在运营结束时，应能在 4h 内完成当日运营作业程序的统计。

（三）城市轨道交通车站计算机系统

1. 构成

车站计算机系统的主要设备是车站计算机（SC），设置在车站控制室及车站 AFC 票务管理室，可对所在车站的 AFC 系统终端设备进行实时监控，并能自动地生成相关票报表。包括 SC 服务器、SC 工作站（监视管理工作站、票务工作站、维修工作站）、交换机等。

2. 功能

车站计算机系统主要负责对本车站内部的所有设备进行实时监控并可对车站 AFC 系统运营、票务、收益及维修等功能进行集中管理。

（1）接收线路中央计算机系统的运行参数、运营模式及黑名单等，并下传给车站终端设备。

（2）采集车站终端设备的原始交易数据和设备的状态数据，并上传给线路中央计算机系统。

（3）对车站终端设备进行实时监控，并能显示设备的通信、运行状态及故障等信息。

（4）完成车站各类票务管理、数据处理、业务统计、实时监视系统运营、接收和发送运营指令，以及设备监控、时钟同步。

（5）保存不少于 7 个运营日的业务数据和系统数据，并应有数据备份。

（6）记录、审核与应用系统和数据库安全性有关的事件。

（7）接收线路中央计算机系统下传的设备更新软件，通过车站系统网络对车站终端设备的软件进行更新。

3．性能

（1）车站计算机系统中的服务器应为工业级计算机。

（2）应能支持系统 24h 连续在线实时运行。

（3）断电时应具有系统和数据自动保护功能。

（4）应具备每日处理不少于 30 万笔交易量和每分钟能处理 5000 条交易数据的能力。

（5）应能实时查询车站设备的状态及数据，在 5s 内下达查询命令并返回查询结果。

（四）自动售检票系统终端设备

1．构成

自动售检票系统（AFC）终端设备包括自动售票（充值）机、自动检票机（进/出站闸机）、半自动售票机等，各设备的构成详见项目三。

2．功能及性能

自动售检票系统（AFC）终端设备是实现具体售检票业务的操作设备，进行车票发售、进站检票、出站检票、充值、车票分析等读/写交易处理的设备。它们按不同的功能各自独立运行，同时设备内配有独立的就地控制装置，在与系统通信中断的情况下，现场 AFC 设备能独立运作，并保存一定时间范围内的设备运营数据。其功能及性能分别详见项目三。

（五）车票

车票是旅客乘车的凭证，自动售检票系统（AFC）的车票通常采用非接触式 IC 卡。

二、分级集中式自动售检票系统的网络结构

1．传输系统

自动售检票的传输系统包括路网传输系统、线路传输系统和中央系统与外部系统连接的外网传输系统。

轨道交通的传输系统是自动售检票系统运行的业务平台，自动售检票系统的中央计算机局域网络和车站局域网通过传输系统连接在一起，构成自动售检票系统的网络系统。

（1）路网传输系统

路网传输系统是在路网范围内连接所有线路的自动售检票系统，负责中央系统与线路系统之间的信息传输，它是轨道交通路网的传输系统。路网传输系统是轨道交通的专用传输系统，在线路传输上负责所有线路传输系统的连接。

（2）线路传输系统

线路传输系统是线路自动售检票系统信息传输的通道，负责与所有车站连接，传输车站系统与线路系统之间的信息。它是线路的传输系统，也是轨道交通的专用传输系统。

（3）外网传输系统

外网传输系统负责路网自动售检票系统的中央系统与外部相关系统的连接，如公共交通卡清分系统和银行结算系统，负责清分和结算信息的传输。

2. 计算机局域网

在车站范围内，车站的计算机系统与售票终端、检票终端及其他终端的连接是通过计算机局域网实现的。另外，中央系统和线路系统内部的计算机也是通过局域网连接的。

中心局域网是整个计算机网络的核心，担负着整个计算机系统的数据存储、网络管理、业务分析、资源共享等核心业务，对设备的可靠性、安全性有极高的要求。

车站局域网同样要求安全、可靠，当网络发生故障时，只影响数据的上传及计算中心对车站终端设备的实时监控，各终端设备仍能独立运行一段时间，不会使售检票系统陷入瘫痪。车站网络系统不考虑过多的冗余处理，只担负本站的票务管理、统计分析报表及终端设备的监控，业务数据保存的时间较短。

实操模块

[实训任务]

描述自动售检票系统分级集中式层级架构各层的主要功能和主要硬件设备名称。

[实训目的]

掌握分级集中式自动售检票系统的层级架构及其各层的组成及功能。

[实训环境]

理实一体化教室。

[实训指导]

指导老师指导学生依据理论知识来学习分级集中式层级架构各层的功能。

[实训考评]

语言准确，思路清晰，内容全面。

课后复习题

1. 城市轨道交通自动售检票系统分级集中式层级架构路网层的设备组成及功能。
2. 城市轨道交通自动售检票系统分级集中式层级架构线路层的设备组成及功能。
3. 城市轨道交通自动售检票系统分级集中式层级架构车站层的设备组成及功能。
4. 城市轨道交通自动售检票系统分级集中式层级架构终端设备层的设备组成。

任务三　地铁车票认知

学习目标

（1）了解车票媒介与售检票方式之间的关系。

（2）掌握车票的不同分类。

（3）掌握智能卡车票的特性。

（4）掌握不同车票的概念及功能。

学习任务

能描述不同车票的使用特点及其功能。

教学环境

多媒体教室。

理论模块

轨道交通售检票系统中，车票是乘客的乘车凭证。车票记载了乘客从购票开始，完成一次完整旅行所需要和产生的费用、时间、乘车区间等信息。由于车票上记载了有关乘车的信息，因而也将其称为车票媒介。

不同的车票媒介记载信息的方式和数量不同，记载方式不同，识别方式也不同。不同的车票媒介将对应不同的识别系统，即不同的车票媒介对应于不同的售检票方式。

一、车票媒介与售检票方式

根据信息认读方式的不同，车票媒介可分为视读和机读两种认读方式；信息记录介质有印刷、磁记录和数字记录 3 种；售检票方式分为人工方式、半自动方式和自动方式，每种售检票方式都要涉及不同的车票媒介和识别技术。

1. 车票的分类

1）按存储介质和构造的不同，车票可分为纸质、磁卡和智能卡型车票。

（1）纸质车票。事先在车票上印刷相关信息的车票称为纸质车票，由人工方式或自动方式售票，通过视读或扫描仪确认票面信息，如图 1-7 所示为北京地铁早期使用的纸票。

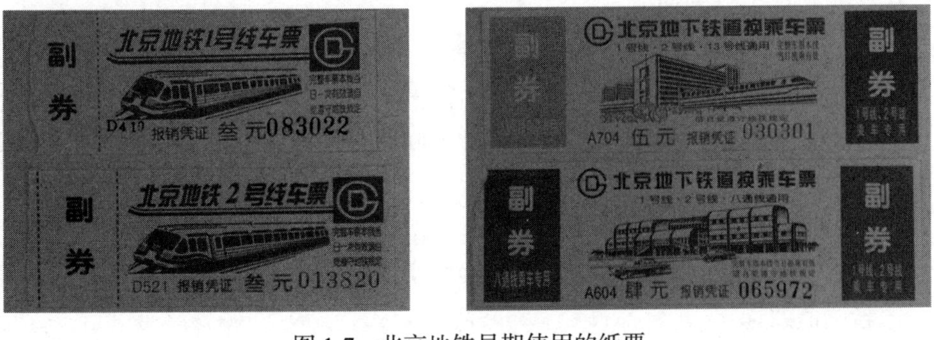

图 1-7　北京地铁早期使用的纸票

（2）磁卡型车票。磁卡是一种磁记录介质卡片，它由高强度、耐高温的塑料或纸质涂覆塑料制成，能防潮、耐磨，且有一定的柔韧性，携带方便，使用较为稳定。磁条可用来记载字母、字符及数字信息，如图 1-8 所示为磁卡型车票。

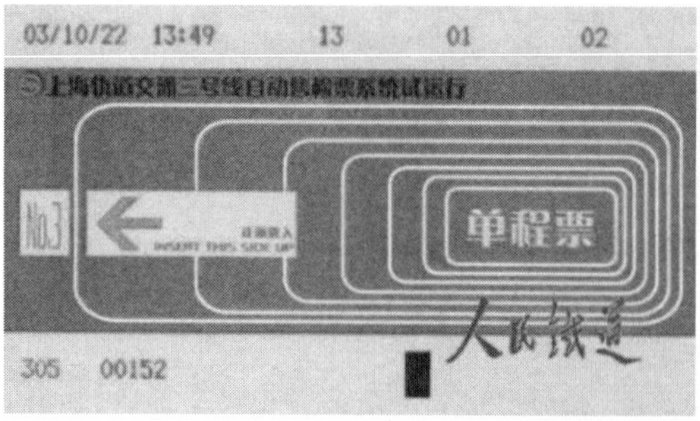

图 1-8 我国首张地铁纸质磁卡车票

（3）智能卡型车票。智能卡是 IC 卡的一种，是将一个专用的集成电路芯片镶嵌于符合标准的塑料基片中，封装成外形与磁卡类似的卡片形式，即制成一张 IC 卡，也可以封装成纽扣、钥匙、饰物等特殊形状，如图 1-9 所示为常见形状的 IC 卡车票。

筹码式

薄卡式

图 1-9 常见形状的 IC 卡车票

智能卡型车票又可分为接触式 IC 卡和非接触式 IC 卡。目前，大多数轨道交通自动售检票系统均采用智能卡型车票。

2）按使用性质不同可分为单程票、储值票、许可票或特种票。

（1）单程票。单程票是指乘客以一定金额购得一次服务旅行承诺，只可进行一次进站和一次出站行为的车票。单程票从应用的角度不同又可分为普通单程票、应急单程票、优惠单程票和纪念单程票。

（2）储值票。储值票是指车票内预存一定资金，在金额足够的情况下，可多次使用的车票，每次使用时根据相应的计价规则扣除乘车费用，出站不回收。储值票可分为记名储值票和不记名储值票。

记名储值票卡内保存有持卡人的个人信息，如持卡人姓名、性别、身份证号码等；卡面也可根据需要印刷持卡人的姓名、性别、身份证号和照片等信息；记名储值票可挂失，可以享用信用消费和信用增值及其他特殊服务。

不记名储值票票面没有持卡人的信息，使用后如果无污损，通常可以将车票退还给发卡公司以便重新发行使用。

储值票按使用功能的不同又可分为普通储值票、优惠储值票和纪念储值票。

（3）许可票或特种票

许可票是一种不同于单程票和储值票的特殊票种，由运营方根据某种特殊需要，针对某些群体的特殊要求，以吸引或方便他们来乘坐地铁为目的而发行的，赋予特定的使用许可的某种车票，在限定的条件下具有一定的优惠。许可票或特种票根据用途不同又可分为车站工作票和测试票、乘次票及出站票。

2. 车票媒介与售检票方式

不同的售检票方式需要的车票媒介是不同的，而且车票媒介的信息量及读写方式也会影响售检票系统的运作方式。不能进行机器识别的车票媒介只能采取人工售检票，如纸票只能采取人工售检票方式；磁卡型及智能卡型车票则采用自动售检票方式，但对机器识别设备要求高的车票媒介会影响识别效率和系统建设投资。

在轨道交通系统中，其售检票方式取决于票卡媒介和识别设备。目前世界上常见的轨道交通售检票方式有印制纸票人工售检票系统、印制纸票半自动售检票系统、一次性磁票自动（半自动）售检票系统、重复使用磁票自动（半自动）售检票系统、接触式智能卡自动（半自动）售检票系统、非接触式智能卡自动（半自动）售检票系统。

二、车票的基本要求和特性

（一）车票的基本要求

1. 车票的尺寸规格

（1）卡片型车票的尺寸规格应符合表1-1的规定。

表1-1　卡片型车票的尺寸规格

<table>
<tr><th rowspan="3">种　类</th><th colspan="8">尺寸规格</th></tr>
<tr><th colspan="2">长（mm）</th><th colspan="2">宽（mm）</th><th colspan="2">厚（mm）</th><th colspan="2">切角半径（mm）</th></tr>
<tr><th>最小</th><th>最大</th><th>最小</th><th>最大</th><th>最小</th><th>最大</th><th>最小</th><th>最大</th></tr>
<tr><td>储值票</td><td rowspan="2">85.47</td><td rowspan="2">85.72</td><td rowspan="2">53.92</td><td rowspan="2">54.03</td><td>0.68</td><td>0.84</td><td rowspan="2">2.88</td><td rowspan="2">3.48</td></tr>
<tr><td>单程票</td><td>0.40</td><td>0.58</td></tr>
</table>

（2）筹码型车票的尺寸规格及质量应符合下列要求：

直径：（3±0.3）mm。

厚度：I型（2±0.2mm）；II型（3±0.3）mm。

筹码的质量偏差应不大于5%。

2. IC卡车票芯片的容量要求

（1）单程票芯片的存储容量应不小于512bit。

（2）储值票芯片的存储容量应不小于1KB。

（二）车票的特性

1. 车票的物理特性

（1）卡片型车票封装后的物理特性应符合 ISO/IEC7810——2003（识别卡物理特性标

准）的规定。

（2）封装成筹码型或其他形式的车票的物理特性也应符合 ISO/IEC7810——2003 的规定。

（3）储值票芯片的读写次数应大于 100 000 次；单程票芯片的读写次数应大于 10 000 次。

2. 车票的电气特性

（1）车票的电气特性应符合 ISO0/IEC14443.2 的规定。

（2）车票应具有防冲突的功能。

（3）完成一次车票读写的处理时间：储值票应不大于 300ms；单程票应不大于 200ms。

3. 车票的安全特性

（1）密钥管理

车票主密钥的生成及安全认证模块应按规定程序管理。在车票发生交易时，应由设备内的安全模块根据车票的特性判定合法性。车票在每次交易时，应经过密钥验证；车票的应用密钥应根据车票的唯一码、认证码及交易过程中产生的变量，按照规定的加密算法生成。

（2）车票的通信安全

车票应具有数据通信加密并双向验证密码系统。单程车票与读写器通信可使用握手式半双工通信。在通信过程中，不得明文传输密码。

三、车票的主要功能

不同的车票具有不同的功能，本书主要叙述自动售检票系统按不同性质分类的各种车票的功能。

1. 单程票

单程票采购回来后，首先要经过初始化工作，在票内写入密钥，并在数据应用区写入票卡类型、有效期等信息；其次，配发到车站通过自动售票机（TVM）和半自动售票机（BOM）进行发售，乘客乘坐地铁出站时由出站闸机自动回收，回收后的车票可在车站循环使用。

（1）普通单程票

普通单程票是单程票中使用最广的一种车票，乘客购票时完成对票卡的赋值，当日当站（按参数设置）限时限距使用，出站回收。

（2）应急单程票

应急单程票有两种形式：一种是预制单程票，另一种是应急编码票。预制单程票是指经过编码分拣机或半自动售票预先赋值的单程票，通过人工售卖以弥补大客流情况下或售票设备故障时售票能力不足的问题。预制票的特点是已赋予一定的金额；有较长的使用期限；在有效期内每个车站都可以使用；使用方法和普通单程票相同，只是由于对车票预先赋值，在资金及票卡的管理上更为严格。应急编码票是将车票进行应急专用编码，在进站时发放给乘客，乘客在到达站根据乘坐情况补票，出站时回收。该票种主要是避免进站大客流对部分车站的购票或进站产生冲击，采取先放行进站，分散到出站口时再进行补票的处理方式。

（3）纪念单程票

纪念单程票是为某种题材专门制作的纪念性单程票卡，可供收藏，另定价发售，在有效期内使用，不计程，出站不回收。

（4）优惠单程票

优惠单程票是根据条件给予一定折扣和优惠的车票，如批量购买或针对某项活动时给予一定的优惠。

2. 储值票

（1）普通储值票

普通储值票是储值票中使用最多最广泛的一种车票。它由专门的发卡单位制作，通过发卡单位营业网点或代理机进行发售，发售时根据储值票的成本收取一定的押金。普通储值票在有效期内限单人使用，可反复使用，每次使用时根据计价规则扣费，余额不足时可进行充值。普通储值票一般为不记名储值票，所以不可挂失。

（2）优惠储值票

根据需要给予一定折扣优惠的储值车票，如老人票、学生票等。不同的轨道运营管理公司根据本城市乘客的特点对不同的乘客给予不同的折扣优惠。一般优惠储值票均为记名储值票。

（3）纪念储值票

纪念储值票是为某种题材专门制作的纪念性储值票卡，可供收藏，另定价发售，使用时和普通储值票一样根据乘车时限和乘车距离，依据一定的计价规则扣除相应的车程费。

3. 许可票或特种票

（1）车站工作票。该票种是供轨道交通相关从业人员工作使用的车票。例如，车站员工票、车站外服卡等。

（2）测试票。该票种是一种对自动售检票系统设备进行维护诊断用的特殊车票，只能在设备处于维护模式由维修人员测试设备时使用。

（3）乘次票。该票种是一种被赋予固定乘次许可，在规定的时间及许可范围内可以重复使用，未使用的次数不能累加到下一个周期使用的车票。通常该票种在使用时只计次数，不计里程。

（4）出站票。在特殊情况下，如丢失单程票、单程票损坏等，由工作人员处理后发给乘客，用于当站出闸的票卡。

课后复习题

1. 车票与售检票方式之间的关系。
2. 车票按使用性质不同的分类。
3. 单程票的分类及概念。
4. 储值票的分类及概念。

项目二　城市轨道交通票务系统认知

项目描述

城市轨道交通票务系统是轨道运营方为乘客提供快捷、优惠的出行，有效进行票务收入管理，合理配置运营系统（运营设备、运营模式）资源而建立的一套满足城市轨道交通票务管理需求的系统，同时又是自动售检票系统实施的必要环境和基础。票务系统的业务管理是借助于自动售检票系统来实现的。本项目主要介绍票务系统业务管理的主要内容。

任务一　城市轨道交通票务系统业务管理认知

学习目标

（1）掌握城市轨道交通票务系统的概念及功能。

（2）掌握城市轨道交通票务系统与自动售检票系统之间的关系。

（3）掌握城市轨道交通票务系统业务管理的内容及其含义。

学习任务

（1）能描述票务系统与自动售检票系统之间的关系。

（2）能描述票务系统业务管理的内容及其含义。

教学环境

多媒体教室。

理论模块

一、城市轨道交通票务系统概述

1．定义

城市轨道交通票务系统是轨道运营方为乘客提供快捷、优惠的出行，有效进行票务收入管理，合理配置运营系统（运营设备、运营模式）资源而建立的一套满足城市轨道交通票务管理需求的系统。

2．功能

城市轨道交通票务系统主要功能是制定票价等运营策略，对车票制作、车票出售、入站检票、出站检票和补票、罚款等营收信息进行有效管理。随着系统功能外延的不断扩展，城市轨道交通票务系统也承担起对运营状况进行监控管理的职责。

城市轨道交通票务系统是城市轨道交通票务收入和结算的基础，只有通过安全、可靠和完备的自动售检票系统才能有效地实施票务的结算和清分。合理的票务机制能有效提高客流和运营效益。

在城市轨道交通网络中，只有在各线路均采用票务系统规划所统一制定的车票制式、系统接口和清分算法，才能保证整个城市轨道交通网络在收费区内直接换乘。

3. 与自动售检票系统的关系

城市轨道交通票务系统是自动售检票系统实施的必要环境和基础；自动售检票系统则是城市轨道交通票务系统的实现手段之一，它能有效提高城市轨道交通票务系统的管理水平和效益。

自动售检票系统与票务策略的对应关系主要表现在客流、票制、统计与结算、车票处理等方面。

（1）客流

自动售检票系统可根据交易信息为决策或规划提供客流信息。通过系统整理分析原始数据和信息能力，把票务系统与其他信息管理系统相结合，通过票务系统的信息挖掘，可以进一步了解区域客流特征，为管理提供量化的决策依据，也可为相关的经济行为提供客流行为支持，提高服务或管理决策的针对性和准确性。

（2）票制

自动售检票系统根据票务政策的计费原则和计费方式进行售票、检票和统计。对单一票制、计程票制和综合票制等，应结合不同的票制原则及相应的优惠措施制定执行方案（各种票制的概念及特点在本项目任务三规则管理中介绍，此处略）。

（3）统计与结算

票务统计与结算的基础是交易数据。线路每天的客流量是该线路各站的单程票、储值票及特种票的进站数及换乘至该线路人数之和。各线日车票收入以单线各站的单程票发售收入与储值票的出站扣值及当天补票收入之和，减去退票款后，按乘客在各换乘线路乘坐的情况核算。

自动售检票系统可对客流量、票务收入及单程票的使用进行统计和分析，并编制相应的报表；对不同线路或不同收益载体进行票务收入清分，对路网系统与其他兼容系统进行清分，并可通过银行结算系统进行及时结算。

（4）车票处理

车票处理包括对单程票、储值票和特种票的处理。一般情况下，单程票是当日当站使用的车票，通常要制定退票规则，包括是否允许退票、退票时间要求、手续费的收取等。当储值票和特种票不能正常使用时，交车站处理，由专门部门进行查询、分析和作相应处理。

二、城市轨道交通票务系统业务管理的内容

票务系统的业务管理是借助于自动售检票系统来实现的。一个完整的城市轨道交通自

动售检票系统业务管理的主要内容有票卡管理、规则管理、信息管理、账务管理、模式管理和运营监督等。

1. 票卡管理

票卡是乘客使用的车票，用于记载乘客的出行和费用信息，是乘车的有效凭证。票卡管理就是对票卡的发行、使用、更新等全过程进行的有效管理。

2. 规则管理

为了保证票务系统能够在多部门和多环节高效运行，必须制定一套科学、严密的规则和流程。规则管理包括票价策略、结算规则、权限规则和作业流程及标准等。

3. 信息管理

信息化是自动售检票系统的一个基本特征。为了进行有效的管理和为决策提供可靠的信息，需要对系统收集的基础数据进行深度挖掘、加工，开展统计分析并发布信息。

4. 账务管理

账务管理是对系统内的票务收入进行清算及入账的过程，包括账户的设置、票款汇缴、登账稽核、收益清算、资金划拨和对凭证的有效管理等。

5. 模式管理

模式管理是指针对不同的运营状况、条件所做出的相应操作行为的选择和实施，包括正常运营模式、降级运营模式及相配套的运营管理。

6. 运营监督

运营监督是指通过系统设备及所具有的完整、严密、及时的信息流对运营状况进行实时跟踪监督，以提高运营质量和服务水平，包括信息传输状况监督、客流状况监督、调配监督、收款监督及收益监督等。

课后复习题

1. 票务系统与自动售检票系统的关系。
2. 票务系统业务管理的内容。

任务二　票卡管理

学习目标

（1）掌握城市轨道交通票卡管理的内容。

（2）掌握城市轨道交通车票编码的定义。

（3）掌握城市轨道交通票卡循环使用流程。

学习任务

（1）能描述城市轨道交通车票编码的含义。

（2）能画出城市轨道交通票卡循环使用的流程图。

教学环境

多媒体教室。

理论模块

票卡是乘客使用的车票，是乘客乘坐轨道交通的有效凭证，是自动售检票系统中不可缺少的信息载体和信息交互媒介。

票卡管理就是由专门的机构对从生产厂家采购回来的票卡从发行、发售、使用和回收等全过程进行严格、规范、有效的管理，主要包括车票初始化、车票配发、车票赋值与发售、车票进/出站处理、车票更新、车票加值、车票退换、车票调拨、车票收缴、车票注销、黑名单管理等工作环节。

一、车票的编码定义

作为自动售检票系统中不可缺少的信息载体和信息交互媒介，车票在发行和使用过程中需通过不同的自动售检票系统设备写入相应的车票信息，以对其进行有效的跟踪管理。对车票写入信息的过程称为车票编码。车票编码包含初始化编码及使用过程中的车票编码，其编码的内容包括车票的安全密钥及防伪数据、车票类别、车票编号、车票票值、车票时效、车票使用范围等编码信息。

1. 车票类别

车票类别在编码的时候确定，其标志了车票的分类情况，对应不同的应用方式和处理规则，乘客可根据自己的需要购买规定范围内不同类别的车票。如乘客购买的车票为学生储值票，则享有一定优惠。

2. 车票编号

车票编号可分为卡面编号、物理卡号和逻辑卡号。

（1）卡面编号

卡面编号是指票卡生产厂商在制作车票媒介时印制在车票表面上的系列编号，可标明生产者代码、批次等信息。

（2）物理卡号

物理卡号是指非印刷票卡媒介产品的序列号，并由车票媒介生产厂商在出厂时直接写在车票芯片内，物理卡号可以跟卡面编号一致，也可以不同。

（3）逻辑卡号

逻辑卡号是指为了确保自动售检票系统能够跟踪流通中车票的使用情况和针对某张或者某些车票进行功能设置而赋予的系列编号，在车票初始化时由编码机对票卡进行逻辑卡号的写入。

在车票制作和使用过程中，中心数据库可通过在车票的票面编号、物理卡号、逻辑卡号之间建立相应的关联关系而对车票的使用情况进行有效的防伪和跟踪。

3. 车票票值

车票票值也就是车票所含可乘车的资金，它是记录在车票内的、可以用于乘坐轨道交通工具的金额。

通常，使用单程票的乘客在出站时若车票中的票值小于本次旅程的应付费用，则不予放行，需要补足费用后才能出站。使用储值票的乘客在经过本次旅行后，将在票卡存储的资金中扣除此次旅程的费用，在进站时，若票卡中的预存资金金额为零或负值时一般不让进站乘车。

4. 车票时效

各种类别的车票都有各自不同的有效期，车票只能在系统设定的有效期内使用。若车票即将过期或者已经过期，须进行延期等更新处理后才能使用。

5. 车票使用范围

各种类别的车票都有特定的使用范围（如线路、车站等）以规范使用秩序。

二、票卡管理

（一）车票初始化

在所有车票投入使用前必须由专门的机构通过编码/分拣机进行初始化，分配车票在系统内的唯一编号，同时生成车票相关的安全数据，使得票卡成为在自动售检票系统内可使用的媒介，只有经过初始化后的车票才可以分发至各站进行发售。

在初始化时，操作员针对不同类型的车票设置系统参数及系统应用数据来进行初始化编码。车票初始化时的编码内容一般包括以下数据类型。

（1）安全密钥及防伪数据。

（2）车票编号数据。

（3）车票状态数据。

车票初始化的步骤如下。

（1）设备读取车票上唯一的物理卡号，验证初始密钥。

（2）初始密钥验证成功后，将逻辑卡号、安全数据、编号数据及系统应用数据写入车票。

（3）车票初始化后，将车票信息记录到中央数据库中。

（二）车票的循环使用

经过初始化后的车票可进入循环使用阶段，包括车票配发、使用、调拨、收缴、注销等大循环环节。其中车票在车站内的使用环节又包括车票赋值与发售、进站检票、出站检票、回收等车站内小循环环节。在小循环中还针对车票在使用过程中出现的其他情况进行处理，包括车票更新、车票加值、车票退换等环节。

1. 车票配发

由票卡发行单位（如车票配送中心）根据客流情况，将初始化后的车票配发到各车站进行发售。

轨道交通专用车票的配发流程如图 2-1 所示。

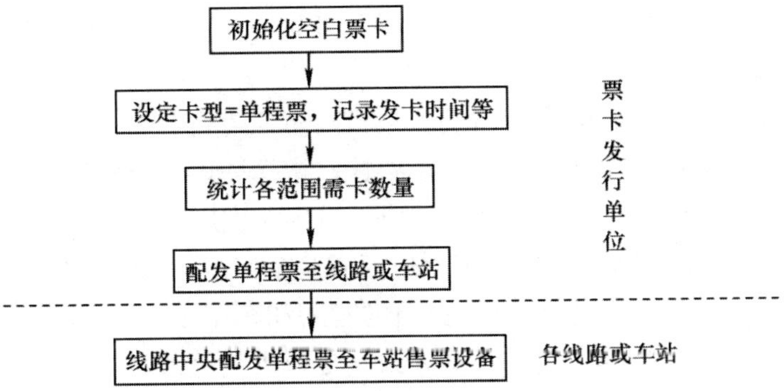

图 2-1　车票的配发流程

2. 车票在车站内的使用

车票的使用主要指车票在车站内通过 AFC 终端设备完成车票的赋值与发售、进站检票、出站检票、回收等在站内的循环使用，但对于应急票，是由票务上级主管部门预先赋值或编码，再根据车站的客流特点配发到车站，供发生特殊情况时发售使用的。

1）车票的赋值与发售

（1）赋值

①配发到车站的车票通过自动售票机、半自动售票机在出售车票时完成车票的赋值（对需要提前赋值的预制票，则在未出售前由专门的编码/分拣机进行赋值）。

②对车票进行赋值时，必须对车票进行有效性检查，再将赋值信息写入车票，但不能修改票卡发行时的初始化数据。

③对不同类型车票的赋值数据由系统参数来确定。

（2）发售

车票在自动售票机或半自动售票机上出售，并写入“出售记录”（如出售日期、出售时间、线路车站号、售票设备编号、车票赋值/余额等）信息。

2）进站检票

车票经进站检票机检票，在进站检票机处写入“进站记录”（如进站时间、线路车站号和进站检票机编号等）信息。

3）出站检票、回收

①车票经出站检票机检票，依不同类型车票进行不同的处理，如对乘次票（或储值票）将在出站检票机处写入“出站记录”，并扣除一个乘次（或车程费用）；如对单程票则由检票机的回收装置完成自动回收，并清除票卡中上一次的发售、进站等信息。

②经出站检票机回收的单程票，可通过自动售票机、半自动售票机进行再次发售，在车站内循环使用。储值票或乘次票则由乘客在车站内通过进/出检票机正常使用。

所有车票的详细使用记录最终需要保存在中央计算机系统，以便对车票的使用情况进行统计和分析。车票的每次详细使用记录至少包括车票类别、车票编号、交易类型、车票交易序号、交易时间、交易设备编号、上次交易时间、上次使用设备、交易金额、车票余值等信息。

当乘客使用了无效（或失效）等不能正常进/出检票机的车票时，检票机将拒绝接受，并指引乘客到半自动售票机处对车票进行分析和处理。

4）车票更新

当车票不能正常使用时，应在半自动售票机对车票进行分析，找到原因后对车票进行相应的更新。若为进出站次序错误（普通车票检验遵循一进一出的次序，如果乘客在进站时未经检票，或在出站时未经检票，就会造成因进出站次序不匹配而导致车票的暂时性无效）、超时、超程等无效原因，半自动售票机则可对车票进行更新处理。

中央计算机系统分别设定进/出站码更新的时间和车站限制，进/出站码更新的费用，超时更新的费用，超程更新的计费、收费方式，更新次数等参数。在进行更新处理时，半自动售票机相应更新车票的进/出站状态、时间及费用，并记录更新标志等。

单程车票在进行超时更新操作时不对单程票金额进行修改，通常另行收取超时费用。更新储值票时，收费可从储值票上扣除收费金额，乘客也可以选择用现金另行支付。

5）车票加值

储值票可通过半自动售票机、自动售票机或自动充值机进行加值。中央计算机系统可设置加值的金额限制、允许加值的车票类型、加值优惠等。

6）车票退换

当乘客要求退票时，半自动售票机能办理退款业务。通常退款处理方式可根据车票是否损坏而分为即时退款或车票替换两种方式。

中央计算机系统可设置退款的条件、使用次数限制、余额限制、费用等以确保退票处理有足够的安全性，防止欺骗行为的发生。

对车票进行分析后，符合系统设置参数的车票即可办理退款业务。例如，车票符合允许被替换的类型、指定的回收条件等可以通过半自动售票机进行替换处理。在进行替换处理时，在被替换的车票上写入有关的替换信息，但车票上的原有信息不能被修改或涂抹，车票上的所有余值/剩余乘次及优惠信息应完全转入新的车票上。

3. 车票调拨

经过一段时间的持续运营，由于客流的不均衡性，会造成车票在各线路、各站点上的分布不均匀，有些线路、站点滞留大量的车票，而有些线路、站点则车票短缺。为提高车票的使用效率，可以采用站间调拨的方式给车票短缺的车站补充车票。

4. 车票的收缴

车票使用一段时间后，必然会出现不同程度的损坏或达到系统规定的使用寿命（车票在初始化编码时都被编上了初始化时间，系统根据各种车票的使用情况，设置车票的有效使用期），系统就可在使用环节中及时收缴超出有效期，或者由于折损而不能继续使用的车票，也可通过编码/分拣机进行集中分拣，将达到使用周期或受到损坏的车票分拣出来进行回收，分拣条件可以由参数设置。

5. 票卡注销

票卡在频繁的使用过程中应建立适当的制度对其使用状况进行及时检查，一旦发现不宜继续使用的票卡要及时注销，删除流通数据库中这些票卡的编号或将这些注销票卡信息放置进已销票卡数据库，并销毁已注销票卡。

（三）黑名单管理

1. 黑名单

黑名单是指因某种因素如员工票、计次票、城市一卡通、储值票等丢失而办理挂失或金额（次数）异常而办理登记，导致该车票被 AFC 系统禁止使用，即在黑名单上的票卡一旦使用就将根据有关规定被锁住，禁止使用。

黑名单由票卡发行单位设置，并通过中央计算机系统下发到 AFC 终端设备中去。票卡发行系统将对其发行的票卡进行异常检查设定和黑名单数据库的管理。

2. 黑名单数据库

黑名单数据库的数据结构通常为票卡唯一号、设置时间及状态控制等级。其中状态控制等级是指售检票设置是否允许进站、出站或者仅可进站，不允许出站等。黑名单数据库的数据一般情况下不可修改，只有经过严格授权后数据才可进行修改。必要时，可以从黑名单数据库中删除数据，以保证黑名单数据库不会无限膨胀。通常有以下两种情况可以将黑名单数据从数据库中删除。

（1）数据库中对应的票卡已明确被禁用（即在售检票设备上使用时被禁用）。

（2）黑名单票卡号数据停留在数据表中时间达到或超过有效期。

3. 黑名单数据的发布与更新

黑名单数据通过计算机网络或其他通信方式及时传送至相关的终端设备。黑名单更新通常采用差值传送方式，即每次只传送一次下发不同的黑名单数据而非全部，这样可提高传输的效率，也可提高传输的可靠性。轨道交通自动售检票系统的有关设备应能及时将黑名单票卡使用记录上传到中央计算机系统。

课后复习题

1. 票卡管理的内容。
2. 车票的编码定义。
3. 票卡循环使用的流程图。
4. 票卡黑名单的含义。

任务三　规则管理

学习目标

（1）掌握城市轨道交通规则管理的内容。

（2）掌握票制的概念及其分类。

（3）掌握城市轨道交通权限管理的含义。

学习任务

（1）能描述规则管理的内容。

（2）能判别票制的类型。

（3）能描述票价确定的方法。

教学环境

多媒体教室。

理论模块

票务系统涉及的部门和环节较多，要确保这些部门和环节的有效协作、高效联动，就必须依托一整套科学严密、行之有效的规则进行管理。规则管理就是为确保系统规范运作，制定出的一系列规则、流程，供各方遵守并能进行有效监督实施。

轨道交通自动售检票系统业务涉及的规则通常包括票务政策、结算规则、收益分配规则、权限管理和操作流程等。

一、票务政策

票务政策主要是指与城轨交通的票务收益密切相关的、直接面向乘客的政策。各城市轨道交通企业制定的票务政策大致包括基本票价政策、车票优惠政策、车票使用政策及退换票政策。票务政策是在对乘客提供服务过程中，指导车站票务运营管理最根本的依据。

（一）基本票价政策

基本票价政策是指轨道交通企业对票价及计价方式的确定和选择原则。

1. 票制

票制即票价的计价方式。目前，世界上轨道交通的费用计算一般是由服务目标环境和轨道交通路网的分布形式来确定的，比较典型的票制有单一票制、计程票制和综合票价制。

（1）单一票制

单一票制是指无论运营里程的长短，全轨道交通系统都按统一票价核收。这种计价方式适用于小规模或公益性较高的轨道交通网络，乘客使用方便，运营公司的操作简单，但不能体现乘距与费用的关系，在运营成本与乘车费用的关系上有一定的不合理性。

（2）计程票制

计程票制是指按乘客乘坐列车距离的远近划分不同的票价等级。计程票制又可分为按区间分段计价和按里程分段计价两种。

按区间分段计价是指按乘客乘坐的车站数量实行多级票价，根据设定的基本起步价，起价区间、每个计价段所包含的区间数、每一计价段价格等进行票价的计算。按里程分段计价是指按乘客乘坐的运营里程长短实行多级票价，根据设定的基本起步价、起价里程、每个计价段所包含的里程数、每一计价段价格等进行票价的计算。

这种计价方式适用于长距离运输，对于较高频率出入系统的乘客不太经济。如果这种方式用于城市轨道交通系统，将会导致系统的设备和管理变得相当复杂。

（3）综合票价制

综合票价制是指考虑乘客运距、乘客占用收费区时间、乘坐时间段（如节假日与工作日、高峰与低谷等）等因素核算不同的票价等级。

2．票价

票价是指乘客每次乘坐地铁时所需要支付的乘车费用。

城市轨道交通作为城市公共交通的重要组成部分，同时城市轨道交通企业又具备企业的性质，其票价确定应综合考虑城市轨道交通系统的运营成本、城市交通其他交通方式的票价水平、城市经济发展水平、市民生活水平及乘客承受力，同时还要考虑政策因素，如物价政策、交通费补贴政策等。

城市轨道交通与人们的日常生活息息相关，其票价的高低关系到人们日常生活成本的高低，因此票价的制定与水、电、气价格的制定有一定的相似性，所以一般采取政府价格决策听证制度来确定票价。

（二）车票优惠政策

车票优惠政策主要指城市轨道交通企业在乘车费用上对不同乘客给予的让利举措，有些是从市场营销的角度出发制定的，如给乘客的乘车费用积分优惠；有些是从社会效益的角度出发制定的，如给予学生、老人乘车折扣优惠；有些是依据政府的福利要求制定的，如广州地铁给予 65 周岁及以上老人免费乘坐地铁的优惠、成都地铁给予 70 周岁及以上老人在非高峰时段免费乘坐地铁的优惠等。

（三）车票使用政策

车票使用政策包括票种、车票的售价、车票的有效期、车票的使用规则、退票原则、问题票处理原则等。

1．票种

票种是指城市轨道交通企业提供给乘客使用的车票类型，如单程票、储值票、乘次票等。

2．车票的售价

车票的售价不同于车票的票价，它是指每张车票的售卖价格，它一般包括车票的成本费用、车票所含有的车费，如果是纪念票，则还要考虑车票的纪念价值。

例如，一张 IC 卡纪念票，如果车票的成本是 20 元，车票中含有的车费是 30 元，其纪念价值为 30 元，则此车票每张的售价就为 80 元。

3．车票的有效期

车票的有效期是指乘客购买了一张车票后，在车票所含有的余值充足的条件下，可以用于乘坐地铁的有效期限。

单程票的有效期一般是一天，而储值票的有效期则可能是一段比较长的时间，如某地铁储值票的有效期是 300 天或 500 天等。

4．车票的使用规则（乘车限制）

车票的使用规则是指乘客持有效车票乘坐地铁时必须遵守的原则，如一张车票只能提供给一个乘客使用还是可以提供给多个乘客使用，乘客进站检票后，在地铁内逗留的时间最长是多少，乘客持车票乘车时，应遵守进站检票—出站验票—再进站检票—再出站验票的“一进一出”顺序，还是可以任意进出，以及乘客在乘坐地铁时允许携带的物品范围、体积及质量等规定均属于车票的使用规则。

5. 退票原则

退票原则是指乘客在购买地铁车票后，在没有乘车的情况下，能否进行退票或在指定的条件下才能退票的规则。

6. 问题票处理原则

当乘客所持有的车票不能正常进出站时，称这张车票为问题车票。城市轨道交通企业对问题车票制定了相应的处理规定。

例如，当乘客持一张IC卡储值票乘坐地铁的过程中出现了车票过期、车票余值不足、车票超时、车票折损等问题时，应该按什么规定来进行处理？处理时是否需要收取费用等。

二、结算规则

如果城市轨道交通的票务收益需要进行分配，则乘客一旦购票乘坐轨道交通，就会形成各利益方之间的收益结算关系。结算规则就是为了合理进行利益划分，在系统内部各单位之间、系统与外部银行、兼容系统等之间所制定的如何开展收益结算业务的规则。

制定结算规则可以明确结算方式与流程，合理界定各自的支出与收入，保障相关各方的权益。

三、收益分配规则

轨道交通票务收益的分配涉及各个收益方和其他关联单位。资金清算的快速、方便、准确将直接影响各方利益，各利益相关方对收益分配工作的配合程度是整个系统成败的关键。因而，在进行收益分配时要遵循公平合理清算、数据采集完整、有效管理账户、清算模式规范清晰、收入管理高度集中、资金划拨安全快速的原则。

四、权限管理规则

轨道交通自动售检票系统中涉及层次之多、人员之广是其他子系统所不及的。要确保如此庞大的系统高效有序地正常运转，就必须按责任范围设置相应的管理权限，进行分级管理。

权限管理就是区别不同的工作岗位和人员，按其工作需要分别赋予不同的工作权限，以确保系统正常、有序、高效、安全地运转。

自动售检票系统层级式的组成方式也决定了参与成员必须按业务需求划分层级，根据不同的业务管理层面和管理类型，结合被赋予的业务角色来设置相应的管理权限。

课后复习题

1. 规则管理的内容。
2. 票制及其分类。
3. 车票使用规则的内容。

4. 权限管理的含义。

任务四　模式与运营监督管理

学习目标

（1）掌握城市轨道交通规则模式管理的概念。

（2）掌握正常运营模式的类型。

（3）掌握降级运营模式的类型。

学习任务

（1）能判别正常运营模式的类型。

（2）能判别降级运营模式的类型。

教学环境

多媒体教室。

理论模块

一、运营模式管理

自动售检票系统的模式管理就是针对不同的运营状况、条件所做出的相应操作行为的选择和实施，包括正常运营模式、降级运营模式及相配套的运营管理。

（一）运营模式的类型

1. 正常运营模式

通常情况下，自动售检票系统在正常运营模式下自动运行。正常运营模式主要包括正常服务状态、关闭状态和暂停服务状态、设备故障状态、测试（或）维修状态及离线运行状态等。

（1）正常服务状态、关闭状态和暂停服务状态

在每日运营开始时，自动售检票系统可根据时间表设置，自动将各车站的终端设备（如检票机、半自动售票机、自动售票机等）设置为正常服务状态；每日运营结束时，系统也同样按顺序关闭终端设备，将设备置于关闭状态。

同样，运营操作人员可以通过车站计算机将车站终端设备设置为正常服务状态或关闭状态。

（2）设备故障状态

在自动售检票终端设备发生故障时，设备将自动进入设备故障状态，并自动向上一级系统报告；在故障消除后，设备在自动向上一级系统报告后自动进入正常服务模式或关闭模式。车站计算机系统和中央计算机系统保存相关的故障和修复信息，并形成相关报表。

（3）测试（或）维修状态

通过本地控制，车站维护人员应可将车站终端设备设置为维修状态，对车站终端设备进行测试及维护。

在维修状态下，所有车站终端设备不能处理车票和现金，但在特定命令下可使用测试票。车站终端设备的乘客显示屏或状态显示屏显示“暂停使用”信息及相关的维修信息。

（4）离线运行状态

车站设备应能在本机保存相关的参数设置，并由车站计算机系统定期更新。当车站终端设备与车站计算机系统或车站计算机系统与中央计算机系统、中央计算机系统模块间网络中断或无网络连接时，设备可在离线状态下运行。

在离线状态下运行时，车站终端设备能保存一定周期（如 7 天）的设备运行数据；车站计算机系统能保存一定周期（如 30 天）的设备运行数据，并可在设备载体上传/下载设备的交易/参数数据。当网络恢复连接时，可自动检测未上传/下载的信息数据，并自动上传/下载相关数据。

2. 降级运营模式

降级运营模式是针对不同运营状况、条件所做出的相应操作行为的选择和实施。一般包括运营故障模式、进/出站免检模式、时间免检模式、日期免检模式、超程免检模式、紧急放行模式及其他模式。采取降级运营模式时的设备表现及对车票的处理方法详见项目九任务三。

（二）运营模式的实施

1. 运营模式计划

中央系统具有运营模式计划设置功能，统一为整个路网、某区域若干车站设置可自动进入某种运营模式。

2. 运营模式下达

中央系统通过操作终端统一向某线路或车站下达运营模式命令，以实现降级运营模式或恢复正常运营功能。

3. 运营模式转发

中央计算机系统可接收来自某线路或车站系统上传的当前运营模式信息。同时，通过中央计算机系统向路网中的其他线路和车站系统转发运营模式，以协同运营。

二、运营监督管理

中央系统是整个轨道交通的信息汇集点，它全面掌握轨道交通售票及客流信息。通过实时监督，一方面及时掌握中央系统自身各线路系统的接口工作状态，另一方面对汇集到中央系统的各类数据信息可进行充分、有效的利用。实时监控的内容主要包括网络状态监督、客流量监督、车票调配监督、收款监督、收益监督及数据完整性监督。

1. 网络状态监督

实时监控子系统对整个轨道交通路网中的所有线路与中央系统之间的通信连接进行实时监控，并在路网图上直观地显示出来。

2. 客流量监督

客流量的实时监督包括全路网的各车站进/出站客流、断面客流和区域客流，以及车票发售、车票更新等各项数据信息，所有的实时监督最好能精确到以车站为对象、分钟为单位的时间段。

3. 车票调配监督

中央系统的运营管理人员通过票卡流量监督功能及时发现哪些线路（或车站）的卡存量不够，哪些线路（或车站）的卡存量过高，从而可以采取相应的处理措施，进行及时的车票调配。

线路中央计算机或车站计算机系统中车票调配监督功能实际是使用实时（某个时间段）的进/出站寄存器数据信息、售票寄存器数据信息等进行统计比较分析。

4. 收款监督

中央系统通过各线路售票、充值交易信息的统计，及时发现哪些车站现金存量过高，以便采取相应的处理措施。

5. 收益监督

中央系统在处理清分交易数据时，实时地将清分收益记入各线路，以便掌握某一线路在指定时刻的清分收益情况。

6. 数据完整性监督

对于各类终端设备产生的交易数据明细记录，均可以通过相应设备的交易寄存器数据进行完整性审核，以监督交易数据的差异性。

课后复习题

1. 运营模式管理的含义。
2. 正常运营模式的类型。
3. 降级运营模式的类型。

任务五　信息与账务管理

学习目标

（1）掌握城市轨道交通信息管理的内容。

（2）掌握城市轨道交通账户管理的内容。

学习任务

（1）能描述城市轨道交通信息管理的内容。

（2）能描述城市轨道交通账户管理的内容。

教学环境

多媒体教室。

理论模块

一、信息管理

城市轨道交通票务系统是一个庞大的系统，它涵盖了乘客进/出站、乘车费用、流向、流量等基本信息，同时为满足运营管理及相关各方的需要，必须对系统收集的基本数据进行深度挖掘、加工，开展统计分析并发布信息。

信息管理就是对系统中相关的信息进行收集、传递和处理，包括信息收集、信息传输、信息储存、信息统计分析和信息发布等。

按信息的生成方式可分为原始信息和派生信息两种。原始信息是指系统运行过程中自动生成、无需进行任何人为加工的信息，如售票记录、乘客进/出站信息、乘车费用、流向、流量等，是运营管理和生成派生信息时最基础和必要的信息源。派生信息是指在原始信息的基础上，为进一步满足运营管理及相关各方的需要，对原始信息进行的深度挖掘和加工、分析，如客流量、运营收入、平均票价、平均运距等信息。

1. 信息收集

信息收集是采集、传输、汇总、处理相关信息的过程。对于轨道交通这样庞大的系统，要对它进行有效的管理就离不开信息的收集。特别是乘客流动的信息，对轨道交通运营管理、经营策略具有极其重要的价值。自动售检票系统就是对各类交易数据、状态数据等进行信息收集最直接、最有效的系统之一。

2. 信息统计分析

信息统计分析就是通过借助一系列的工具和方法，将系统收集到的信息进行汇总、加工、处理，以生成满足我们日常管理需要的数据、报表、资料，并从各种不同的角度来对这些数据、报表、资料加以分析，为运营管理提供信息支持。

根据运营管理性质的不同，轨道交通自动售检票系统报表主要分为结算类报表、管理分析类报表、故障辅助解决类报表三大类。

结算类报表是指在结算过程中所产生的报表，这一组报表完整体现了结算过程中的所有资金及信息内容。管理分析类报表是为了满足清分中心日常管理及对路网运营情况进行分析而设置的报表。故障辅助解决类报表是在出现对账不平时，为有效解决问题而提供辅助信息。

3. 信息发布

信息发布是信息管理的最后一个环节，也是信息管理的最终目的。信息发布是将上述不同报表在不同时点上反映出的内容、信息，通过各种不同的手法和渠道，向有关各方进行发布，以满足正常运营管理及社会政治、经济需求，如客流信息、基本路网运行信息和票价信息等可以通过网站形式提供给社会公众、政府相关机构和城市交通研究机构等。

二、账务管理

账务管理是对系统内的票务收入进行汇缴、清算、入账等过程的管理，包括账户设置、票款管理和对凭证进行有效管理等。

1. 账户设置

账户设置是相关管理机构为满足日常管理、票款交缴、清算和资金划拨等需求所设立的各类账户。根据资金清算的需要，负责清分结算的机构一般会委托一家银行作为清算银行，并在清算银行开设各类账户。各清分结算账户分别由清分结算管理单位和收益方开设。

清分结算单位开设的账户通常包括车站现金汇缴账户、储值票结算账户、清分账户和未清分账户等。车站现金汇缴账户由清分结算单位为相关车站在清算银行开设，用于存放每次清点后各车站的票务收入资金；储值票结算账户用于存放储值票成功消费资金，并参与清分结算；清分账户是一个中间汇集账户，在结算单位周期终了清算后，清分结算单位发出划账指令，首先将所有的待划资金划入该清分账户，然后通过该清分账户再将资金划拨给各个收益账户，该账户在结算单位周期清算工作开始前和工作结束后的余额为零；未清分账户用于存放清算时产生的长款资金或短款处理资金。

2. 票款管理

各人工售票点、自动售票机在发售车票时会产生现金收入，即票务收入。票款管理就是从信息流和资金流两个方面对票务收入的交缴、入库、结账等环节进行的全过程科学而严密的管理。

票款交缴是指每个站点所产生的票务收入按规定程序进行收取；票款入库是指清算单位应组织专人对各车站的缴款进行清点，清点完毕后解入各站对应的汇缴账户，并生成资金解款单，返还给各缴款站，并向清分结算单位提供所有相关余额报表；票款结转是指每个清分结算周期完成清算工作后，由清算银行根据清分结算管理单位发出的划账指令在各账户间进行资金划拨，实现各收益方的票款资金结转。

3. 凭证管理

凭证包括售票凭证及收益凭证，是了解车站票务收入和车票售卖情况的重要依据，也是进行票务收益核对的重要依据，因此对凭证的管理是一个不可忽视的问题。

课后复习题

（1）信息管理的内容。

（2）账户管理的内容。

项目三　自动售检票系统终端设备操作

项目描述

自动售检票系统终端设备安装在各车站站厅，是自动售检票系统直接为乘客提供售检票服务的设备，是完成车票发售、进/出站检票、充值、车票分析等读写交易处理数据采集、保存、上传的设备，包括自动检票机、自动售票机、半自动售票机、自动验票机等。本项目主要阐述各终端设备的结构组成和功能及运营模式、简单故障、操作程序等主要内容。

任务一　自动检票机（AGM）操作

学习目标

（1）掌握自动检票机的组成结构和主要功能。

（2）掌握自动检票机重启和票箱更换操作程序。

（3）理解自动检票机常见运营服务模式。

（4）熟悉自动检票机简单故障的处理程序。

学习任务

自动检票机的认知与操作。

教学环境

理实一体化教室或城市轨道交通票务实训室。

理论模块

自动检票机（AGM，Automatic Gate Machine），也叫闸机（简称 GATE），安装于车站付费区与非付费区的交界处，其设置遵循乘客通行规则：在检票端右手持票检票，左侧通道通行。每个车站根据站厅布局都安装有数组自动检票机，用于控制和监控乘客进入或离开付费区，是乘客进/出车站付费区时的检（验）票口，实现乘客自助进/出站检（验）票交易的 AFC 终端设备。自动检票机的总体布局如图 3-1 所示。

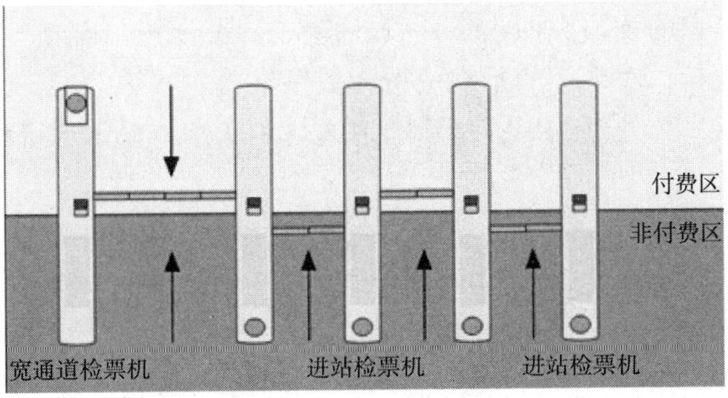

图 3-1　自动检票机的总体布局图

一、自动检票机的分类和功能

（一）自动检票机的分类

自动检票机根据功能的不同，可以划分为进站检票机、出站检票机和双向检票机 3 种。

进站检票机用于完成进站检票，检票端（票卡读写器）设在非付费区一侧，无车票回收装置；出站检票机用于完成出站检票，检票端（票卡读写器）设在付费区一侧，配车票回收装置；双向检票机既可完成进站检票也可完成出站检票，在非付费区和付费区可分别按照进站和出站的处理规则完成检票功能。

自动检票机根据阻挡装置的类型，可以分为三杆式检票机（见图 3-2）、扇门式检票机（见图 3-3）和拍打门式检票机（见图 3-4）三大类型。

根据通道宽度，可以分为标准通道检票机和宽通道检票机两种。

图 3-2　三杆式检票机

图 3-3　扇门式检票机

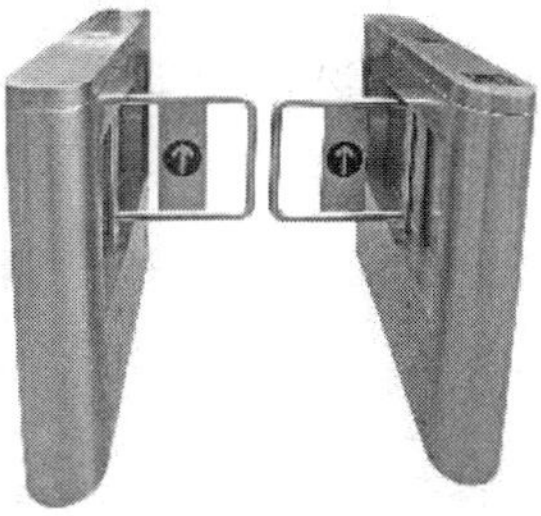

图 3-4　拍打门式检票机

（二）自动检票机的功能

自动检票机的基本功能是对乘客进入或离开付费区时所持车票进行检验，并完成进站或出站的交易处理。在计时计程的收费规则下，乘客进入付费区时进站检票机检查车票的合法性并记录进入时的地点和时间；离开付费区时出站检票机检查车票的合法性、进站信息的合法性及付费区内的停留时间，并根据进入位置和离开位置计算本次车程的费用，完成车票扣款操作。自动检票机的主要功能如下。

（1）自动对车票进行有效性检验，有效票放行，无效票禁止通行，并提示乘客持票到客服中心处理。

（2）自动完成车票的读写、回收、计费、扣费、退还等操作。

（3）监控乘客通行，对乘客的不规范行为提供报警。

（4）为乘客提示车票处理结果，指示通道通行的状态，显示运行状态和特殊票提示、报警。

（5）接收车站计算机下发的参数和控制命令，并执行相应的操作。

（6）定时将存储的交易信息（如进/出站客流量及扣费信息）等上传到车站计算机，生成相关报表。

（7）对各部件的工作状态进行自动监测，并向车站计算机上报工作状态。

（8）在断电和接到紧急放行信号时，必须自动打开检票通道。

二、自动检票机的结构组成

（一）自动检票机的外部结构组成

常见的门式自动出站检票机外部主要由票卡读写器、乘客显示器、警示灯、方向指示器、单程票回收口、扇门和通行传感器几部分构成，如图 3-5 所示。

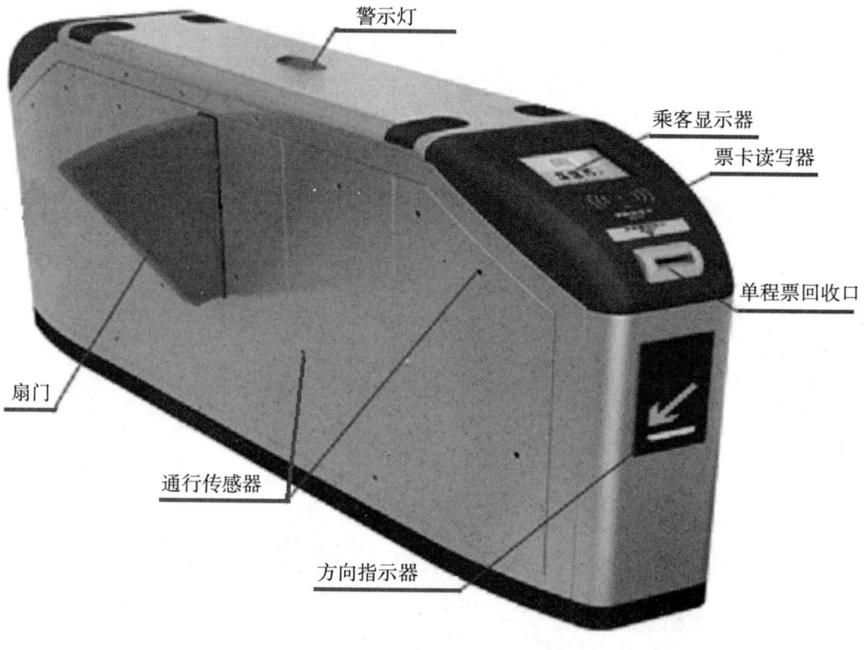

图 3-5　门式自动出站检票机外部结构

1. 票卡读写器

票卡读写器的安装位置符合乘客右手持票习惯，在检票机安装读卡器的位置有醒目的标识指示乘客刷卡位置。读写器有效读写距离为 10cm，交易速度为 200 ~ 1000ms。

票卡读写器主要用于读取乘客所持车票的信息，并对车票进行有效性检验和读写操作。

2. 乘客显示器

乘客显示器安装于进站检票机的入站端、出站检票机出站端和双向检票机两端车票读写区的连接处。

乘客显示器为可变显示，能够显示中文、英文、数字及图形，用于显示自动检票机当前所处的模式、状态及车票的相关信息，为乘客提供相应的操作提示，以引导乘客正确使用检票机，如对于有效车票显示车票有效及允许进（出）站的指示信息；出闸时显示车票余值、本次扣费金额等信息；对于无效车票显示车票无效及到客服中心处理等指示信息。

3. 警示灯

警示灯通常安装在自动检票机的顶部，能用警示声和灯光指示不同车票的类别及乘客违规行为。当乘客持优惠票刷卡时，蜂鸣器发出相应的提示声，报警指示灯发出橙色光；当乘客持黑名单票刷卡或非法通行或违反操作规程时，蜂鸣器发出“嘟嘟”声，报警指示灯发出红色光，以便于提示车站检票人员及时对一些使用特殊车票的乘客进行有效证件的检查，及时阻止乘客的违规行为。

4. 方向指示器

方向指示器安装在自动检票机面向乘客的前端，用来指示乘客在自动检票机通行通道的方向，以及为远距离乘客指示检票机的状态，方向指示器的设计确保乘客在 30m 外的距离可以明辨标志的内容和含义。

方向指示器应至少能显示“通行”及“禁止通行”两种信息，以图形加文字的形式提示乘客。用绿色箭头来表示通道允许检票通过，用红色叉的禁行标志来表示相应的通道不接受检票，禁止通行。黄色灯条用于表示优惠票指示。如图 3-6 所示。

5. 单程票回收口

单程票回收口用于回收卡片式单程票，而乘客投入的无效票或其他物体（如卡片等）被退回至此供乘客取回。

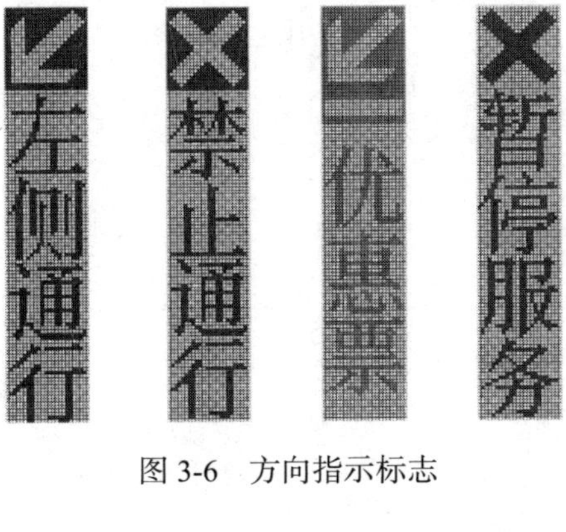

图 3-6　方向指示标志

6. 扇门

扇门装置是一种得到广泛应用的检票机阻挡装置。扇门装置由扇门、机械控制结构和控制板组成。扇门由一对三角形回收形的门形挡板组成。其机械部分产生阻挡/放行乘客的通行行为，应保证每天能正常通过一定数量的持有效车票的乘客安全通过通道。

一般情况下，扇门可设置为常开或常闭状态。在常开状态下：自动检票机若处于正常服务模式，扇门将保持开放状态，乘客持有效车票验票后可直接通过，当接收到无效车票或乘客试图无票通过时，自动检票机将关闭扇门；自动检票机若处于暂停服务模式，扇门应关闭。在常闭状态下：无论自动检票机是处于正常服务模式还是暂停服务模式，扇门均处于关闭状态；当自动检票机处于正常服务模式时，乘客持有效车票验票后扇门打开，乘客通过后在一定时间内扇门关闭。

7. 通行传感器

通行传感器分布在闸门两侧通道内和闸门两旁，能够监控乘客通过自动检票机的整个过程，能监测两个及以上的成人间隔及重叠通过自动检票机的情况，能区分乘客与手推物品，可以防止闸门夹伤乘客。它主要通过对乘客进站区域、扇门安全区域和乘客通过扇门后出站区域的检测来实现监控，通道传感器的布置图如图 3-7 所示，图中各小圆点为传感器。

A：进站区域 1 组传感器，主要监测是否有乘客进入通道。

B：进站区域 2 组传感器，判断无票乘客的通行行为。

C：安全区传感器，安装于不同的高度，监测通行情况，反馈信号控制闸门，保护已进入通道的乘客，防止闸门夹住乘客。

D：出站区域 1 组传感器，检测乘客是否已经通过闸门，若发现乘客已经通过闸门，如有跟随通行行为，反馈信号将控制闸门关闭，防止第二个乘客通过。

E：出站区域 2 组传感器，检测与自动检票机设定方向相反进入通道的乘客，如有逆行通行行为，检票机将关闭闸门并报警。

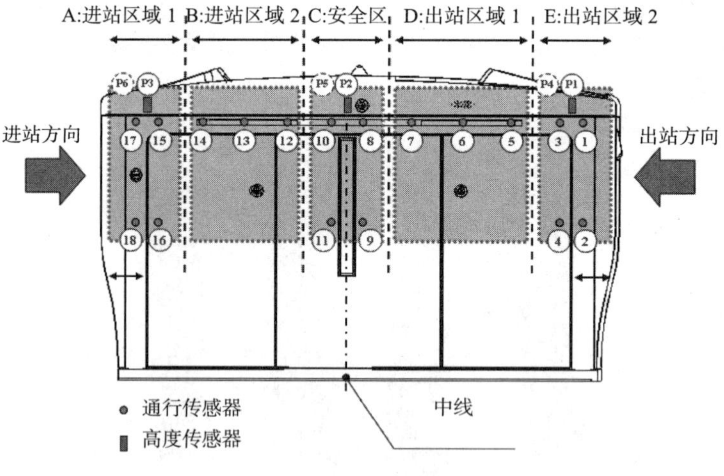

图 3-7　通行传感器分区示意图

（二）自动检票机的内部结构组成

自动检票机内部以主控单元为核心，辅以阻挡装置、车票处理装置、声光提示装置等模块。主要由主控单元、门式机芯、维护单元、单程票回收机构、单程票回收箱、电源模块等部件构成，如图 3-8 所示。

图 3-8　自动检票机的内部结构

1. 主控单元

主控单元包括工控主板、PCM 控制板、通道转接板、综合控制器等部件。

主控单元通过工控主板（也称工控机）控制自动检票机其他部件的工作行为，并根据其他部件的工作状态确定自动检票机的整机状态，并记录检票机的所有交易、状态、操作和台账且实时上传数据；通过 PCM 控制板监控乘客在通道内的通行情况，接收传感器的信号，将信息传输给工控机，并接收工控机发出的指令打开或关闭闸门；通过综合控制器控制乘客显示器、方向指示器、蜂鸣器、报警指示器工作及维护门是否开启与关闭检测等。

2. 门式机芯

门式机芯安装在自动检票机的中间位置。机芯的核心部件接收通行传感器、安全传感器的信号，然后传输给工控机，并根据工控机发出的指令驱动闸门驱动机构，从而打开或关闭闸门。

3. 维护单元

维护单元安装在自动检票机的内部，位于票箱的上方，由维护单元显示器、维护键盘等组成，主要为维护、维修操作提供维护输入键盘和维护显示界面。

4. 单程票回收机构

单程票回收机构安装在自动检票机内部靠近出站端的位置，主要由回收机构、单程票回收箱、废票箱、票箱座、票箱支架等构成。

回收机构主要包括车票读写设备和车票传送装置两大部分，负责完成车票读写、传送及回收处理。乘客出站时投入的单程票经过车票读写设备完成读写操作，交易成功的有效票继续经传送装置送入单程票回收箱，而乘客投入的无效票及其他物体将被退回。

单程票回收箱（以下简称票箱）通常需要配置两个，每个票箱最多可存储 1000 张单程票，票箱带有电子 ID 和计数器，具有计数功能，以便让系统内的所有设备可以直接获取单程票回收箱的编号和内部存储的票数。

票箱座用于对票箱进行锁定。废票箱可储存 300 张废票。

5. 电源模块

电源模块由变压器和开关电源组成，为自动检票机提供电源，主要为功放、回收机构、

PCM 板等供电，以及为闸机提供电源开关及漏电保护等功能。变压器用于机芯控制单元的供电，开关电源用于闸机内其他部件的供电，空气开关控制闸机整机的供电。

技术模块

对自动检票机的操作主要包括自动检票机常见运营服务模式的识别、重启操作，票箱的更换操作及卡票的处理等。虽然各个城市轨道交通车站的自动检票机型号、技术性能、功能有一定差异，但基本操作步骤大同小异，下面以某型号使用卡片式车票的扇门式自动检票机的操作为例进行介绍。

一、自动检票机常见运营服务模式的识别

自动检票机的常见运营服务模式一般有正常服务模式和停止服务模式两种。一般情况下，自动检票机根据系统设置的运营开始及结束时间自动进入正常服务模式和停止服务模式。

1. 自动检票机的正常服务模式

每天开始运营之后系统启动，自动检票机进入正常服务模式，方向指示器显示绿色［ ↙ ］图标，乘客显示器显示“请出示车票”，自动检票机根据事先定义的进站检票机、出站检票机、双向检票机运行模式运行，处理车票并打开、关闭扇门，如图 3-9 所示。

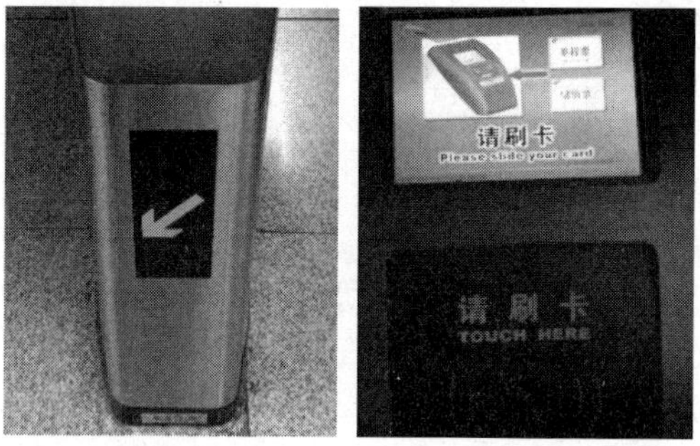

图 3-9 自动检票机正常服务模式

2. 自动检票机的停止服务模式

当进入设定的结束运营时间或闸机出现故障等异常情况时，人为对闸机进行关闭后闸机进入停止服务模式，不再处理车票，扇门处于关闭状态，方向指示器显示红色［ × ］或［ ⊖ ］图标，乘客显示器显示“暂停服务”，如图 3-10 所示。

图 3-10 自动检票机停止服务模式

二、自动检票机的重启（上电与下电）操作

在日常运作中，一般的自动检票机软件故障均可通过重启设备进行处理（即下电再上电的过程），重启工作可由站务员完成。具体的操作顺序为：打开维修门→关闭配电盘的开关→打开通道维修门→打开配电盘的开关。

下电时，将钥匙沿顺时针方向转动，打开维修面板，输入操作员号（ID）和密码，将配电盘的开关关闭。

上电时，将钥匙插入并沿顺时针方向转动，向上、向外倾斜提起并打开维修门，将电源开关打向 ON 方向，将配电盘的开关打向 ON 方向。如图 3-11 所示。

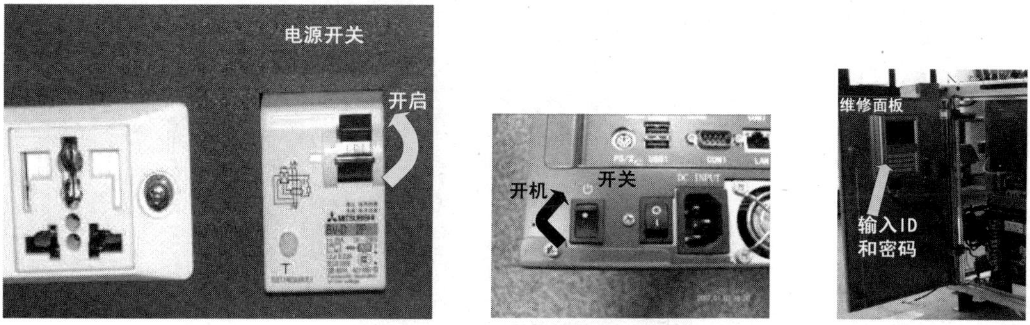

（a）上电　（b）打开开机开关　（c）在维修面板输入 ID 和密码

图 3-11　自动检票机的重启操作

三、自动检票机的票箱更换操作

出站检票机设有单程票回收系统，有效单程票通过出站检票机时会被回收进票箱内，由于票箱具有一定的容量，在票箱将满或已满时，出站检票机会发出报警提示，以提醒车站人员及时对票箱进行更换。如果没有及时更换，出站检票机将进入停止服务模式。一般情况下，车站需在出站检票机票箱将满时或已满时进行更换，也可根据实际需要进行更换。更换出站检票机票箱操作流程如下。

步骤 1：摆放暂停服务牌，出站检票机进入停止服务模式。

步骤 2：打开维修门。

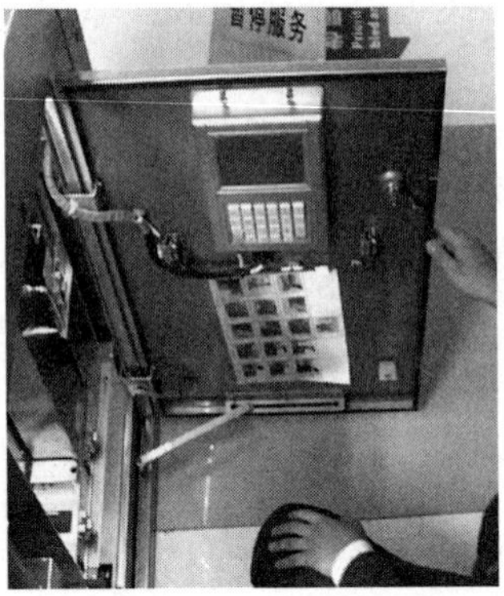

步骤 3：按面板显示要求输入正确的操作员号（ID）和密码。

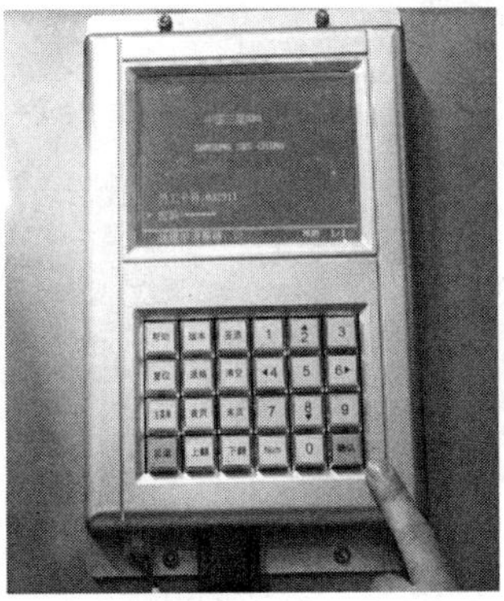

步骤 4：验证成功登录后，选择运营服务中的更换票箱操作，在更换票箱操作中选择“卸下 A 票箱”，票箱托盘开始下降。

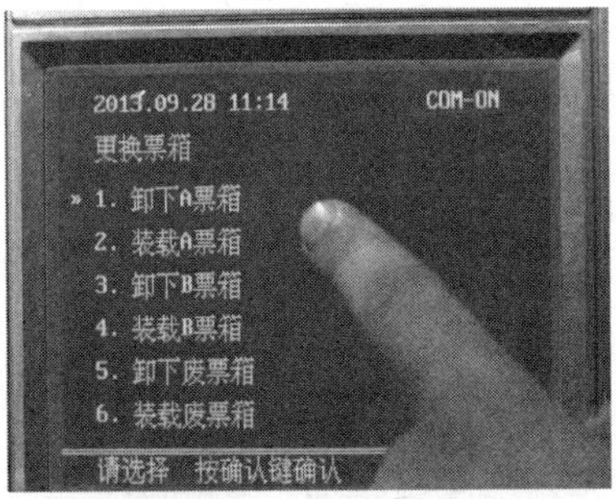

步骤 5：当票箱托盘完全降下后，推回票箱盖。

步骤 6：插入钥匙，逆时针扳动至“关”位置。

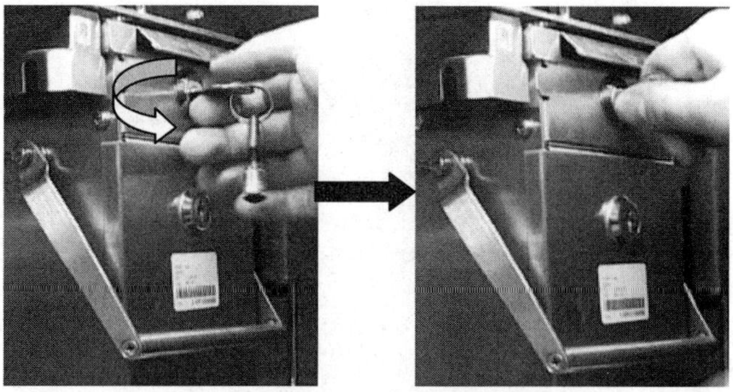

步骤 7：当票箱托盘完全降下后，双手取出票箱，更换上空的票箱。

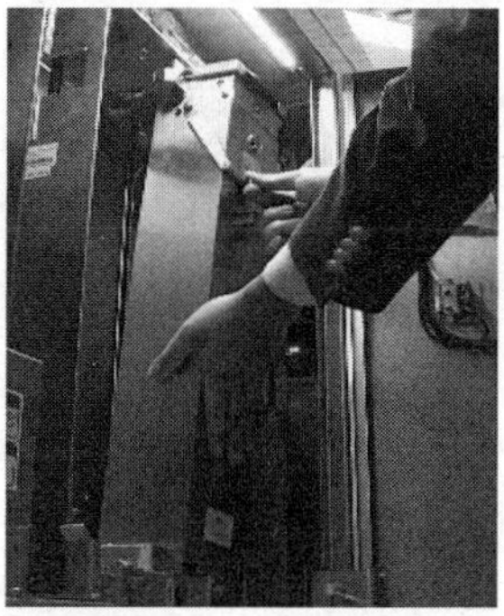

步骤 8：插入钥匙，顺时针扳动至“开”位置。

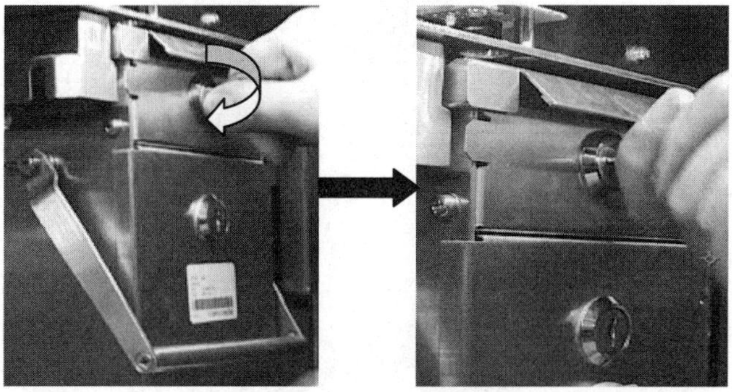

步骤 9：拉出票箱盖。

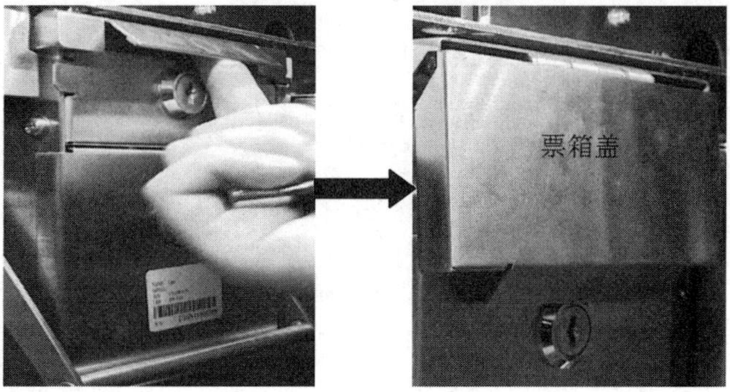

步骤 10：在更换票箱操作中选择“装载 A 票箱”，票箱托盘开始上升。当票箱托盘完全上升后，设备读到不同的票箱 ID 时计数器清零。

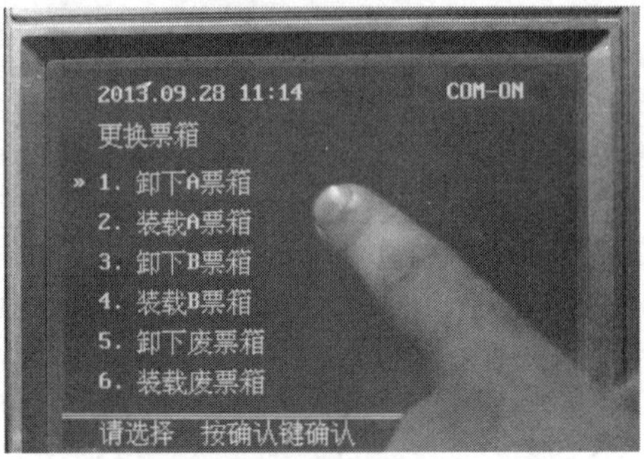

步骤 11：在控制面板上按签退键进行签退。

步骤 12：推进并关好维修门完成票箱更换工作，将换出票箱运回 AFC 票务室进行清点。

步骤 13：撤销暂停服务牌，出站检票机进入正常服务模式。

更换票箱时，要注意爱护票箱，轻拿轻放，避免损坏票箱，同时注意双手操作，以避免刮伤手。

四、几种简单故障的处理

（一）卡票的处理

卡票是指单程票在经出站检票机单程票回收系统导入相应的票箱过程中，因车票问题，如边缘变形、过厚等，导致车票不能顺利导入票箱，卡在导入系统某个位置时的现象。发生卡票故障后，出站检票机将不再接收单程票，但能正常处理储值票。

1. 卡票位置

卡票现象会发生在投票口及票箱顶部的传送带区域。

2. 卡票操作

（1）打开右侧维修门，拉出车票回收模块。

（2）从票卡卡住的位置离左手边最近的绿色转盘开始，按照出卡方向旋转，依次旋转各转盘，直至票卡移至方便取出的位置。

（3）卡住的单程票取出后应重新启动闸机。若仍不正常，需联系专业维修人员进行处理。

处理卡票的操作流程如图 3-12 所示。

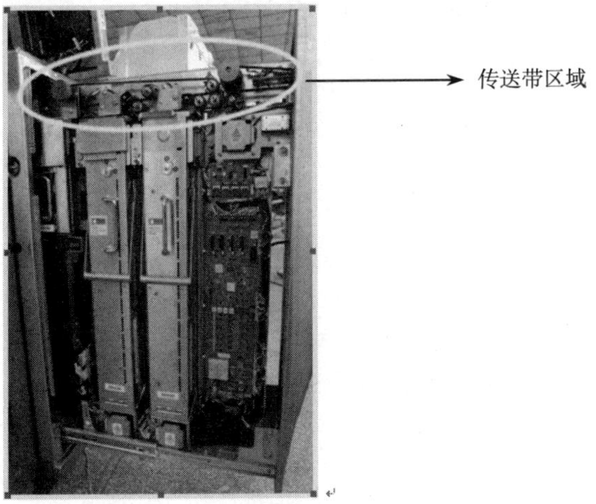

图 3-12　处理卡票的操作流程图

（二）进出闸模块异常的处理

进出闸模块异常通常表现为两种情况：一种是可以验票但显示异常，不能显示票价、余额等信息，闸门能正常开启、关闭；另一种是不能验票，闸门不能正常开启、关闭。此时，站务员可通过重新启动闸机进行处理，若仍不正常，需联系专业维修人员进行处理。

（三）系统死机的处理

系统死机是指闸机因自身系统故障而导致死机，停止运行，不能分析任何车票，进入暂停服务模式。此时，站务员可通过重新启动闸机进行处理。若仍不正常，需联系专业维修人员进行处理。

实操模块

[实训任务]

自动检票机的操作。

[实训目的]

掌握自动检票机的操作。

[实训要求]

（1）熟悉自动检票机的内部结构组成。

（2）能够对自动检票机熟练地进行票箱更换、重启、简单故障处理等操作。

[实训环境]

城市轨道交通票务实训室。

[实训指导]

（1）依照自动检票机的内部结构图认知自动检票机的内部结构。

（2）按照操作程序熟练地进行自动检票机票箱的更换、重启、简单故障处理等操作。

[实训考评]

（1）完成任务的准确及熟练性。

（2）完成任务的态度及技巧性。

课后复习题

（1）简述自动检票机内/外部结构组成及其结构功能。

（2）简述自动检票机常见运营服务模式的种类和状态。

任务二　自动售票机（TVM）操作

学习目标

（1）掌握自动售票机的组成结构和主要功能。

（2）掌握自动售票机的常见运营服务模式。

（3）掌握自动售票机更换票箱、补币、补票操作程序。

学习任务

自动售票机的认知与操作。

教学环境

理实一体化教室或城市轨道交通票务实训室。

理论模块

自动售票机（TVM，Ticket Vending Machine）安装在地铁车站的非付费区内，属于自助售票设备。

一、自动售票机的功能

自动售票机的基本功能是用于乘客自助式购买单程票和充值。自助购票的基本过程包括购票选择、接收购票资金、自动出票及找零过程，在必要时还可以打印充值凭证等。

自动售票机的主要功能如下。

（1）接收乘客的购票选择，并在购票过程中通过人机界面给出提示信息及操作指导。

（2）可自动接收纸币（5 元、10 元、20 元）、硬币（5 角、1 元）、储值卡或银行卡等多种支付方式购票，能进行纸币（10 元、20 元、50 元、100 元）充值，并自动完成识别，对无法识别的币种（或储值卡、银行卡）自动退回。

（3）一次交易发售多张车票，自动计算乘客投入的现金数量及购票金额，实现硬币和纸币的动态找零。

（4）发售车票时，通常能在车票上写下车票的发售日期、时间、车站、进站有效代码、车票票值、校验安全代码等信息，自动完成车票校验、车票发售及出票。

（5）接收车站计算机下发的参数和控制命令，并执行相应的操作。

（6）能存储交易数据（如操作员的登录操作信息及收益信息）、工作状态记录和运营参数等数据，通过网络将工作状态、交易、事务等数据实时上传到车站计算机。

二、自动售票机的结构组成

（一）自动售票机的外部结构组成

自动售票机的外部主要由运营状态显示器、操作使用指南、请求帮助按钮、触摸操作显示屏、硬币投入口、纸币投入口、储值卡插入口、银行卡插入口、找零取票口、打印票据出口等几部分构成，如图 3-13 所示。

1. 运营状态显示器

运营状态显示器用于向乘客显示自动售票机当前的工作状态，若出现状态不良，如故障、暂停服务、限制服务时，及时告知乘客。

2. 操作使用指南

操作使用指南向乘客提供购买车票和充值储值票的操作流程，用于指引乘客通过触摸屏点选操作购票和充值。

3. 触摸显示屏

触摸显示屏用于显示地铁线路及票价、有关购票、充值操作提示和交易信息等，中英文双语提示，触摸式操作。

4. 硬币投入口

硬币投入口用于接受 0.5 元、1 元硬币购票。

5. 纸币插入口

纸币插入口用于接受 5 元、10 元、20 元、50 元、100 元纸币购票或充值。

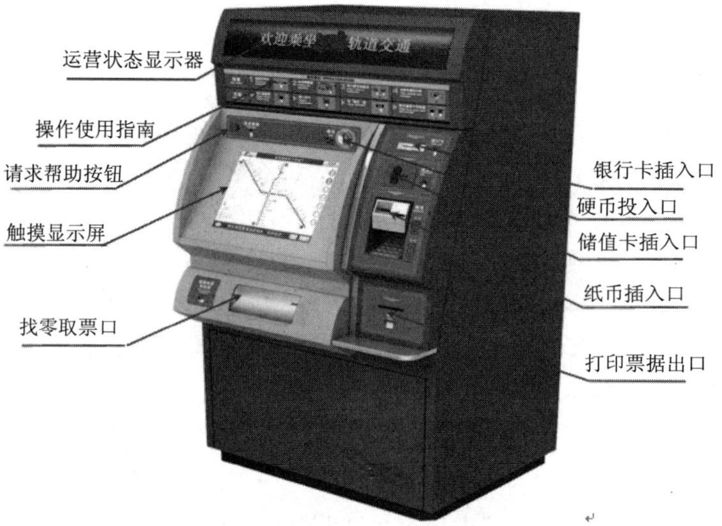

图 3-13 自动售票机的外部结构

6. 储值卡插入口

储值卡插入口用于接受用储值票充值或购买车票，购票或充值完成后，储值票由此退出。

7. 银行卡插入口

银行卡插入口用于接受用银行卡购买车票，购票完成后，银行卡由此退出。

8. 找零取票口

找零取票口接受发售成功的车票和需要找零时的找零硬币或纸币，乘客可在此取出车票及零钱。

9. 请求帮助按钮

该按钮用于乘客出现购票等问题时请求车站帮助。

（二）自动售票机的内部结构组成

自动售票机的内部主要由主控模块、纸币模块、硬币模块、单程票发售模块、纸币找零单元、储值卡处理单元、凭条打印机、维护面板、电源模块等部分构成，如图 3-14 所示。

1. 主控模块

主控模块是自动售票机的主控单元（也称为工控机），控制自动售票机内其他各模块的运行，完成车票处理、现金处理、状态监控等功能，负责各种数据的存储及与 SC 计算机之间的数据通信。

2. 纸币模块

纸币模块是自动售票机的纸币识别单元，用于 TVM 上控制纸币的识别、接收、退币、回收等动作，包括纸币识别器、传输装置、暂存器、支架和纸币回收钱箱等部件。

纸币识别器用于识别 6 种及以上面值为 5 元、10 元、20 元、50 元、100 元的纸币；纸币传输装置用于纸币的退出和回收。

纸币回收钱箱采用全密闭结构，用于储存纸币，通过两把安全锁保证现金的安全。当纸币钱箱从安装座上拆下时（即固定用安全锁打开时），钱箱入口将自动关闭，从而保证更换钱箱的工作人员无法直接接触到纸币，只有使用另一把钥匙才能将钱箱打开，清点收到的现金。当纸币钱箱储存的纸币即将满时，需及时更换空的纸币钱箱。

乘客从外部投币口投入纸币后，纸币传输装置将纸币输送到纸币识别模块，纸币识别器对纸币进行面额和防伪标识的识别，真币将被送入纸币暂存器，假币（或无法识别的纸币）将被退回给乘客。当乘客取消交易时，纸币暂存器内的纸币从入币口返还给乘客；当乘客确认交易后，纸币将被输送到纸币钱箱内储存。

3. 纸币找零单元

纸币找零单元为乘客提供纸币找零功能。

4. 硬币模块

硬币模块是自动售票机的硬币处理单元，用于控制硬币的识别、接收、找零、退币、回收等动作。采用硬币找零设备与硬币识别设备一体化设计方法可以提高处理速度和优化硬币模块的结构。硬币识别设备用于识别硬币的真伪，硬币找零设备为乘客提供硬币的找零功能。

（1）硬币识别设备包括硬币鉴币器、硬币传送机构、硬币钱箱。硬币鉴币器用于面值 0.5 元、1 元硬币的识别；硬币传送机构用于硬币的退出和回收；硬币钱箱用于储存硬币。

乘客从硬币投入口投入硬币后，硬币鉴币器对硬币进行面额和真伪的鉴别，并将鉴别后的真币传送到硬币循环找零钱箱内储存，假币（或无法识别的硬币）将被退回给乘客。

（2）硬币找零设备比较复杂，一般包括循环找零机构、补充找零机构、清币机构、硬币回收机构、找零钱箱、硬币回收钱箱。因为营收结账或设备配置等原因，部分轨道交通公司自动售票机的硬币找零设备未设置循环找零机构。

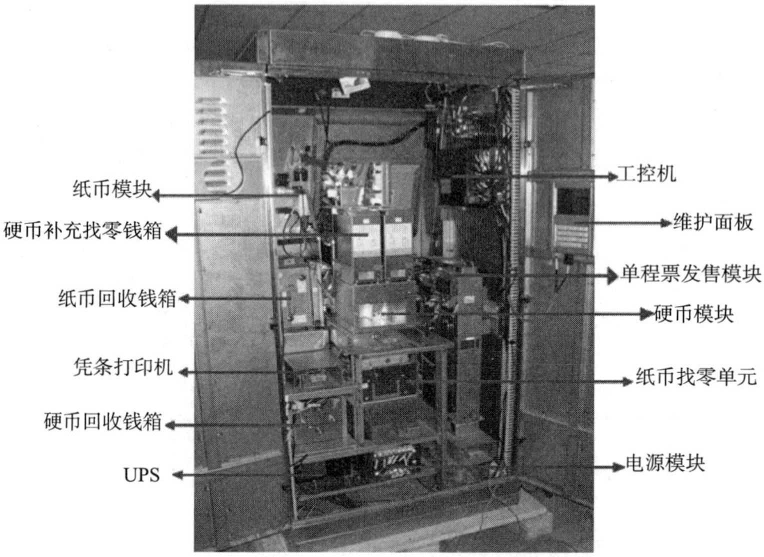

图 3-14　自动售票机的内部结构

循环找零机构是可以使用乘客投入的硬币来找零的机构；补充找零机构是使用人工添加的硬币（地铁专用备用金）来找零的机构，通常在未设置循环找零机构或循环找零机构内的找零硬币不足时使用；当循环找零机构已满时，乘客投入的硬币将通过硬币回收机构回收到硬币回收钱箱中；当运营结束时，可以使用清币机构将循环找零机构和补充找零机构中保存的硬币清空，被清出的硬币将被硬币回收机构回收到硬币回收钱箱中，以便于车站管理人员进行清点；补充找零钱箱用于储存硬币进行找零，为保证有足够的硬币（人工添加的硬币）确保找零功能正常，应定期向补充找零钱箱内补充一定数量的硬币；硬币回收箱收集溢出或盘出的硬币。

当乘客投入的纸币金额大于实际购买车票的金额需要找零时，硬币模块控制循环找零机构或补充找零机构从找零钱箱中导出零钱至找零口。

5. 单程票发售模块

单程票发售模块是自动售票机单程票处理单元，用于卡型单程车票的发售，包括单程票处理机构和单程票读写器。

单程票处理机构用于单程票的出售及回收；单程票读写器用于对售出的单程票进行有效性检验和读/写操作。

发售模块有 A、B 两个票箱、一个废票箱，票箱用来存放单程票。为保证有足够的车票满足乘客购票需求，应定期向票箱内补充一定数量的单程票。

6. 储值卡处理单元

储值卡处理单元包括储值卡处理机构和储值卡读写器两个部件。储值卡处理机构用于储值卡的锁定和解锁；储值卡读写器用于对乘客插入的储值卡进行读/写。储值卡经过有效性检查验证为有效后，乘客显示器显示卡余额，卡增值是通过写操作实现的。在乘客取消或完成增值交易前所插入的储值卡是不能取出或插入的。

7. 电源模块

电源模块为自动售票机中所有电子和电气部件提供稳定、可靠的交直流电源，其由UPS和电源转换部件两部分构成。

8. 凭条打印机

TVM 有一台打印机，位于纸币模块下方，单据出口在前面板，用于为乘客和操作员打印凭条（可自动切纸）。

9. 维护面板

维护面板供站务人员在运营过程中进行维护操作，以及供维修人员进行测试、检修操作。

技术模块

自动售票机的操作主要包括自动售票机常见运营服务模式的识别、自动售票机乘客操作界面的使用、自动售票机钱箱的更换、补充单程票、补充找零硬币等。因为各个城市轨道交通车站的自动售票机型号、技术性能、功能有一定差异，但基本操作步骤大同小异，下面以某型号使用卡片式车票的自动售票机操作为例进行介绍。

一、自动售票机常见运营服务模式的识别

自动售票机可运行在多种服务模式下，这些模式可以通过车站计算机下达参数设置，也可以根据自动售票机模块的状态进行自动调整。运行模式主要有正常服务模式、停止服务模式和限制服务模式 3 种。

自动售票机处于正常服务模式时能提供所有设计要求的服务，单程票发售、储值票充值功能可用，支付方式不受限制，乘客信息显示器显示“正常服务，××××”等字样，当自动售票机发生卡票等故障或运营结束后或车站人为设置停止服务后，自动售票机进入停止服务模式，乘客信息显示器和触摸屏显示“暂停服务”字样，如图 3-15 所示。

图 3-15　自动售票机的正常、停止服务模式

当自动售票机内部各模块中任一模块状态不良而其他模块正常时，自动售票机会自动进入限制服务模式，只具备部分功能，如图 3-16 所示。一般包含只售单程票、只收硬币、只收纸币、不找零、只充值几个子模式。

图 3-16 自动售票机的限制服务模式

1. 只售单程票模式

在正常模式下，当自动售票机充值功能模块无法使用时进入只售单程票模式，只能发售单程票，不充值，乘客显示器显示“只售单程票”字样。

2. 只收硬币模式

在正常模式下，当自动售票机纸币接收器和储值票模块无法使用时进入只收硬币模式，不接受纸币购票，乘客显示器显示“只收硬币”字样。

3. 只收纸币模式

在正常模式下，当自动售票机硬币接收器和储值票模块无法使用时进入只收纸币模式，不接受硬币购票，乘客显示器显示“只收纸币”字样。

4. 不找零模式

在正常模式下，当自动售票机找零装置故障或找零装置中的硬币或纸币少于最少存币值时进入不找零模式。在不找零模式下，不接受需要找零的纸币购买单程票。乘客显示器显示“不找零”字样。

5. 只充值模式

在正常模式下，当自动售票机单程票发售模块故障或单程票存量低于参数设定值时进入只充值模式。在只充值模式下不发售单程票，只接受纸币充值并拒收硬币。乘客显示器显示“只充值”字样。

二、自动售票机乘客操作界面的使用

（一）自动售票机乘客操作主界面

乘客通过自动售票机乘客操作界面的点选操作完成自助式购买单程票和充值。常见的自动售票机乘客操作主界面如图 3-17 所示。

地图区域能清晰显示线网地图，能实现地图的缩小、扩大及水平移动。当乘客点击某车站时，以该车站为中心的附近几个车站会被放大显示，以便于乘客正确选择目的地站购票。选择线路区域提供了按线路分类的按钮，当乘客点击选择要乘坐的线路时，该线路在地图区域被放大，方便乘客快速、准确地点选目的地站。时间区域能实时显示当前的日期与时间。卡选择区域可以实现按票价直接购票，为熟悉轨道交通票价的乘客提供了便利。功能选择区域提供了乘客选择或确认的按钮，如中英文切换按钮、充值操作和取消交易按钮等，实现相应的功能选择。信息提示区域主要用于向乘客显示相应情况下的信息。状态区域显示了自动售票机当前运营状态的信息。

图 3-17 自动售票机乘客操作主界面

（二）自动售票机乘客自助购票操作流程

通过乘客操作界面，乘客可实现按地图、线路、票价 3 种方式选择目的地进行购票，具体购票流程大致分为选择目的地→选择车票购买数量→支付金额→发售车票→找零等几个步骤，如图 3-18 所示。

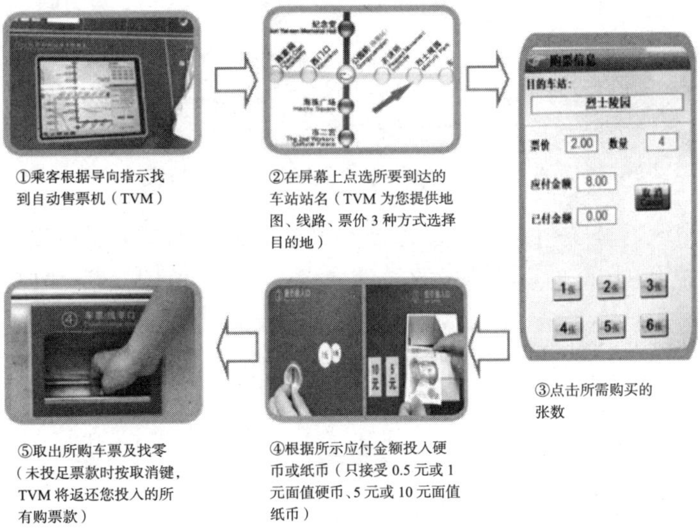

图 3-18 自动售票机乘客自助购票操作流程

乘客从开始购买车票后到没有支付全部金额之前都可以取消购票交易，点击交易取消按钮或者一定时间内没有任何操作时都会返还乘客所投的金额，并返回初始界面。取消购票交易界面如图 3-19 所示。

图 3-19　自动售票机取消购票交易界面

（三）自动售票机乘客充值操作流程

乘客使用现金在自动售票机上进行储值票充值时，自动售票机通常可接收第 5 版 10 元、20 元、50 元和 100 元人民币币种。具体操作流程大致为：在主界面选择充值按钮→插入储值卡→支付储值票充值金额→设备对储值票进行充值→返还储值票等几个步骤，储值卡充值界面如图 3-20 所示。

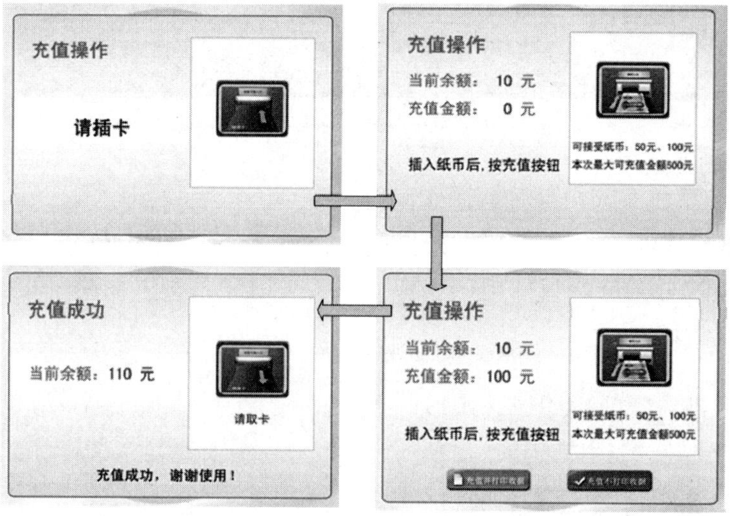

图 3-20　自动售票机乘客充值操作流程

乘客从开始充值后至支付充值金额之前都可以取消充值交易，点击取消按钮或者一定时间内没有任何操作时都会返还投入的储值票，并返回初始界面。取消充值交易界面如图 3-21 所示。

图 3-21　自动售票机取消充值交易界面

三、自动售票机的更换钱箱操作

自动售票机内设有纸币和硬币钱箱，用于接收乘客购票时所投入的纸币和硬币，由于钱箱有一定的容量，在钱箱将满或装满时需及时更换，并立即将钱箱送返 AFC 票务室，以便清点和票款解行。若在运营时间更换钱箱，须设置“暂停服务”牌。更换完毕后，须确认自动售票机已恢复正常服务状态后，撤除“暂停服务”牌。

（一）更换钱箱的时间

（1）车站计算机提示 TVM 钱箱将满时。

（2）TVM 机运营状态显示器出现“只收硬币”或“只收纸币”时。

（3）各站结合本站实际客流情况制定的更换钱箱的固定时间。

（4）运营结束后。

（二）自动售票机的更换硬币钱箱操作

步骤 1：打开维修门。

步骤 2：在维修面板上按面板显示要求输入正确的操作员号（ID）和密码进行登录。

步骤 3：成功登录后，选择运营服务中的盘点硬币操作设备就会自动清币，当清币完成后，设备内所有的硬币都会被清到硬币回收箱里。

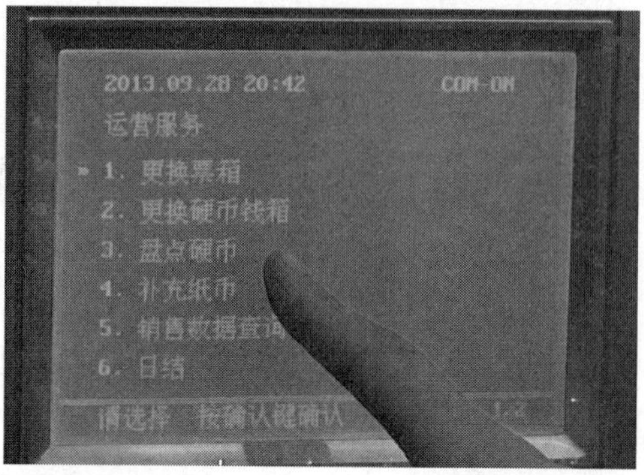

步骤 4：将待更换硬币钱箱翻板推回支架到到位状态。

步骤 5：插入钥匙，逆时针旋转，打开支架锁，将待更换硬币钱箱从支架拉出、取下，然后更换上空的硬币钱箱。

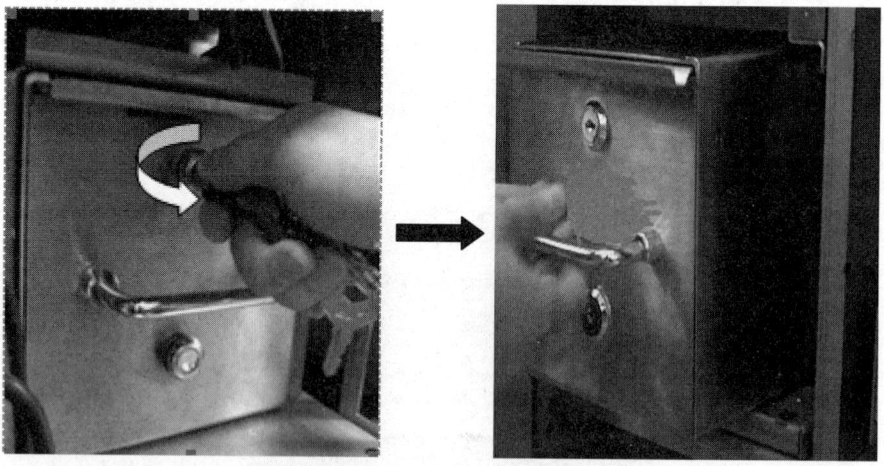

步骤 6：双手将空的硬币钱箱插入支架到位后，顺时针旋转，锁上支架锁。

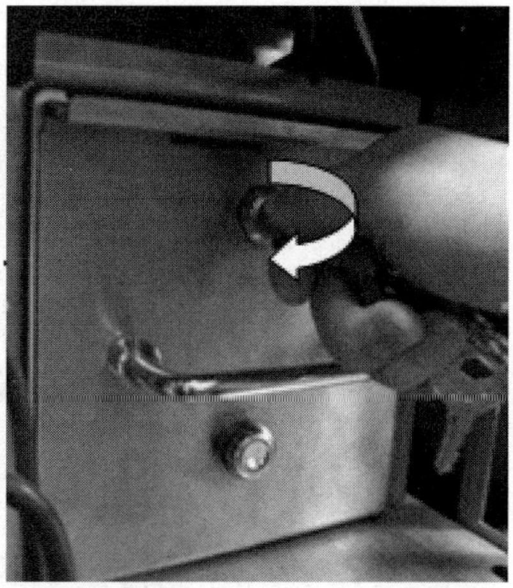

步骤 7：将空的硬币钱箱翻板拉出到到位状态。

步骤 8：在控制面板上选择“签退”键进行签退。

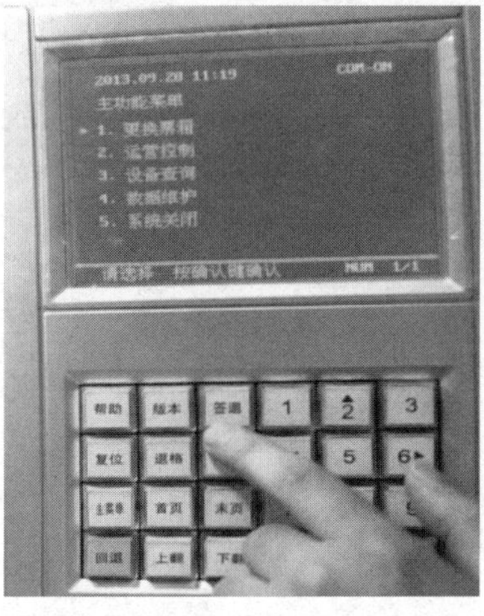

步骤 9：推进并关好维修门完成硬币钱箱更换操作，将换出的硬币钱箱运回到 AFC 票务室进行清点。

（三）自动售票机的更换纸币钱箱操作

步骤 1：打开维修门。

步骤 2：在维修面板上按面板显示要求输入正确的操作员号（ID）和密码进行登录。

步骤 3：拉动纸币模块下端的“拉出把手”，将纸币模块拖出。

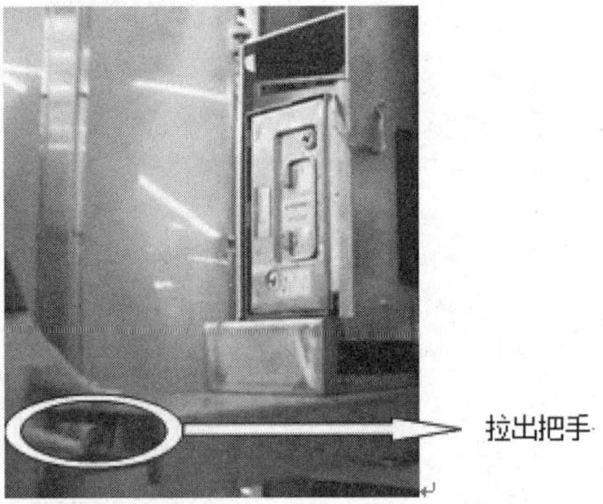

步骤 4：拉开推杆。

步骤 5：用手向内压住待更换纸币钱箱，打开支架锁，取下待更换纸币钱箱。

步骤 6：用双手将空的纸币钱箱插入支架到位后，锁上支架锁。锁上后，钱箱自动弹出到位。

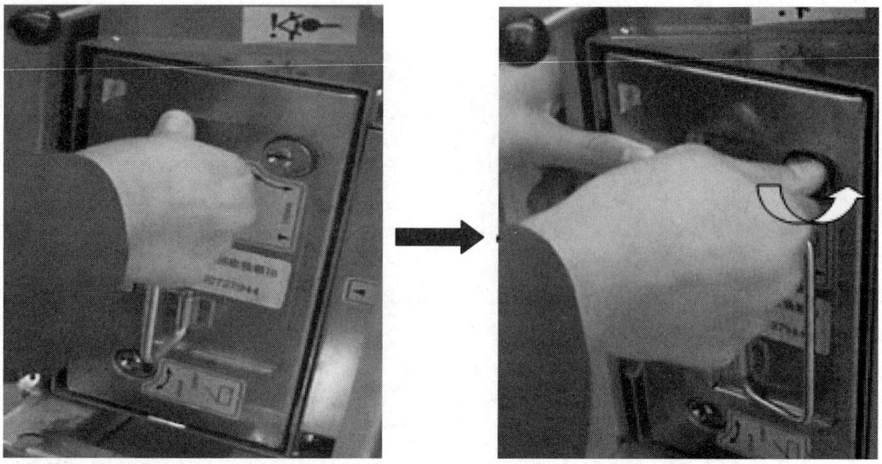

步骤 7：压上定位推杆，支架马达进行复位动作，纸币钱箱安装完成。

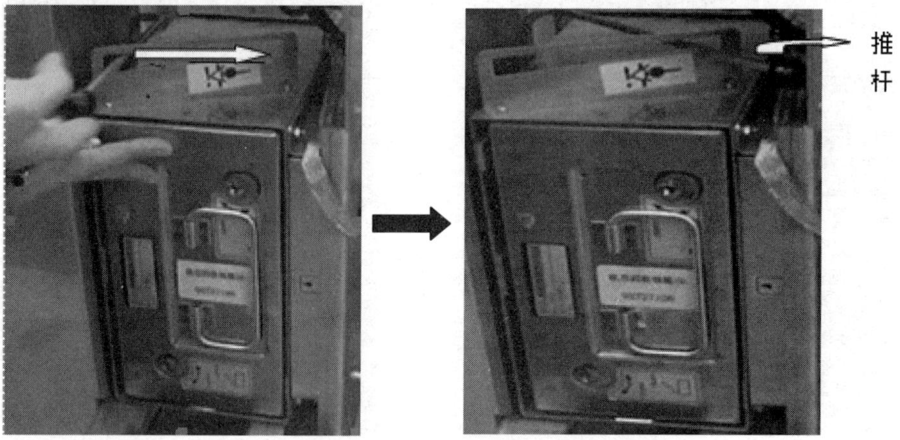

步骤 8：在控制面板上选择“签退”键进行签退。

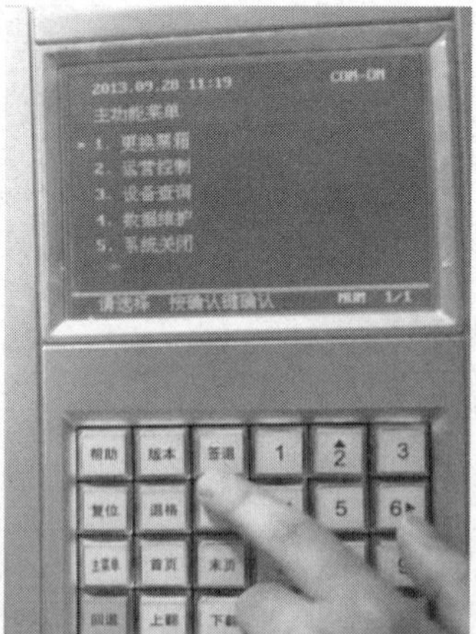

步骤 9：推进并关好维修门完成纸币钱箱更换工作，将换出的纸币钱箱运回到 AFC 票务室进行清点。

四、自动售票机补充找零硬币操作

自动售票机设有自动找零功能，其内部设有两个找零硬币钱箱用于储存硬币进行找零，当乘客投入的纸币金额大于实际购买车票的金额需要找零时，硬币模块控制循环找零机构或补充找零机构从找零钱箱中导出零钱至找零口。为保证有足够的硬币（人工添加的硬币）确保找零功能正常，应定期向找零钱箱内补充一定数量的硬币。若在运营时间补充硬币，须设置“暂停服务”牌。补充完结后，须确认自动售票机已恢复正常服务状态，然后撤除“暂停服务”牌。

（一）补充找零硬币的时间

（1）在运营开始前。

（2）车站计算机提示 TVM 找零钱箱将空时。

（3）运营期间 TVM 运营状态显示器出现“硬币不足”时。

（二）自动售票机补充找零硬币操作

步骤 1：在 AFC 票务室将一定金额的找零硬币通过点币机清点入硬币补币钱箱。

步骤 2：将硬币补币钱箱运送至站厅，打开 TVM 维修门。

步骤 3：在维修面板上按面板显示要求输入正确的操作员号（ID）和密码进行登录。

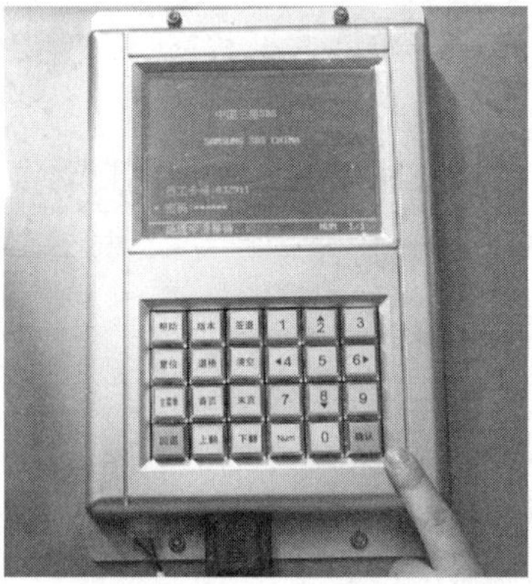

步骤 4：验证成功登录后，以补币钱箱 1 为例，在运营服务中选择“更换硬币钱箱”→“卸下补币钱箱 1”。

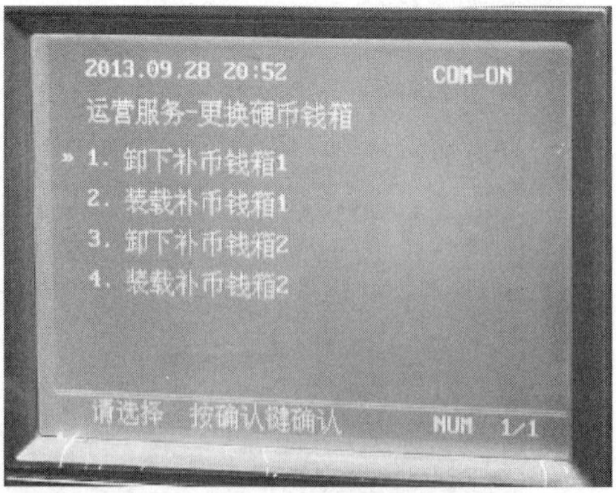

步骤 5：打开硬币补币钱箱锁，双手取下原有钱箱。将装满硬币的补币钱箱 1 插入硬币模块，锁上钱箱锁。

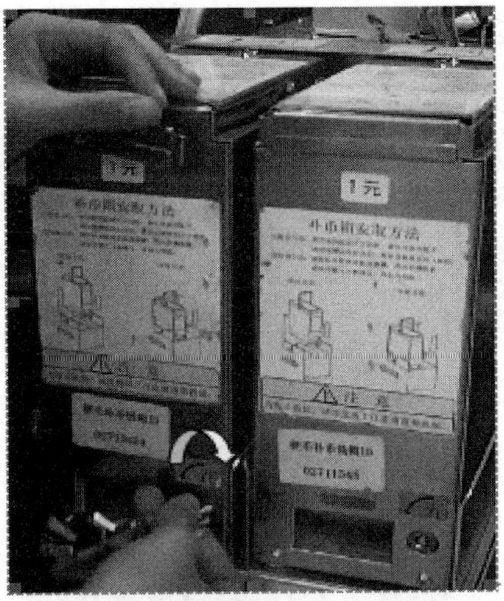

步骤 6：在维修面板上选择“装载补币钱箱 1”，输入硬币补币钱箱中所补币数，如补币钱箱 1 的补币数为 200。完成补币操作。

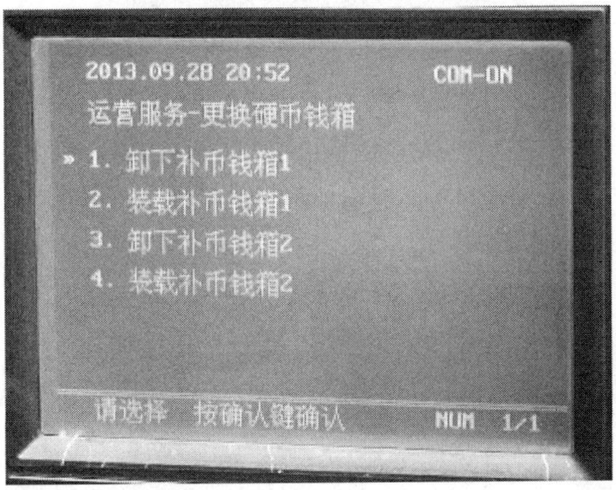

五、自动售票机补充单程票操作

自动售票机内设有 A、B 两个票箱用来存放待发售的单程票，为保证有足够的车票满足乘客的购票需求，应定期向票箱内补充一定数量的单程票。当在运营时间补充单程票时，须设置“暂停服务”牌。补充完毕后，须确认自动售票机已恢复正常服务状态，然后撤除“暂停服务”牌。

（一）补充单程票的时间

（1）在运营开始前。

（2）车站计算机提示 TVM 票箱将空时。

（3）运营期间 TVM 运营状态显示器出现“车票不足”时。

（二）自动售票机补充单程票操作

步骤 1：在 AFC 票务室将一定数量的单程票通过点票机清点，然后装入票箱。

步骤 2：将票箱运送至站厅，打开 TVM 维修门。

步骤 3：在维修面板上，按面板显示要求输入正确的操作员号（ID）和密码进行登录。

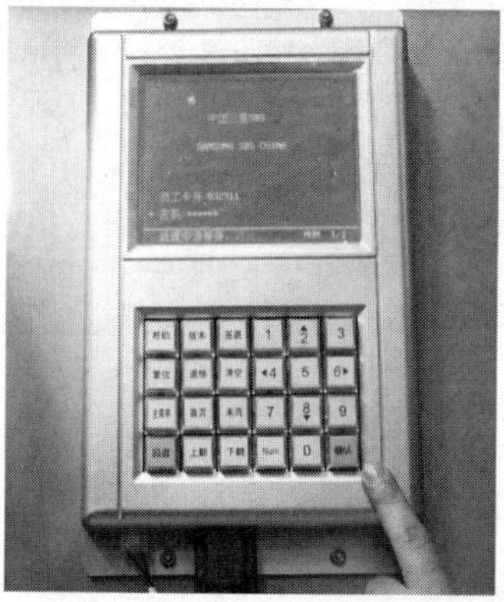

步骤 4：成功登录后，以 A 票箱为例，在运营服务中选择“更换票箱”→“卸下 A 票箱”。

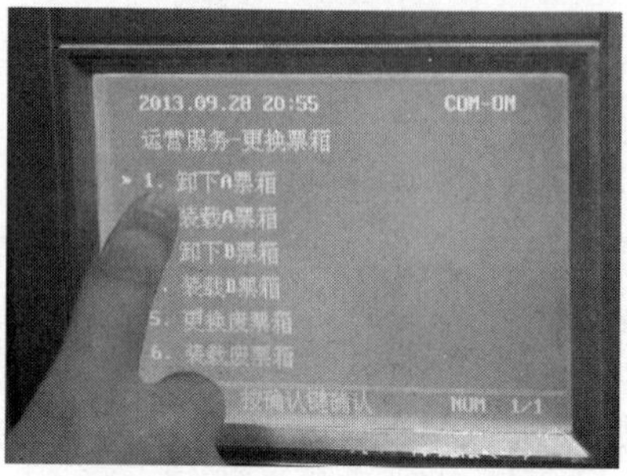

步骤 5：卸载票箱。

（1）用力向下压票箱升降手柄，一直压到底部，直到听到“咔”一声锁定为止。

（2）将票箱上盖按箭头所示方向旋转拉起，并按水平位置往里推到位。

（3）按箭头所示方向旋转钥匙，打开固定票箱的锁销，此时票箱锁会同时锁住票箱上盖。

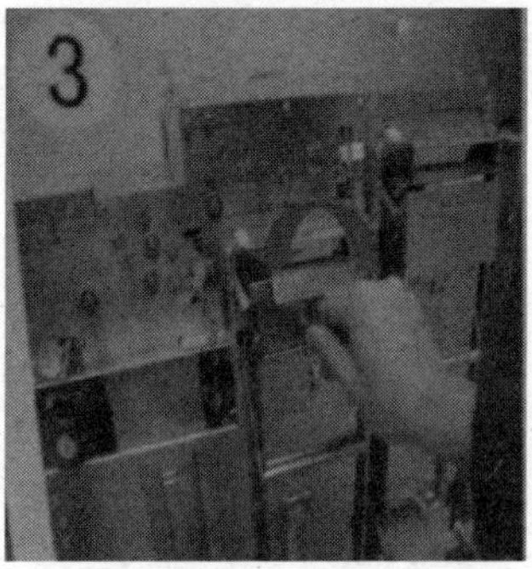

（4）一只手提起票箱提手，另一只手扶持住票箱，取出票箱。

步骤 6：装载票箱。

（1）一只手提起票箱提手，另一只手扶住票箱，然后按票箱所示方向装入票箱。

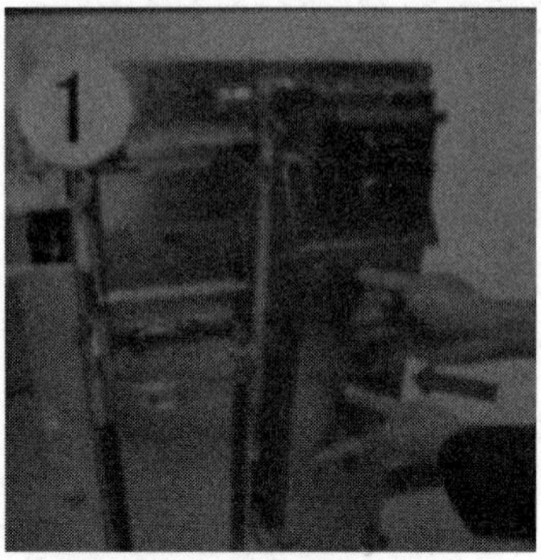

（2）按箭头所示方向转动钥匙将票箱锁定。

（3）按水平箭头所示方向将票箱上盖门完全拉出并竖直垂下，确认指示灯状态正常。

（4）按箭头所示方向将票箱前门把手旋转 90° ，紧贴票箱前门。

（5）用力向下压住票箱升降手柄，按箭头所示方向向里压锁钩以松脱升降手柄的机构锁，慢慢将升降手柄升起来。

（6）确认固定锁销升高，并锁定票箱。

步骤 7：在维修面板上选择相应的“装载 A 票箱”，输入 A 票箱中所补票卡的数量，如 A 票箱的补票数量为 200。完成补票操作。

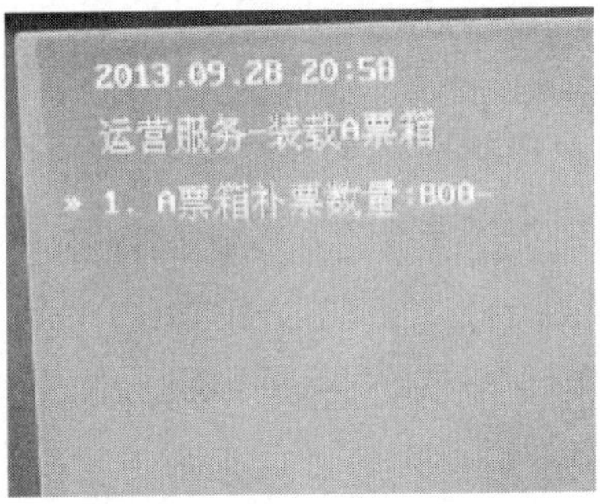

实操模块

[实训任务]

自动售票机的操作。

[实训目的]

掌握自动售票机的操作。

[实训要求]

（1）熟悉自动售票机的内部结构组成。

（2）熟悉乘客通过自动售票机购票、充值的操作流程。

（3）能够对自动售票机熟练地进行更换钱箱、补币、补票等操作。

[实训环境]

城市轨道交通票务实训室。

[实训指导]

（1）依照自动售票机的内部结构图，认知自动售票机的内部结构。

（2）按照自动售票机购票、充值流程，熟练完成车票的购票和充值。

（3）按照自动售票机的操作程序，熟练地进行更换钱箱、补币、补票等操作。

[实训考评]

（1）完成任务的准确及熟练性。

（2）完成任务的态度及技巧性。

课后复习题

1. 简述自动售票机内/外部结构组成及其结构功能。
2. 简述自动售票机常见运营服务模式的种类和状态。
3. 简述自动售票机购票方式。

任务三　半自动售票机（BOM）操作

学习目标

（1）掌握半自动售票机的外部组成结构和主要功能。

（2）掌握半自动售票机的票务业务操作。

学习任务

半自动售票机的认知与操作。

教学环境

理实一体化教室或城市轨道交通票务实训室。

理论模块

半自动售票机属于采用人工方式为乘客提供服务的售/补票设备。根据应用需求，可按功能分别设置成单独的半自动售票机和半自动补票机，分别安装在车站售/补票房内；也可设置成半自动售票和补票功能结合的BOM设备，安装在车站客服中心内，用于人工方式完成车票的发售、充值、补票、车票分析、退票、票务处理等与乘客相关的票务服务。因此，又可称为票务处理机。

功能单一的半自动售票机应服务于非付费区乘客，而半自动补票机则用于付费区乘客的服务。

功能结合的 BOM 可以使用同一车票处理设备，同时为非付费区和付费区内乘客服务，兼顾售票及补票功能，但需对两个区域分别设置单独的乘客显示器，适应处理不同区域的乘客票务需求。

一、半自动售票机的功能

半自动售票机具有如下功能。

（1）具有车票发售、充值、补票功能。发售包括单程票、储值票、纪念票在内的各种类型的车票，为储值票乘客办理增值业务，为无票乘客办理补票业务。

（2）具有分析及处理各类问题车票的功能，即先对要处理的车票进行有效性分析，再完成车票更新、替换、退票、延期、挂失、查询、行政事务处理等业务。

（3）接收车站计算机下发的参数和控制命令，并执行相应操作。

（4）能存储交易数据（如各班次售票员的操作信息及收益信息）、工作状态记录和运营参数等数据，通过网络实时上传到车站计算机，以便进行分析、统计、收益查询，并生成相应报表。

二、半自动售票机的外部结构组成

功能结合的半自动售票机主要由主机、操作员显示器、乘客显示器（含付费区和非付费区）、对讲机、密码键盘、鼠标、外置读写器、钱箱、车票发售机构、票据打印机等部件构成，如图 3-22 所示。

1. 主机

主机由主控单元和电源模块组成。主控单元（也称为工控机）是整个系统的控制核心，完成车票发售、充值、补票、票务处理等票务业务及状态监控等功能，负责各种数据的存储及与 SC 的数据通信；电源模块为主控单元及其外围设备提供电源。

2. 操作员显示器

操作员显示器为操作员提供人机对话的界面显示，显示相关信息及操作指引供操作员使用。

3. 乘客显示器

乘客显示器安放在付费区和非付费区靠近窗口，面向乘客，方便乘客阅读的位置，为乘客提供车票交易信息的显示（可显示中文或英文信息），供乘客查看相关信息，并且带有一定的语音提示。

4. 对讲机

对讲机供操作员和乘客进行语言交流。

5. 密码键盘

密码键盘用于记名卡用户密码的输入和设置。

6. 外置读写器

外置读写器可在有效读写距离 10cm 内，通过对车票的有效性检验和读/写操作，完成所有与车票有关的票务业务。

7. 钱箱

钱箱采用钢结构，有各档纸币和硬币的存放格，可按面值存放现金，并提供电子和机械双重锁。

8. 车票发售机构

车票发售机构包括票卡读写器和车票处理模块。票卡读写器用于对单程票进行有效性检验和读/写操作；车票处理模块用于发售单程票。

9. 票据打印机

票据打印机为购票、充值的乘客打印小票和单据。

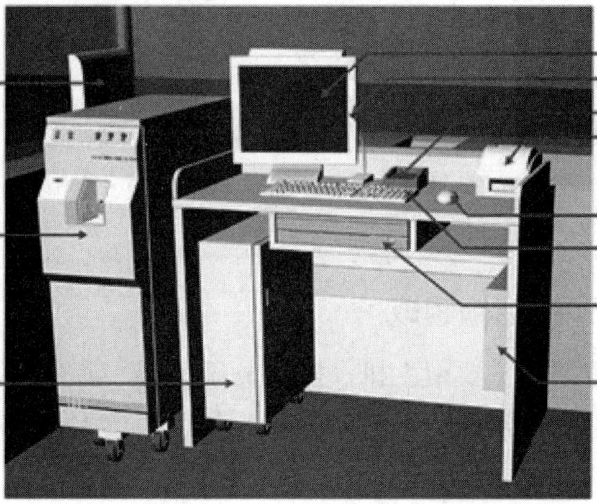

图 3-22　半自动售票机的组成

技术模块

半自动售票机的操作主要是采用人工方式处理与乘客相关的票务业务，主要包括系统登录、业务操作、系统退出等。各个城市轨道交通车站的半自动售票机型号、技术性能、功能有一定的差异，但基本操作步骤大同小异，下面以某型号安装有车票发售机构的半自动售票机的操作为例进行介绍。

一、系统登录

AFC 系统为每个操作员都设定了唯一的操作员号（ID）和密码，任何人使用半自动售票机时都必须使用 ID 和密码登录才能进入半自动售票机的操作界面进行操作。

操作员一般分为系统管理员、售票员、系统维护人员，系统管理员可以操作系统下的任何功能，售票员只能进行业务操作，而系统维护人员只能在维护功能下进行操作。

系统在登录的同时对用户的身份进行验证，并对外置读卡器进行检测。

（一）登录界面

打开半自动售票机的电源，系统启动后，单击“登录”按钮，显示登录界面，如图 3-23 所示输入“员工号”和“密码”，单击“确定”按钮，系统对用户名和密码的有效性进行验证，如果验证失败，则会给出错误提示信息，并提示再次输入“员工号”和“密码”（系统允许对登录密码和用户名的有效性进行检验的次数为 3 次）。

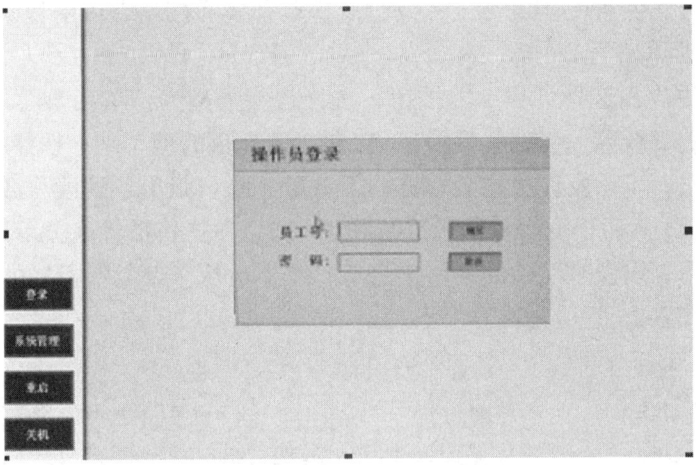

图 3-23　半自动售票机的登录界面

（二）操作主界面

登录完成后，系统进入半自动售票机的操作主界面，如图 3-24 所示操作界面中各功能模块的功能按钮均根据该操作员的权限相应地被激活，操作员可以开始进行系统允许的功能操作。

图 3-24　半自动售票机的操作主界面

二、业务操作

通过操作半自动售票机可以对车票进行发售、充值、补票、异常卡处理、验卡、行政事务处理、退票等与乘客相关的票务业务。

（一）单程票发售

半自动售票机能够发行系统允许发行的各类车票，其中包括地铁公司发行的各类 IC 票卡。IC 票卡的种类包括单程票、储值票、纪念票、计次票、一日票及将来可能发行的各类 IC 票卡等。

发售单程票分为两种不同的方式：按金额售单程票和按站点售单程票。其中，按金额售单程票的操作步骤如下。

在系统操作主界面选择“售卡”按钮；选择售卡类型为“单程票”，进入单程票发售界面；选择相应的“线路”；选择“站点”售票；选择目的地车站；选择相应的“数量”；单击“确定”按钮，车票发售机构会根据购票数量一张一张出票到读写区，读写器会对卡片有效性进行验证，然后根据操作信息进行赋值，并会在操作员界面显示详细的售卡信息，包括售卡成功与否，以及被赋值的票卡信息等；操作员从车票发售机构的出票口取出票卡出售给乘客，如图 3-25 所示。

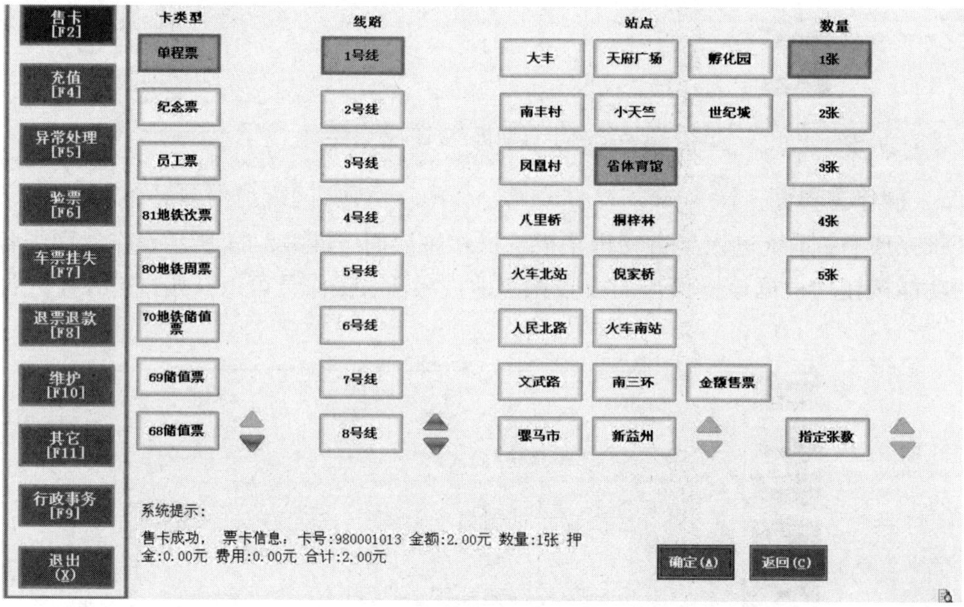

图 3-25　按站点售单程票成功界面

（二）充值

半自动售票机可以对储值票进行充值。在选择充值方式时，既可以选择固定金额充值，也可以选择自由金额充值。其中，选择固定金额充值的操作步骤如下。

在系统操作主界面选择“充值”按钮，进入充值列表界面；将储值卡放置于读卡器感应区，并根据乘客要求从充值金额列表中选择对应的“充值金额”，在弹出的信息提示框中选择“确定”；单击“确定”按钮，完成充值操作。此时会在操作员和乘客显示器上显示相应的信息，如图 3-26 和图 3-27 所示。

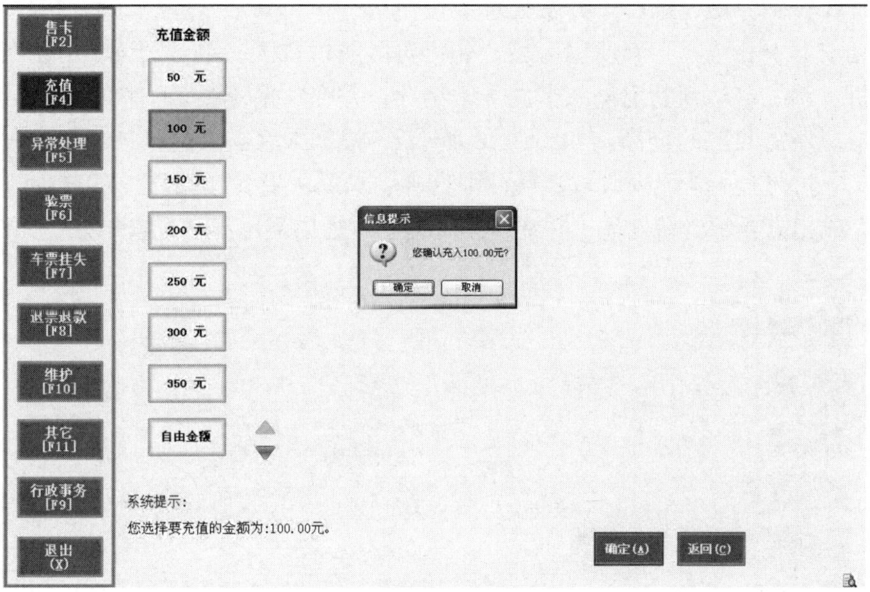

图 3-26　选择固定金额充值界面

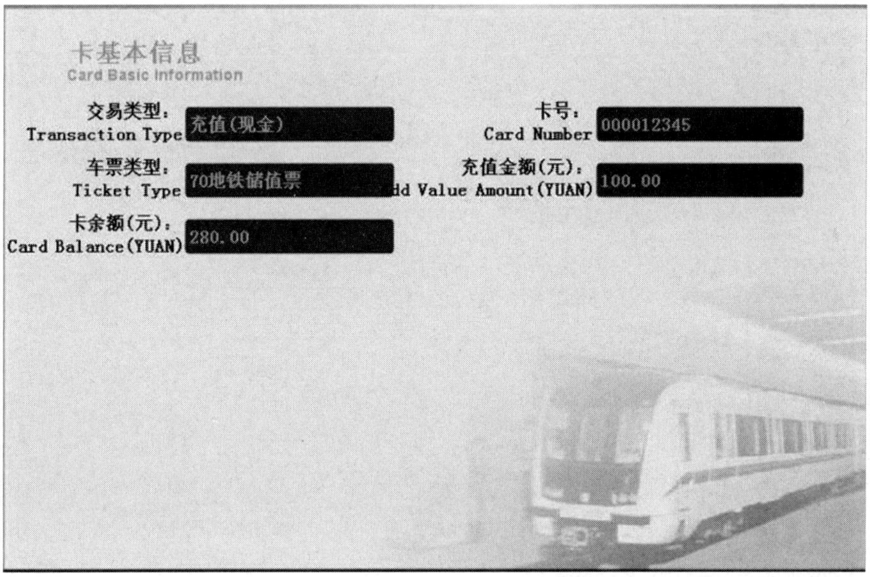

图 3-27　充值成功后的乘客显示界面

（三）异常卡处理

半自动售票机用于对不能正常进/出闸机的车票进行读卡分析，并根据分析得出的异常原因进行更改车票信息至符合闸机正常进出要求。主要异常包括非付费区票卡为“已入站状态”，付费区票卡为无入站标志、卡余额不足、超乘、滞留超时等。更新车票时，要确定目前乘客是在非付费区还是在付费区，选择正确的操作模式才能正确分析票卡的异常原因，异常卡处理的操作步骤如下。

在系统操作主界面，选择“异常处理”按钮，进入“异常处理”界面，并将需检查的票卡放在读卡器上；选择乘客所属区域，非付费区或付费区；单击“读卡分析”按钮，进行读卡分析，系统自动判断出该票卡的异常情况，并在“系统提示”栏中显示异常原因及处理异常情况所需收取的金额（如图 3-28 所示）；根据乘客需求选择“现金支付”或“卡支付”方式支付罚金（若无须收取金额，则直接进入下一步）；单击“异常处理”按钮，系统会自动完成相应异常更新处理，并在“系统提示”栏中显示异常处理结果，如图 3-29 和图 3-30 所示。

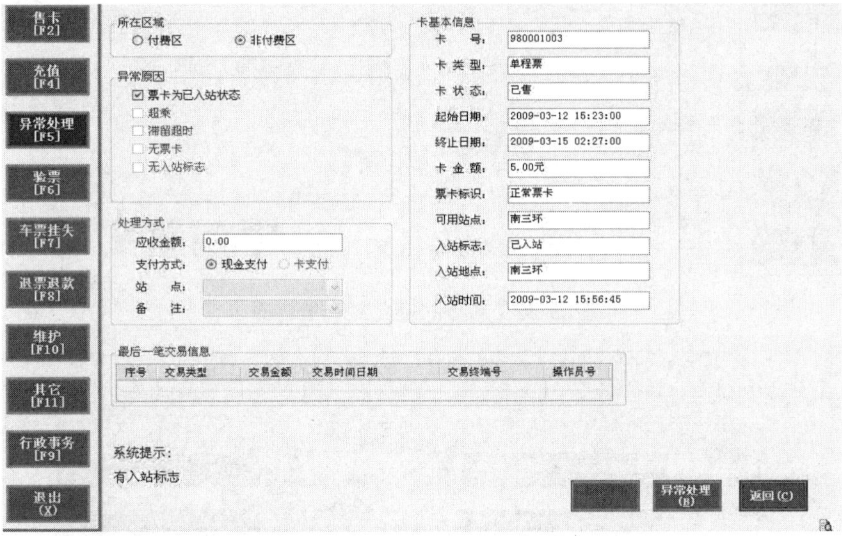

图 3-28 非付费区读卡分析界面

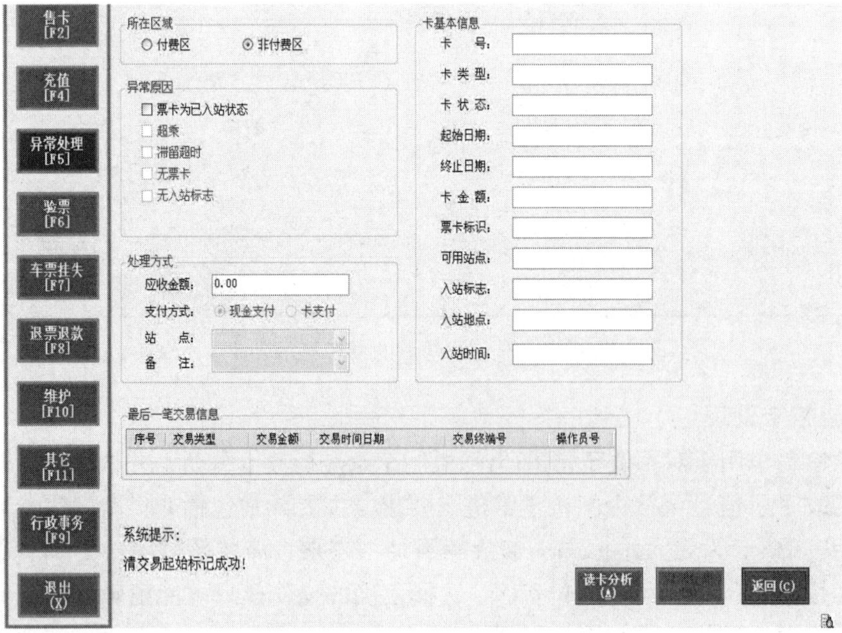

图 3-29 非付费区异常处理成功界面

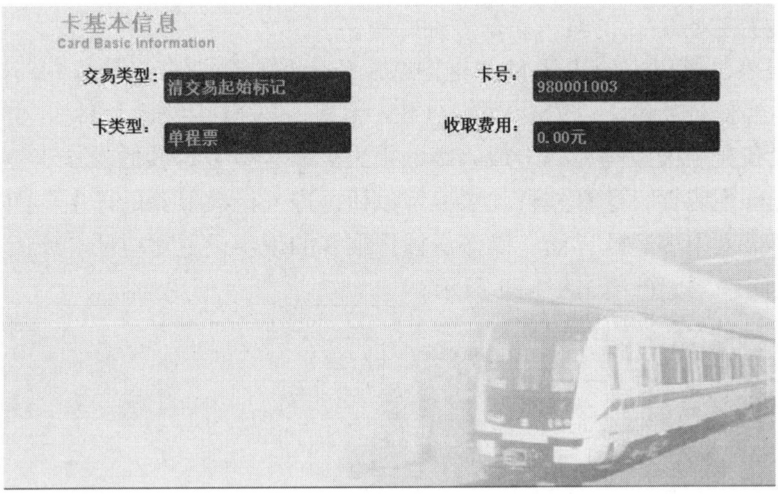

图 3-30　异常处理乘客显示界面

（四）行政事务

行政事务处理包括补收票款、乘客事务退款等业务。

1. 补收票款

半自动售票机可以根据地铁运营公司的票务管理规定合理收取因乘客违章而造成地铁运营收入损失的一定金额的费用，如儿童超高、遗失车票、一卡多用、卡余额不足且不增值、无票乘车、车票失效等。补收票款的操作步骤如下。

在系统操作主界面，选择“行政事务”按钮，进入行政事务处理主界面；单击“补收票款”按钮进入补收票款界面；操作员根据乘客说明，选择对应的“原因”；设置收取的“金额”；单击“确定”按钮，如图 3-31 所示。

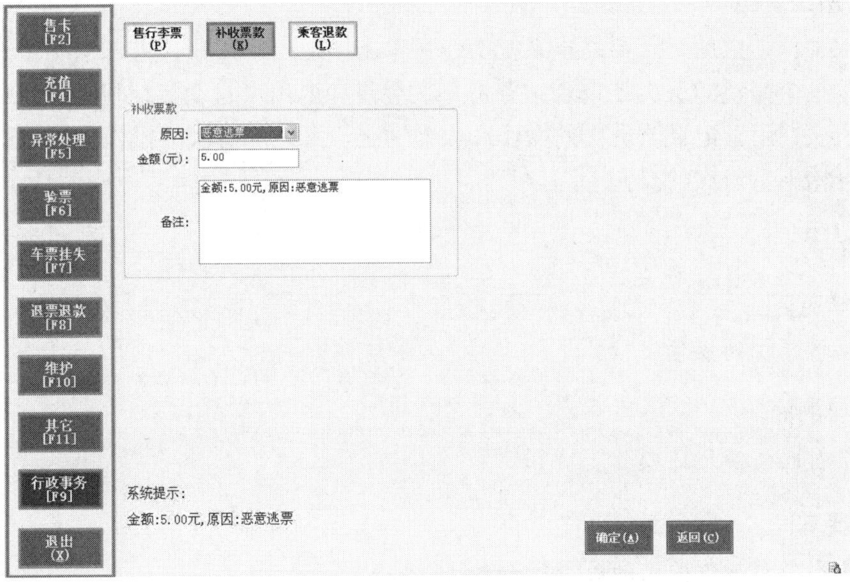

图 3-31　补收票款界面

2. 乘客事务退款

半自动售票机可以完成由于自动售检票设备出现故障而带来票务纠纷时退还乘客损失进行的退款操作，如由于 TVM 卡币、TVM 卡票、TVM 少找币、TVM 少出票、设备发售无效票、设备充值失败等原因造成乘客的损失。乘客事务退款的操作步骤如下。

在系统操作主界面，选择“行政事务”按钮，进入行政事务处理主界面；单击“乘客退款”按钮，进入乘客退款界面；操作员根据乘客的说明设置对应的“原因”和退款“金额”；单击“确定”按钮，如图 3-32 所示。

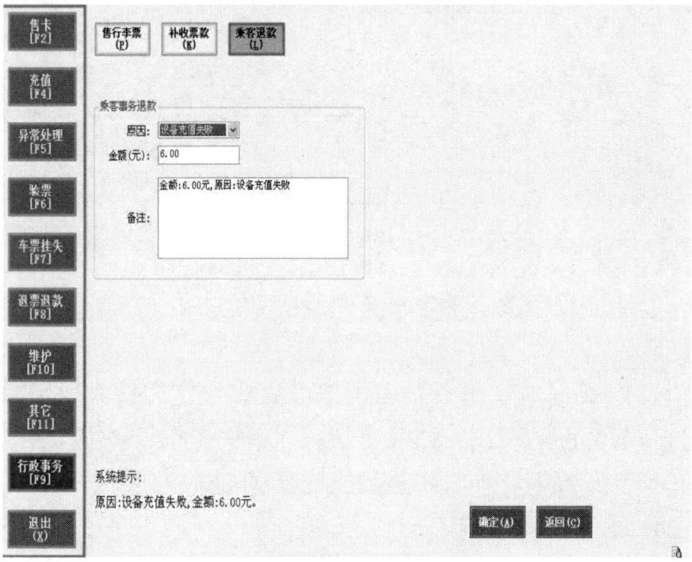

图 3-32　乘客事务退款界面

（五）系统退出

每班次工作结束后，需要终止系统操作。单击“退出”按钮，进入系统主界面，完成退出操作，一个完整的班次结束。站务员每次登录和退出半自动售票机时，系统将统计、生成班次班表，用于记录该班次的操作和收益情况。下一个班次的操作员可以选择重新登录，然后开始下一班次的操作。

实操模块

[实训任务]

半自动售票机的操作。

[实训目的]

掌握半自动售票机的操作。

[实训要求]

（1）熟悉半自动售票机的外部结构组成。

（2）能够通过操作半自动售票机完成对车票的票务业务操作。

[实训环境]

城市轨道交通票务实训室。

[实训指导]

（1）依照半自动售票机的外部结构图，认知半自动售票机的外部结构。

（2）按照半自动售票机操作系统的功能提示，熟练进行发售、充值、补票、异常卡处理、验卡、行政事务处理、退票等与乘客相关的票务业务操作。

[实训考评]

（1）完成任务的准确及熟练性。

（2）完成任务的态度及技巧性。

课后复习题

1. 简述半自动售票机外部结构的组成及其结构功能。

任务四　自动验票机操作

学习目标

（1）理解自动验票机的组成结构与功能。

（2）理解自动验票机的操作步骤。

学习任务

自动验票机的认知与操作。

教学环境

理实一体化教室或城市轨道交通票务实训室。

理论模块

自动验票机（TCM，Ticket Checking Machine）安装在非付费区供乘客自助对车票进行自助查询，它能够读取地铁储值 IC 卡最近 10 次的交易记录，读取过程不修改车票上的任何数据。自动验票机如图 3-33 所示，便携式验票机如图 3-34 所示。

图 3-33　自动验票机

图 3-34　便携式验票机

一、自动验票机的组成结构与功能

自动验票机主要由主机、电源、读卡器和乘客信息显示器等结构组成，具有车票查询和乘客服务信息查询等功能。

车票查询是读取票卡信息，不具备写票功能，工作人员将车票在阅读器/天线出示后 1s 内能显示车票的以下内容（如图 3-35 所示）。

（1）车票的逻辑卡号。

（2）车票的类型。

（3）车票的余额/使用次数：显示该车票当前所剩余额及使用次数。

（4）车票的有效期：显示该车票的有效期限。

（5）车票无效的原因（如安全性检查、出入顺序检查、黑名单票检查、超乘、超时等）。

（6）交易历史等。

一卡通信息查询 OCT INFORMATION FOR ENQUIRY

票卡基本信息 BASIC CARD INFORMATION　　积分 SCORE：200

卡号：CardNo.	123456789123456	卡状态：CardStatus	已启用 Actived	卡类型：CardType	非记名成人卡 Unsigned Adult Card
发行日期：IssueDate	2007-06-04	失效日期：InvalidityDate	2009-06-04	卡金额：Balance	21.20

定期/记次卡信息 PERIOD/MULTIRIDE CARD TRANSACTION INFORMATION

类型 Type	起始日期 StartDate	结束日期 EndDate	乘车限次 TotalRides	可乘余次 RemainingRides
地铁专用月票 Metro special ticket	2007-06-01	2007-07-01	140	97
地铁专用月票 Metro special ticket	2007-06-01	2007-07-01	140	120

充值交易记录 ADD VALUE TRANSACTION RECORD(S)

交易时间 Date	交易类型 TransactionType	充值金额(元) AmountAdded(yuan)	卡余额(元) Balance (yuan)	备注说明 Remarks
2007-05-01	钱包充值 Add Value	+100.00	118.60	

消费交易记录 CONSUME TRANSACTION RECORD(S)

交易时间 Datetime	交易类型 TransactionType	消费金额 AmountUsed	卡余额 Balance	备注说明 Remarks
2007-05-25 16:00	地铁系统 Metro System	-3.00	28.20	
2007-05-28 16:00	公交系统 Bus System	-2.00	26.20	
2007-05-29 16:00	地铁系统 Bus System	-3.00	23.20	
2007-05-30 10:00	公交系统 Bus System	-2.00	21.20	
2007-06-01 08:00	地铁系统 Metro System	-1	120	

v1.0.5.3 00000

图 3-35　自动验票机查询界面

乘客服务信息查询的信息由后台定制下载，可以接受 Flash、图片、文本文件。所提供的乘客服务信息力求最方便实用。乘客服务内容可定制，当一屏显示不完时，使用垂直滚动条翻屏，内容包括乘客须知、地铁公告、AFC 系统终端设备使用指南等，如图 3-36、图 3-37、图 3-38 和图 3-39 所示。

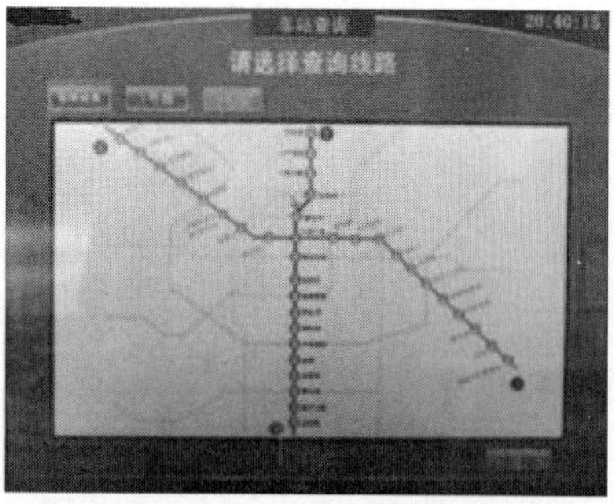

图 3-36　车站查询界面

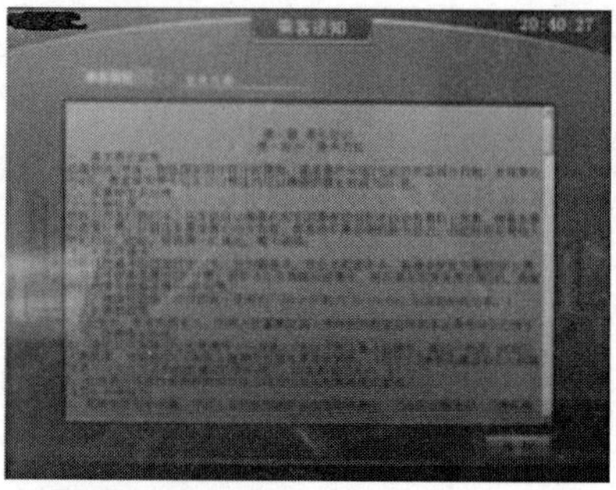

图 3-37　乘客须知界面

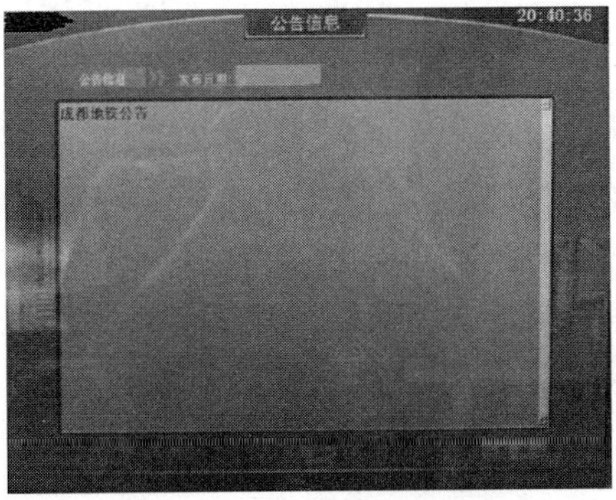

图 3-38 公告信息界面

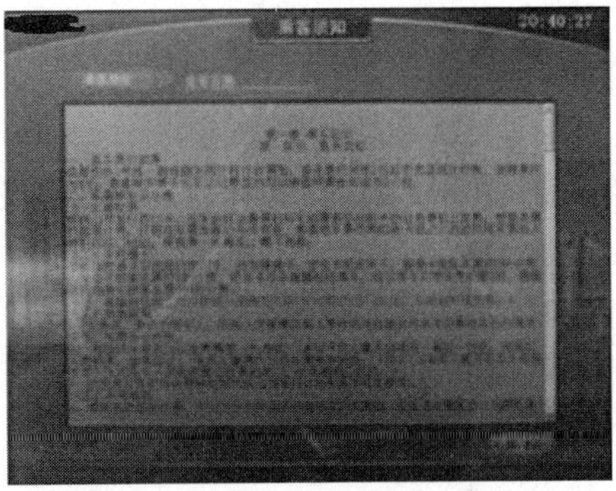

图 3-39 使用指南界面

二、自动验票机的操作步骤

步骤 1：将票卡出示在验卡区（50cm 以内）。

步骤 2：在乘客显示器上读取车票信息。

步骤 3：如果乘客显示器无信息，则重复步骤 1 后再读取。

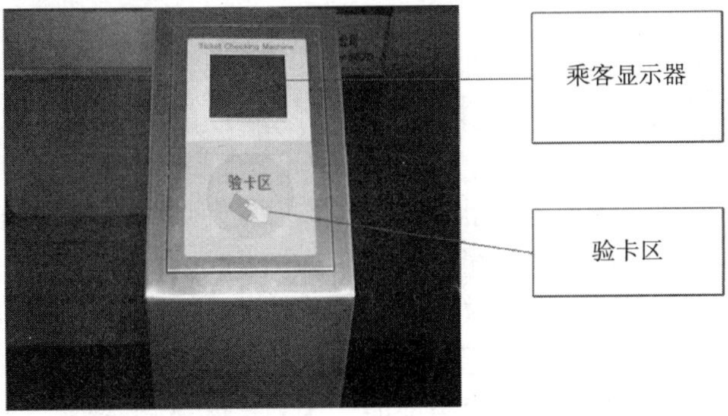

课后复习题

简述自动验票机的组成结构及功能。

任务五 车站计算机操作

学习目标

（1）理解车站设备监控子系统的操作步骤。

（2）理解车站票务管理子系统的操作步骤。

学习任务

（1）车站设备监控子系统操作。

（2）车站票务管理子系统操作。

教学环境

理实一体化教室或城市轨道交通票务实训室。

技术模块

对车站计算机（SC）的操作是通过设置在车站控制室及车站 AFC 票务管理室的 SC 操作终端完成的。其中设置在车站控制室的 SC 主要负责对所在车站的 AFC 系统终端设备和进出客流进行实时监控等，而设置在车站 AFC 票务管理室的 SC 主要负责车站车票及票款收入的数据录入、管理等，并且只允许当班票务管理人员及其以上级别管理人员、站长、值班站长、值班员、AFC 维修人员在车站 SC 系统的操作终端上进行操作或查询。下面以某城市轨道交通运营公司车站计算机系统操作终端的操作为例进行介绍。

一、车站设备监控子系统操作

正常情况下，车站计算机应全日开启，它以客流分析、设备状态监视及设备命令控制为业务核心，帮助各站点分析客流量，尽快定位有问题的设备及部件，在客户端对设备进行简单控制等，提高总体工作效率和工作质量。其操作管理由车站当班值班站长和值班员共同负责。运营开始前由行车值班员负责在 SC 操作终端上登录后确认 AFC 现场终端设备是否开启（正常情况下自动售票机、自动检票机等终端设备将一直处于上电状态。在每日运营结束后，所有终端设备将在系统设置的时刻自动进入关闭状态，此时乘客显示器黑屏，设备进入省电模式，在次日运营开始前，各终端设备又将在系统设置的时刻自动恢复为正常服务状态），检测 SC 与各设备的连接状况等。同时，由巡站人员现场确认 AFC 现场终端设备是否处于正常服务模式。运营过程中，由行车值班员实时监督各种 AFC 现场终端设备的状态，当设备出现故障或处于报警状态时，通过显示的报警信息，及时确认报警设备号和报警原因，根据不同原因进行相应处理。如车站计算机显示的设备状态提示需更换闸机票箱或 TVM 钱箱、票箱，则安排相应站务人员完成更换工作。必要时，可通过 SC 查询设备的状态、闸机的车票历史记录、系统的设置参数等，打印/显示有关报表，控制站厅的各种 AFC 现场终端设备等。运营结束后，由行车值班员及以上人员通过 SC 对 AFC 设备设置暂停服务，然后注销退出。当车站发生设备故障或出现紧急情况时，需由值班站长及以上人员向行调申请在车站计算机上设置执行相应的降级运营模式或紧急放行模式。

（一）系统登录

先打开显示器电源，然后打开工作站主机电源，系统启动后主程序自动以全屏方式运行，此时操作界面中的各功能模块按钮均处于未激活状态，需单击“操作员登录”按钮，输入操作员用户名、密码登录监控系统。登录界面如图 3-40 所示。登录完成后进入设备监控子系统操作主界面，操作界面中各功能模块的功能按钮均根据该操作员的权限相应地被激活，操作员可以开始系统允许的功能操作。

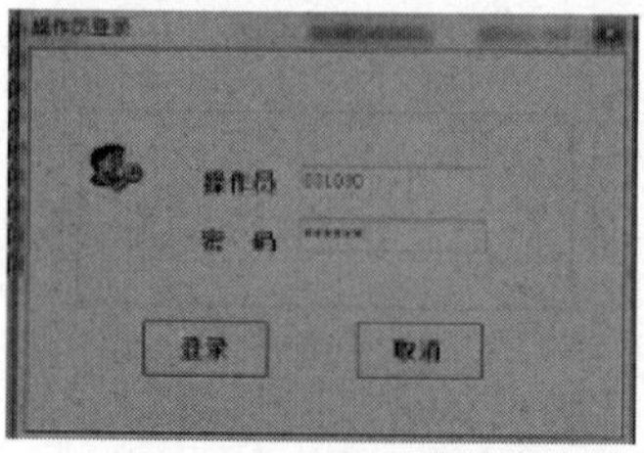

图 3-40　登录界面

（二）设备监视

对所在车站现场自动售票机、半自动售票机、自动检票机的运行状态进行实时监控，并根据显示信息作相应处理，如显示提示需更换闸机票箱或 TVM 钱箱、票箱等，需安排更换工作；显示提示设备故障，需通过故障描述上报 AFC 维修调度处理。设备监视方式如下。

（1）可通过 AFC 系统现场终端设备状态监视界面（如图 3-41 所示）中各类设备的图标颜色随着设备状态和事件变化的实时显示进行监视。

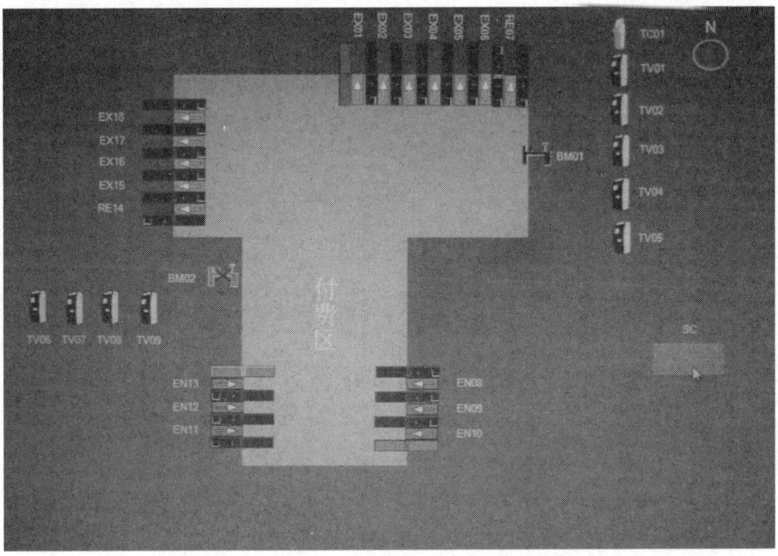

图 3-41　AFC 现场终端设备状态监视界面

（2）在设备监控子系统操作主界面，选择“实时监视”→“设备实时状态”进入设备实时状态的列表显示（如图 3-42 所示）进行监视。

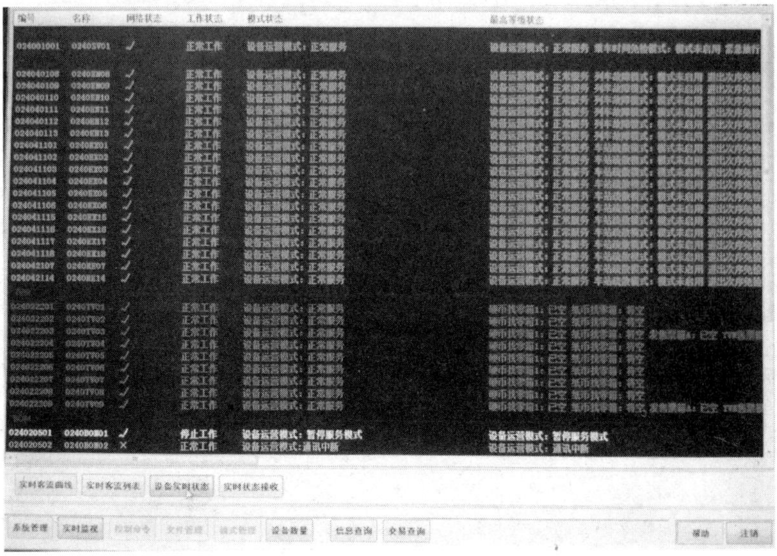

图 3-42　设备实时状态显示界面

（三）客流监视

对所在车站进/出站客流进行监视，以分析车站客流量的变化。客流监视方式如下。

（1）在设备监控子系统操作主界面，选择“实时监视”→“实时客流曲线”进入 24 小时所在车站总进/出站客流的监视（如图 3-43 所示）。

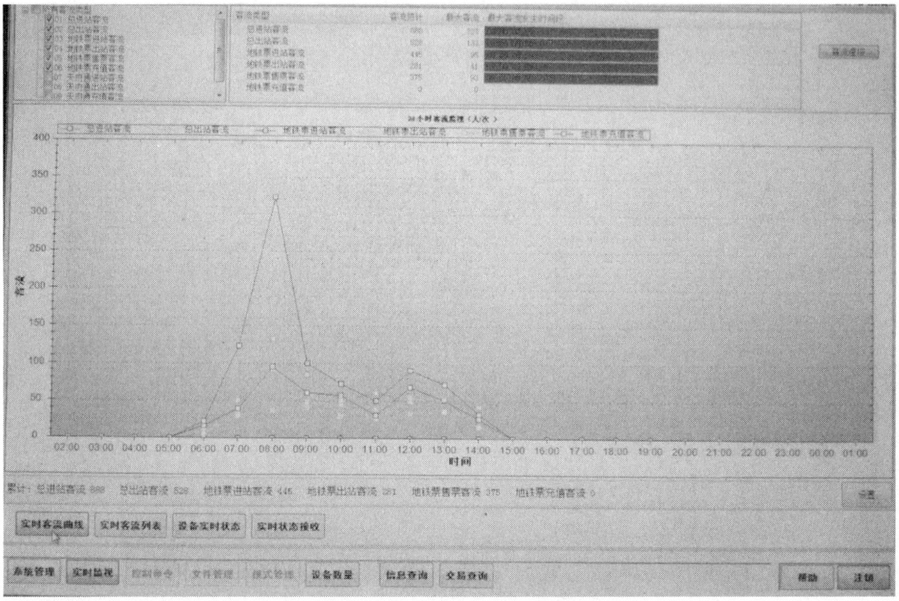

图 3-43　实时客流曲线监视界面

（2）在设备监控子系统操作主界面，选择“实时监视”→“实时客流列表”进入分时间段所在车站总进/出站客流的监视（如图 3-44 所示）。

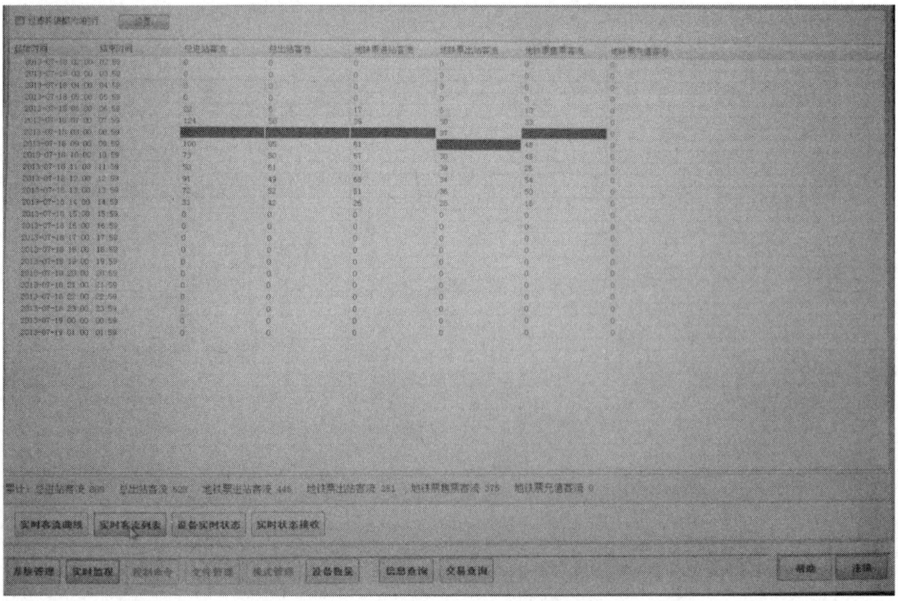

图 3-44　按时段客流列表界面

（四）设备控制

通过对所在车站 AFC 系统现场终端设备进行简单的命令控制，完成对自动检票机、自动售票机、半自动售票机等的操控。主要设备控制方式如下。

（1）在设备监控子系统操作主界面选择“控制命令”→“AG 控制”进入对进站、出站、双向自动检票机的控制操作（如图 3-45 所示），即在设备选择区域选中相应的自动检票机，选择需执行的命令（包括下达正常或停止运营命令、下达闸门开关命令、下达双向闸机运行方式命令等），并将其发送到自动检票机，现场自动检票机根据收到的命令执行相关操作。

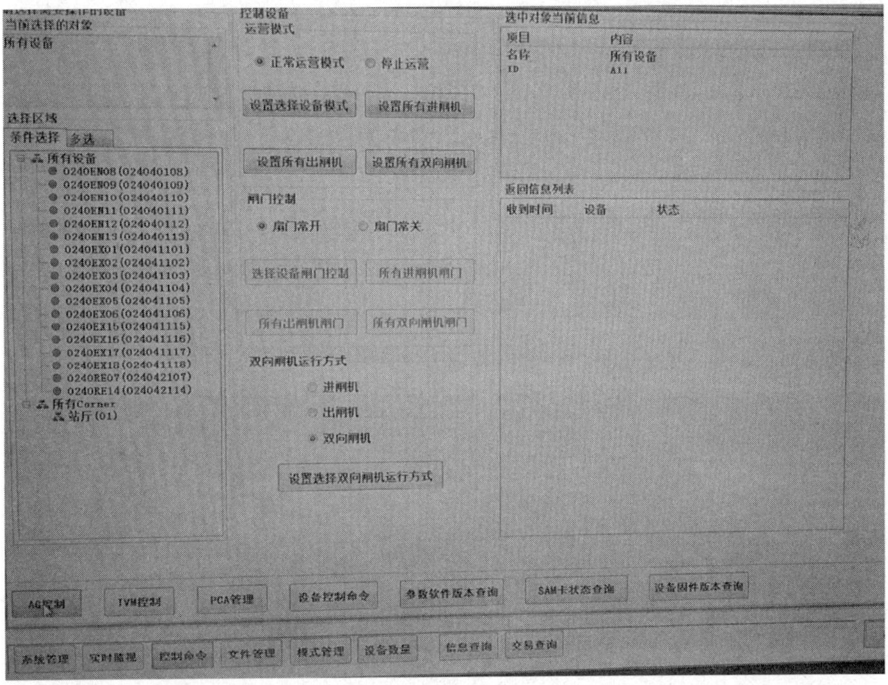

图 3-45　自动检票机的控制界面图

（2）在设备监控子系统操作主界面选择“控制命令”→“TVM 控制”进入对自动售票机的控制操作（如图 3-46 所示），即在设备选择区域选中相应的自动售票机，选择需执行的命令（包括下达正常或停止运营命令，下达正常或停止充值、发售单程票、接收纸币命令等），并将其发送到自动售票机，现场自动售票机根据收到的命令执行相关操作。

（3）在设备监控子系统操作主界面选择“控制命令”→“设备控制命令”进入对自动检票机、自动售票机、半自动售票机等设备的命令操作（如图 3-47 所示），即在设备选择区域选中相应的设备，选择需执行的命令（主要包括正常服务或停止服务命令，远程关机、远程启动命令等），并将其发送到设备，现场设备根据收到的命令执行相关操作。

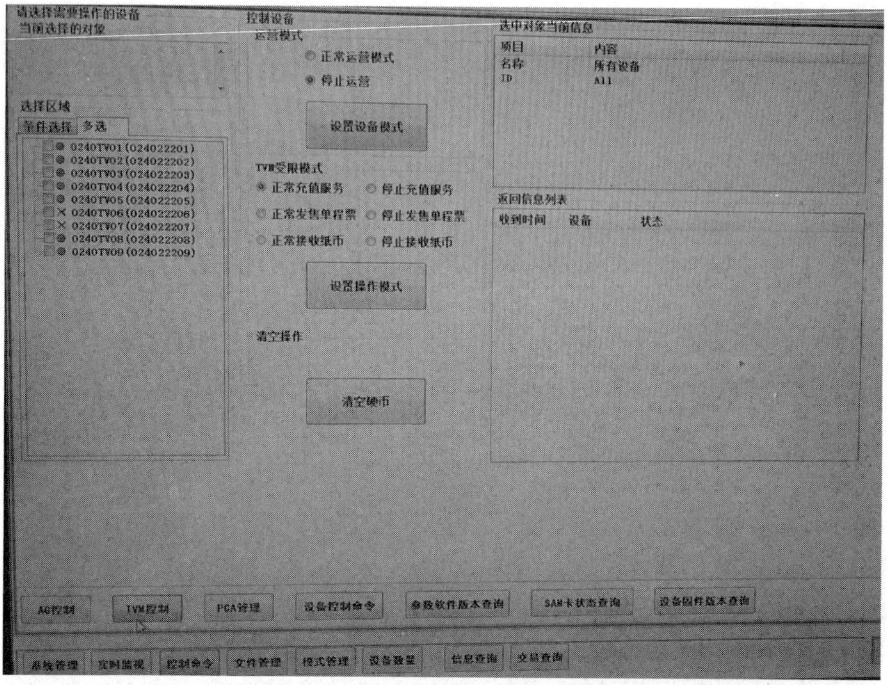

图 3-46　自动售票机控制界面图

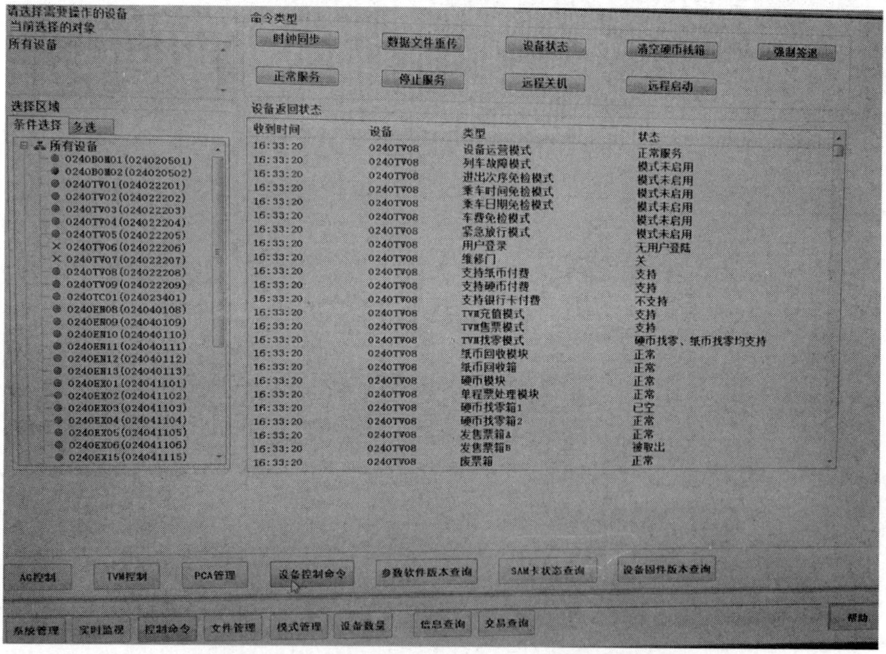

图 3-47　AFC 系统现场终端设备控制界面图

（五）模式管理

当所在车站发生设备故障或紧急情况时，需在 SC 上将 AFC 系统由正常运营模式设置执行为降级运营模式或紧急放行模式，即在设备监控子系统操作主界面选择“模式管理”

下的“模式设置”，选择对应的降级运营模式或紧急放行模式，进行“模式启用”设置操作（如图 3-48 所示）。AFC 系统现场终端接收到命令进入相应的车票处理和 AFC 终端设备运作模式（具体内容见项目九任务三降级运营模式下的票务应急处理）。

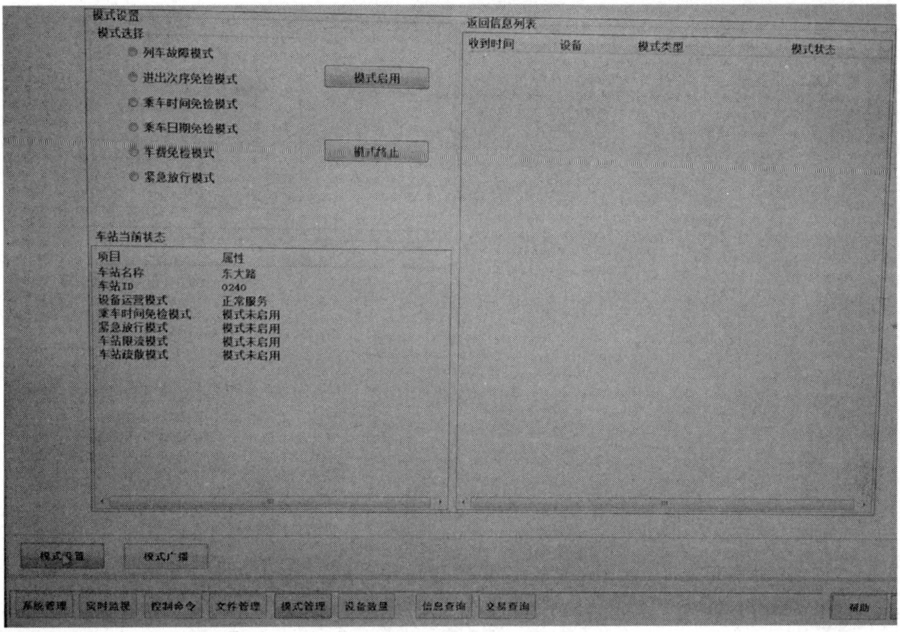

图 3-48　模式设置界面图

降级运营模式、紧急模式的设置决策人为车站值班站长及以上人员，由其向行调申请设置模式，行调确认后通知 AFC 调度执行相应模式。具体设置如下。

1. 进出站次序免检模式

（1）设置原则：车站的进站闸机全部故障无法立即修复或者由于车站出现大客流无法立即缓解，大量由本站进站的乘客未通过进闸机。

（2）方法：通过 AFC 调度设置“进出站次序免检模式”。

（3）取消：故障站进站闸机恢复正常、大客流控制结束 2 小时后，AFC 调度接到行调通知后取消该模式。

2. 乘车时间免检模式

（1）设置原则：由于时钟错误或列车延误等地铁原因导致乘客手中的车票超时。

（2）设置地点：时钟错误车站或列车延误时受影响的车站，接到行调通知后设置该免检模式。

（3）方法：通过 AFC 调度设置“时间免检模式”。

（4）取消：在解决了乘客手中车票“超时”的问题或列车恢复正常运行 2 小时后，行调通知 AFC 调度解除相应模式。

3. 车费免检模式

（1）设置原则：在接到行调有关“列车越站”的通知时。

（2）设置地点：列车越站后停靠的第一个车站。

（3）方法：通过 AFC 调度设置“车费免检模式”。

（4）取消：车站确认越站列车上的乘客出站完毕后报告行调，由行调通知 AFC 调度解除相应模式。

4. 紧急模式

（1）设置原则：车站出现火灾、爆炸等紧急情况危及乘客生命安全，需及时疏散乘客出站的紧急情况。

（2）设置决策人：车站值班站长及以上人员。

（3）设置地点：出现紧急情况的车站。

（4）设置方法：可由防灾系统自动联动设置，或由车控室值班人员通过扭转紧急按钮设定设置该模式。

（六）信息查询

车站所有 AFC 现场终端设备的操作和交易数据、客流数据都能实时上传到 SC 系统上，并保存以供查询，在设备监控子系统操作主界面，选择“信息查询”下的相应数据查询按钮输入查询条件便能对相关数据进行查询，如在“客流历史查询”功能下，输入查询条件，可实现按时间间隔、按运营日等方式的客流数据查询（如图 3-49 所示）。

图 3-49　某站运营日以 10 分钟为间隔的客流信息显示界面

二、车站票务管理子系统操作

车站票务管理子系统包括票款管理和车票配发调度管理两大模块。票款管理模块的主要功能是对票款的管理，包括售票员配票款、售票员预收款、售票员下班上交票款、短款补款登记、TVM补币补票、TVM/AVM钱箱回收、银行配备用金、现金解行、上日实际解行、零钞申请、免费客流登记；车票配发调度管理模块的主要功能是对车站库存车票的配发入库和调度管理，包括客值交接班、配发车票、上交车票、车票调入和车票调出。下面介绍主要功能的操作。

（一）系统登录

首先打开显示器电源，然后打开工作站主机电源，系统启动后主程序自动以全屏方式运行，此时操作界面中各功能模块按钮均处于未激活状态，需单击运行，输入操作员用户名、密码登录系统。登录完成后，进入车站票务管理子系统操作主界面，操作员既可以直接单击主界面上的功能点图标，也可以在菜单项上选择进行相应功能操作。登录主界面如图 3-50 所示。

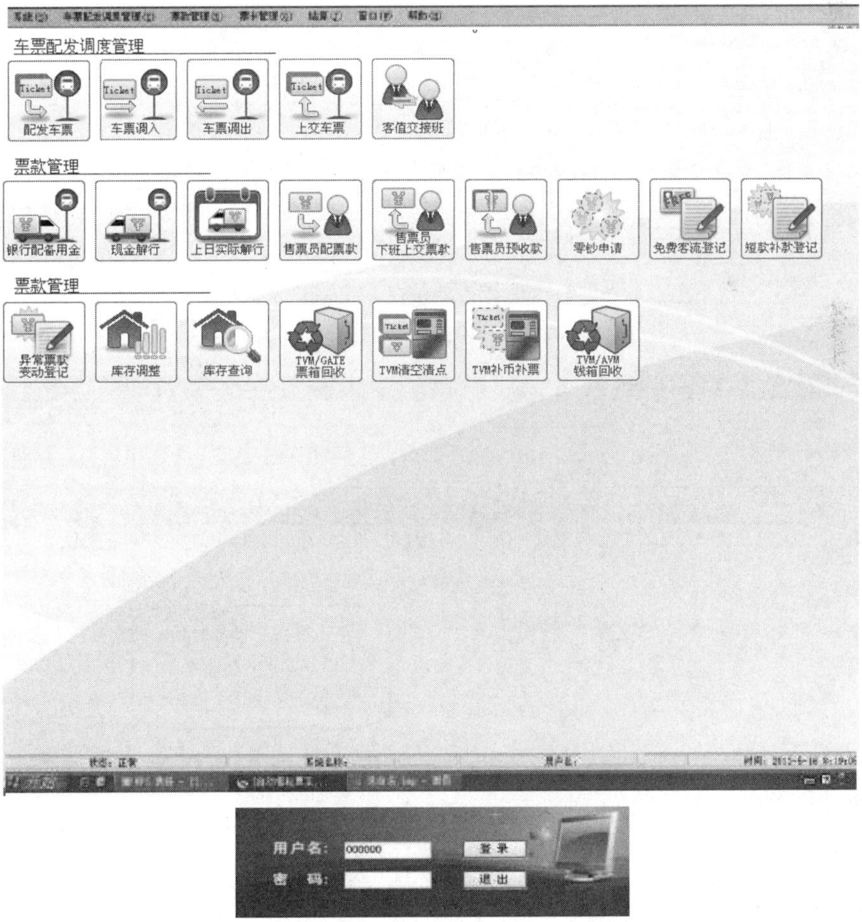

图 3-50 登录主界面

（二）票款管理操作

1. 售票员配票款

售票员上岗配票款时，由客运值班员登录并进入图 3-50 所示界面，单击“售票员配票款”功能图标（如图 3-51 所示）进入“售票员配票款”界面，单击“增加”，进入“售票员配票款编辑”界面，如需增加行次，单击“插行”按钮，输入配给售票员的车票票种、张数及备用金金额（如图 3-52 所示）。客运值班员输入完成后，售票员需当面确认客运值班员输入的内容正确后，客运值班员确认保存，单据状态显示为“审核”。若售票员在售卖过程中需追加车票或备用金，则需重新进行前面的相关操作。

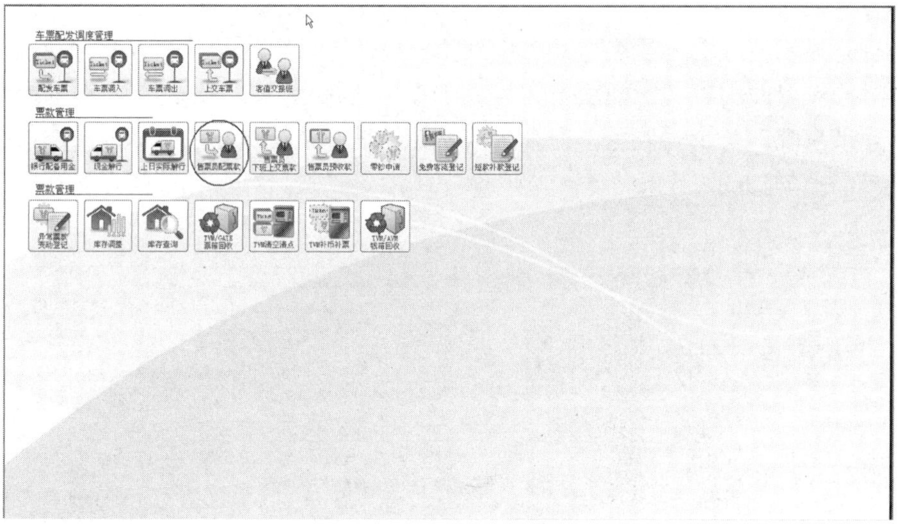

图 3-51　选择售票员配票款功能界面

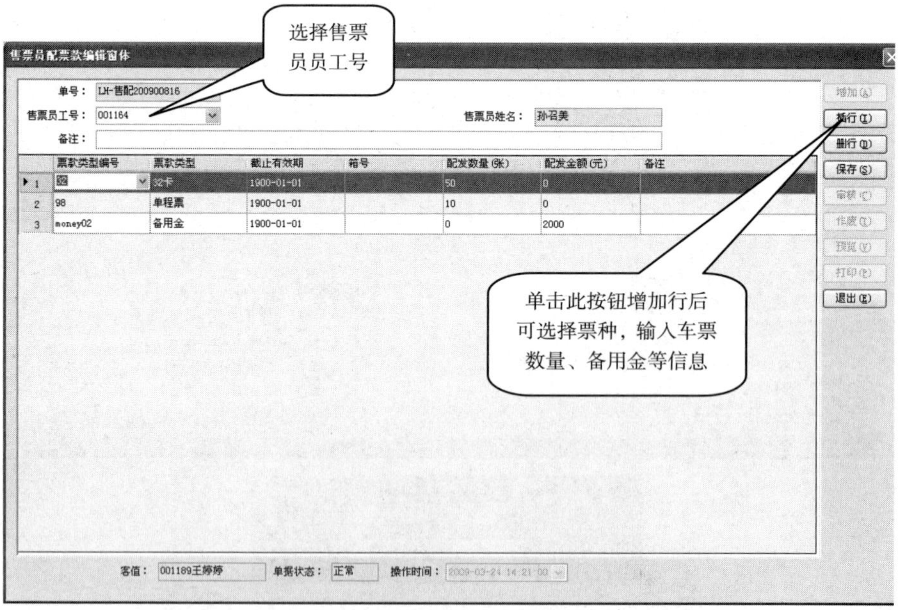

图 3-52　售票员配票款编辑界面

2. 售票员上交票款

售票员当班结束与客运值班员结账时，由客运值班员登录并进入图 3-50 所示界面，单击“售票员下班上交票款”功能图标（如图 3-53 所示），进入“售票员下班上交票款”界面，然后单击“增加”，进入“售票员下班上交票款编辑”界面（如图 3-54 所示），选择相应记录，输入涉及车票上交数量及手中全部现金金额（当班期间的票款和备用金总金额）。售票员确认客运值班员输入的相关信息正确后，客运值班员确认保存，退出登录。

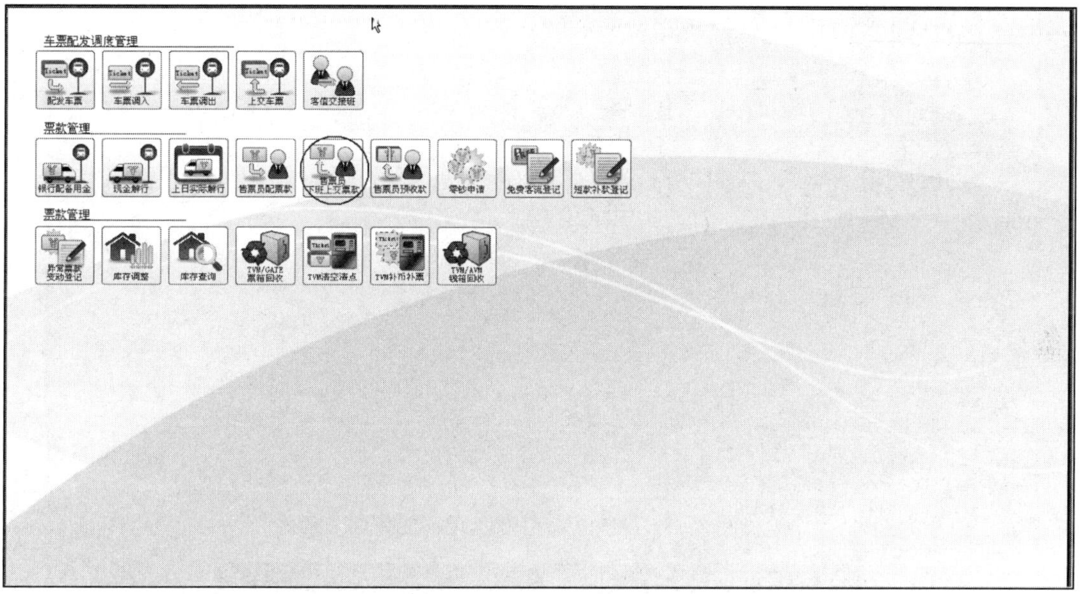

图 3-53　选择售票员下班上交票款功能界面

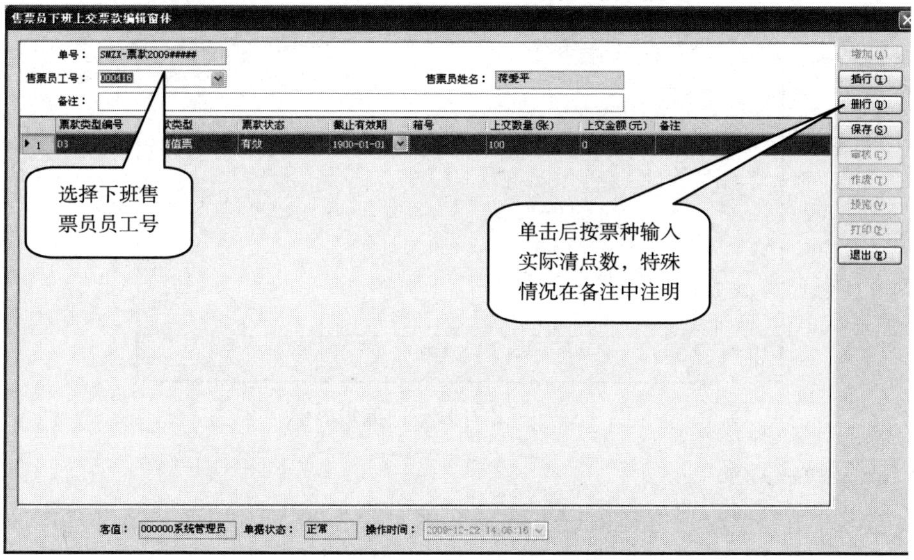

图 3-54　售票员下班上交票款编辑界面

3. 短款补款登记

客运值班员登录并进入图 3-50 所示界面，单击“短款补款登记”功能图标（如图 3-55 所示），进入“短款补款登记”界面，然后单击“增加”，打开“短款补款登记编辑”界面（如图 3-56 所示），打印“补款通知书”，售票员按“补款通知书”的补短款金额输入，并根据售票员补交情况填写已补交金额。

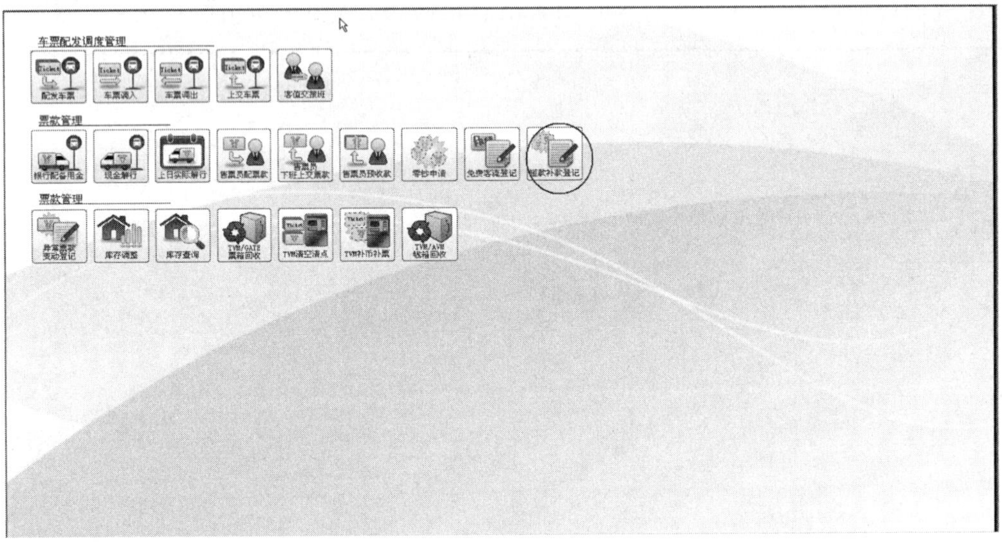

图 3-55 选择短款补款登记功能界面

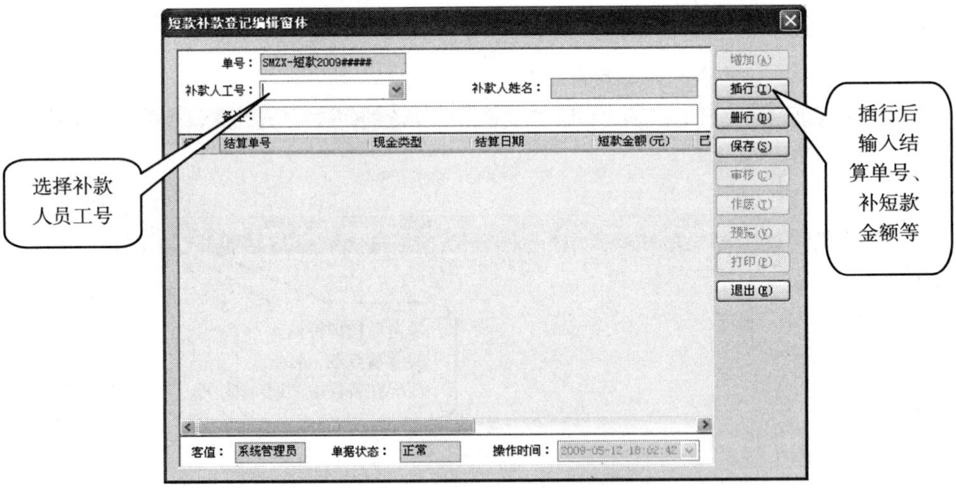

图 3-56 短款补款登记编辑界面

4. TVM 补币补票

车站进行补币补票时，客运值班员登录并进入图 3-50 所示界面，单击“TVM 补币补票”功能图标（如图 3-57 所示），进入“TVM 补币补票”界面，单击“增加”，进入“TVM 补币补票编辑”界面（如图 3-58 所示）。根据《TVM 补币打印小单》填写 TVM 编号、TVM 名称、箱号、数量、金额等内容，双人确认保存。

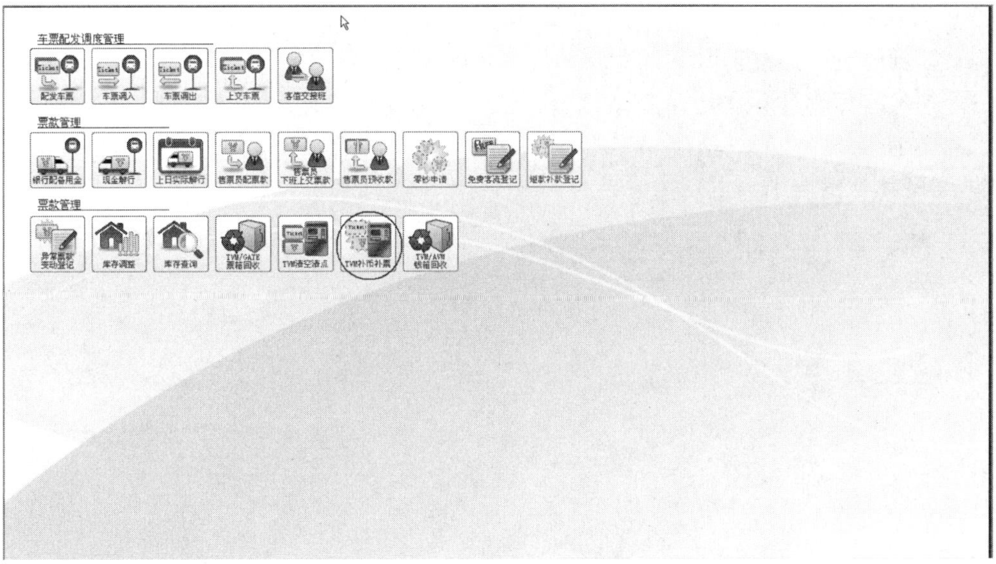

图 3-57　选择 TVM 补币补票功能界面

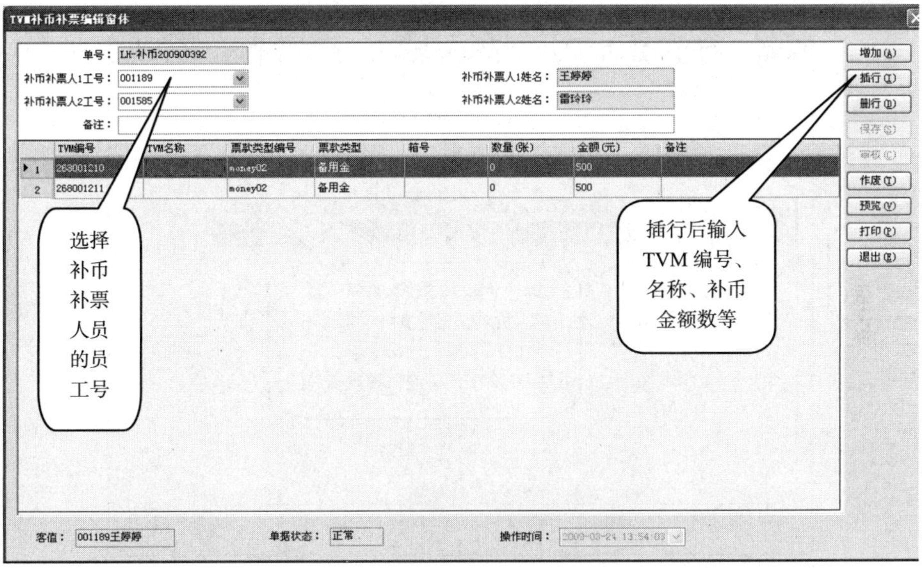

图 3-58　TVM 补币补票编辑界面

5. TVM 钱箱回收

车站进行钱箱清点后，客运值班员需登录并进入图 3-50 所示界面，单击“TVM 钱箱回收”功能图标（如图 3-59 所示），进入“TVM 钱箱回收”界面，单击“增加”，进入“TVM 钱箱回收编辑”界面（如图 3-60 所示）。根据手工报表《钱箱清点报告》中的机器金额和实点金额选中“TVM 编号”、“TVM 名称”、“箱号”，输入“机器读数”、“实点金额”、“记录票单”号，并将手工报表备注栏中所反映的清点钱箱过程中出现的异常情况输入备注中，需由另一清点人员确认后由客运值班员保存。

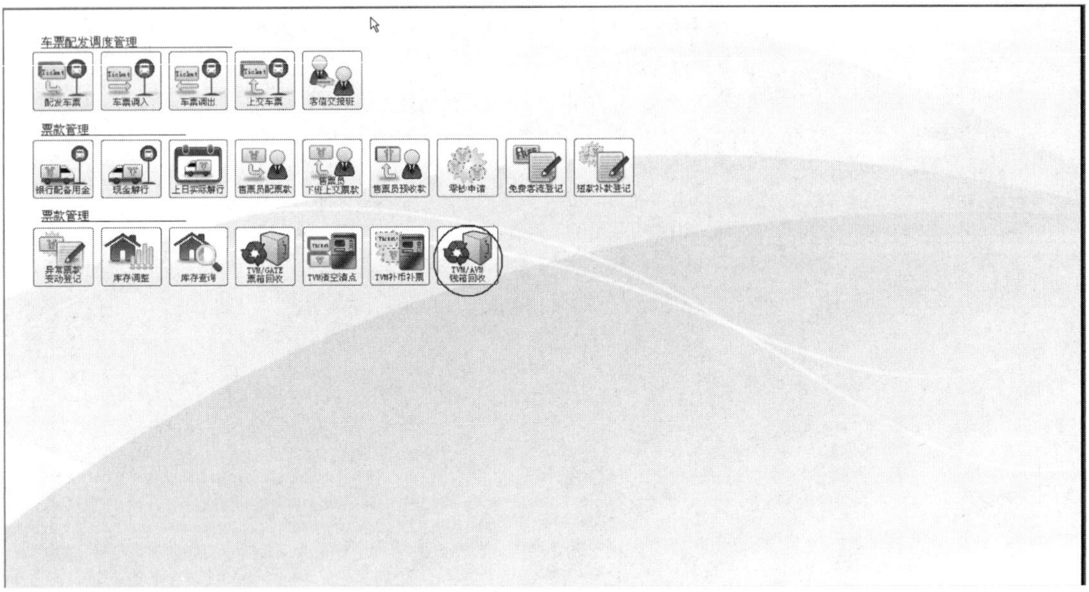

图 3-59　选择 TVM 钱箱回收功能界面

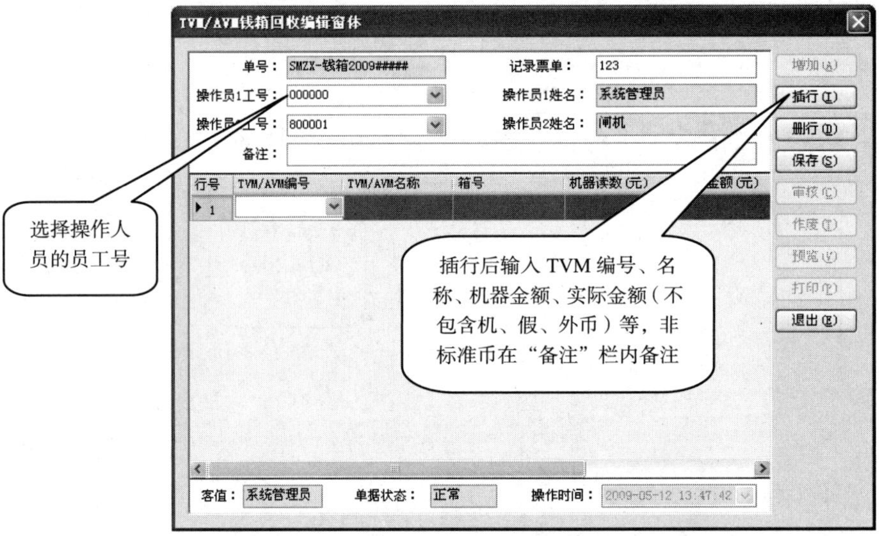

图 3-60　TVM 钱箱回收编辑界面

（三）车票配发调度管理操作

1. 客值交接班

交班客运值班员退出系统后，接班客运值班员重新登录系统进入图 3-50 所示界面，单击“客值交接班”功能图标（如图 3-61 所示），进入客值交接班界面，单击“增加”，进入客值交接班对话框（如图 3-62 所示）。根据双人确认的《客运值班员交接班簿》录入接班时车票、票款及备用金的账面数量、账面金额，单击保存后退出系统。

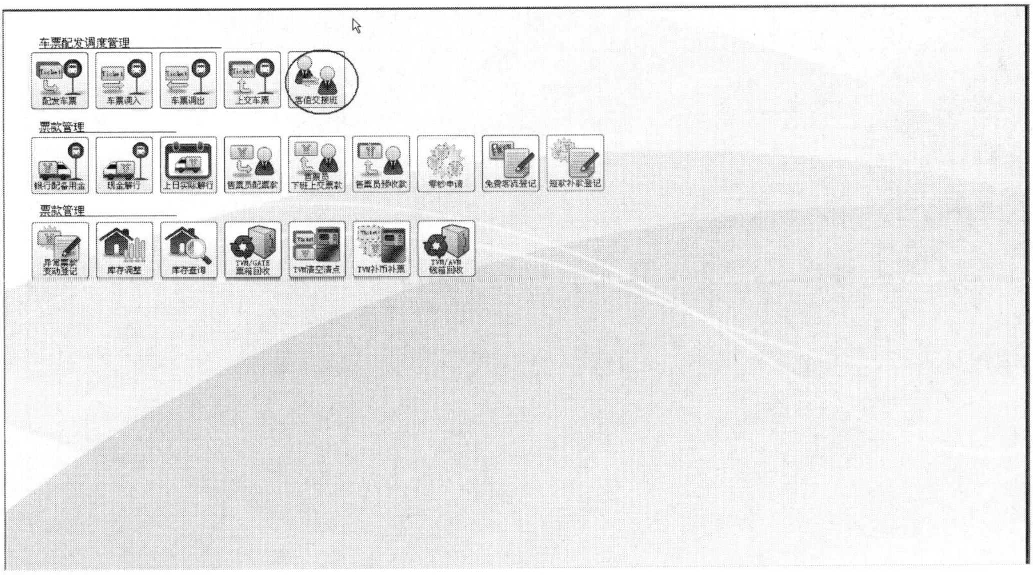

图 3-61　选择客值交接班功能界面

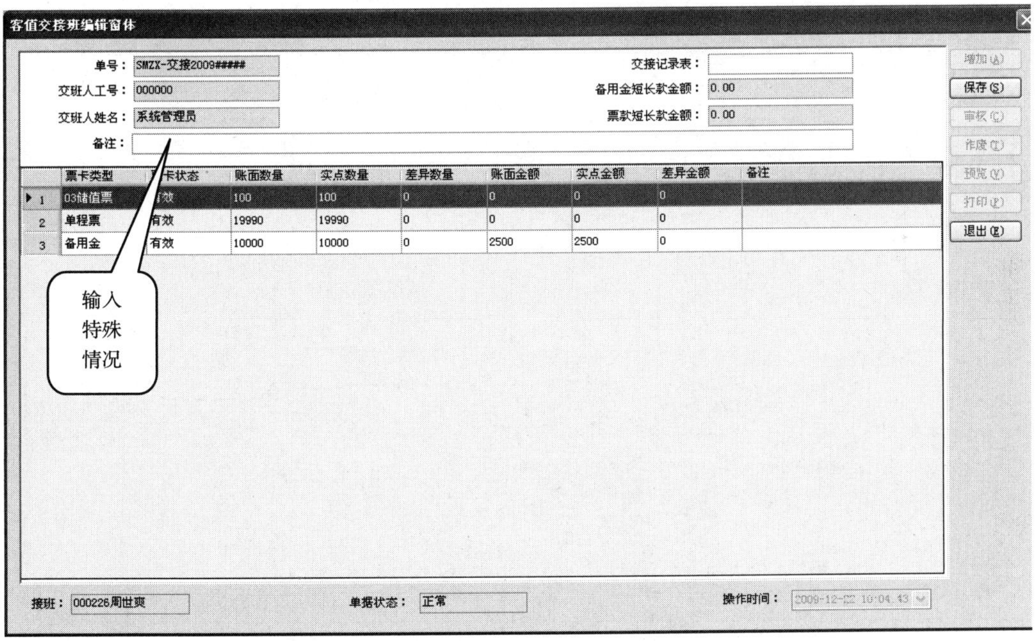

图 3-62　客值交接班对话框

2. 配发车票

配送部门向车站配发车票时，车站可通过“配发车票”窗口看到配发车票的票种和数量，系统默认实际数量为配发数量，如不一致，客运值班员根据实际数量录入。车票配送人员与客运值班员根据《配票明细单》核对车票信息正确后进行车票交接，客运值班员在“车站票务管理系统”中单击“配发车票”功能图标（如图 3-63 所示），进入配发车票界面，单击“增加”进入“配发车票编辑”界面（如图 3-64 所示）进行“配发车票”操作并在《配票明细单》上签收，车站存最后一联，其余由车票配送人员上交配送部门。

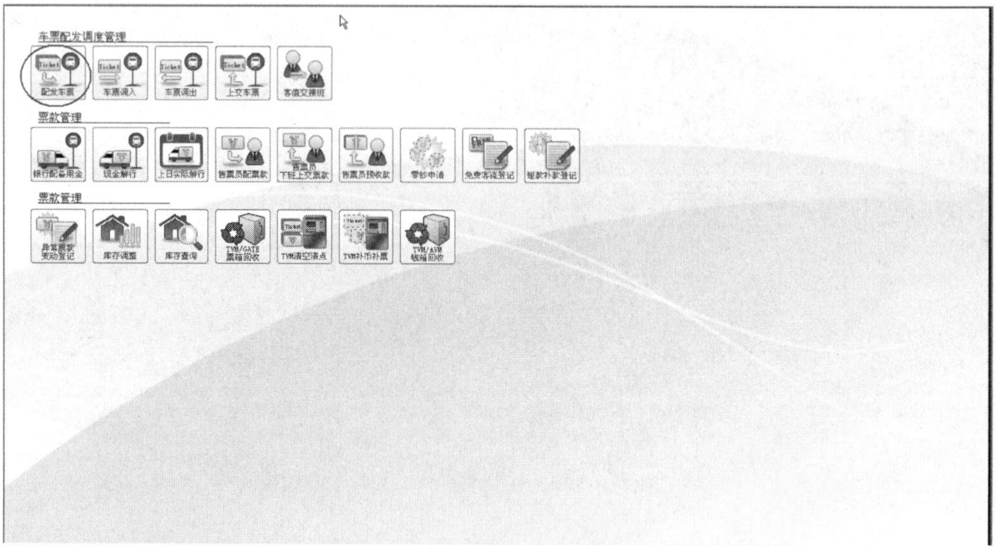

图 3-63　选择配发车票功能界面

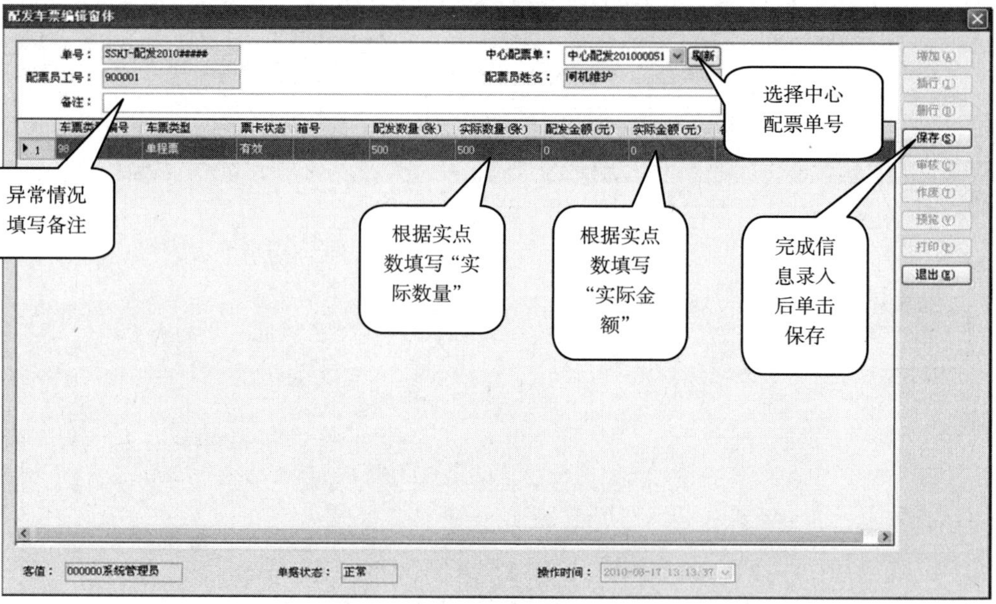

图 3-64　配发车票编辑界面

3．上交车票

车站上交车票分为两种形式：一种是需随报表上交回收部门的车票；另一种是回收部门指定回收的车票。

（1）随报表上交的车票。客运值班员在“车站票务管理系统”中单击“上交车票”功能图标（如图 3-65 所示），进入“上交车票”界面，单击“增加”进入“上交车票编辑”界面录入需上交车票的类型、数量等（如图 3-66 所示），并将用专用票务信封分类加封好的车票随报表上交。

（2）指定上交的车票。由回收部门在票务管理系统通知车站需回收车票的种类、数量，客运值班员在“车站票务管理系统”中单击“上交车票”功能图标（如图 3-65 所示），进入“上交车票”界面，单击“增加”，进入“上交车票编辑”界面，从下拉选项中选择“通知单号”后，明细中会自动列出回收通知单中需回收的车票类型、数量等，客运值班员按要求提前准备好车票，并在车站票务管理系统“上交车票”中录入需上交车票的类型、数量等（如图 3-66 所示）。

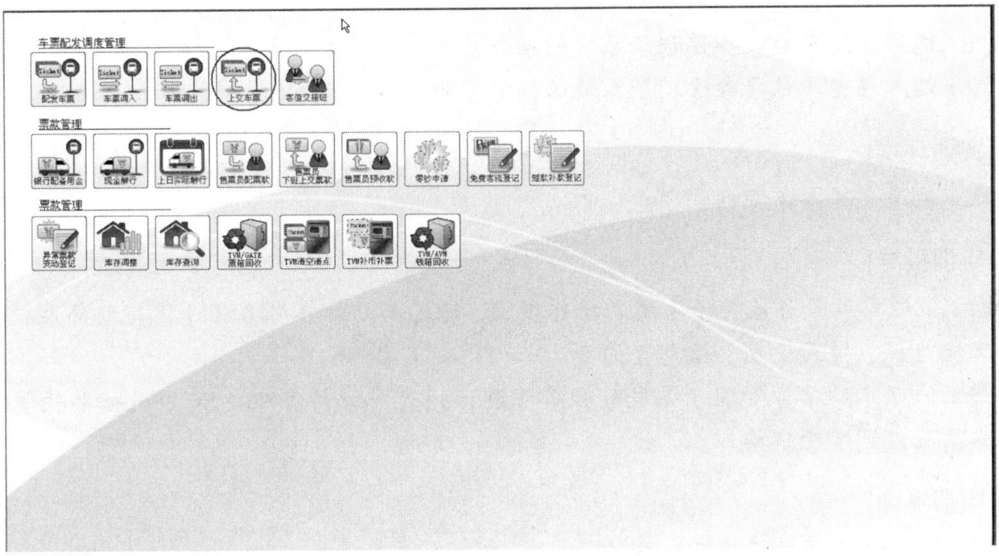

图 3-65　选择上交车票功能界面

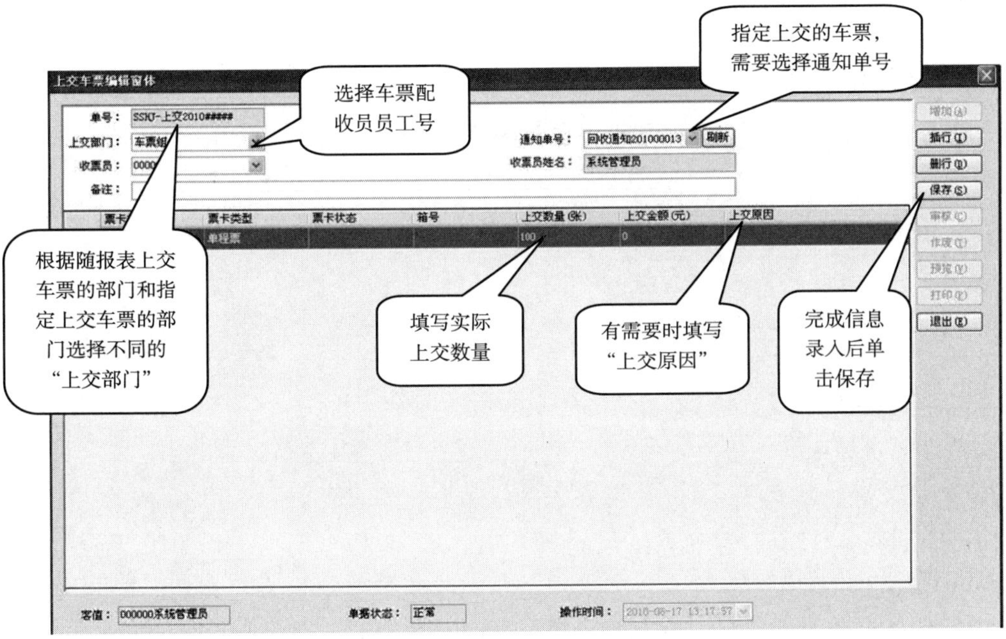

图 3-66　上交车票编辑界面

实操模块

[实训任务]

车站计算机的操作。

[实训目的]

熟悉车站计算机的操作。

[实训要求]

（1）能够描述车站设备监控子系统的操作步骤。

（2）能够描述车站票务管理子系统的操作步骤。

[实训环境]

城市轨道交通票务实训室。

[实训指导]

（1）依照车站设备监控子系统的操作步骤，通过车站计算机（SC）进行设备监视和控制、客流监视、模式设置、信息查询。

（2）依照车站票务管理子系统的操作步骤，通过车站计算机（SC）进行票款管理操作、车票配发调度管理操作。

[实训考评]

（1）完成任务的准确性及熟练性。

（2）完成任务的态度及技巧性。

课后复习题

1. 简述车站计算机（SC）进行设备监视的步骤。

项目四　车站车票的使用与管理

项目描述

轨道交通售检票系统中，车票是乘客的乘车凭证。车票记载了乘客从购票开始完成一次完整出行所需要和产生的费用、时间、乘车区间等信息。同时，安全管理车票又是站务人员日常工作的重要内容。本项目主要介绍了车站车票安全管理的内容，以及车票交接与发售的相关规定。

任务一　车站车票的安全管理

学习目标

（1）掌握城市轨道交通车站车票的安全管理原则。

（2）掌握城市轨道交通车站车票的存放、加封、开封与清点、盘点规定。

学习任务

（1）会使用信封加封车票。

（2）能按规定存放车票。

教学环境

票务实训室。

理论模块

一、车站车票的管理流程

车站车票的管理流程如图 4-1 所示。

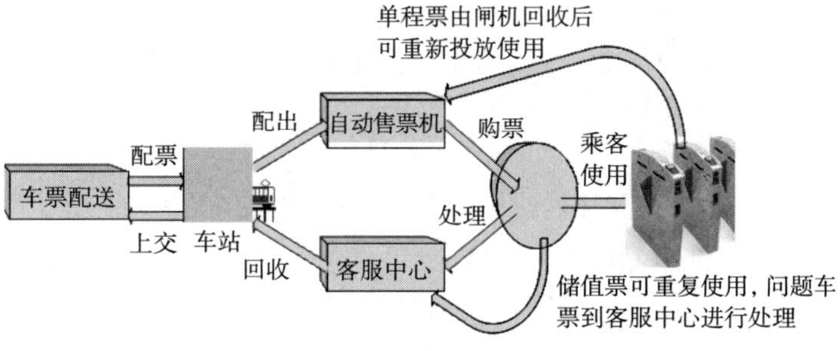

图 4-1　车站车票管理流程图

二、车票的安全管理原则

1. 安全管理区域

车票应存放在安全区域，即车站 AFC 票务管理室、客服中心、临时票亭、自动售票机、半自动售票机、出闸机等。

2. 车站 AFC 票务管理室的安全管理

（1）车票应划分不同的区域分类存放，建立台账进行记录，定期专人盘点。

（2）存放车票的票柜、保险柜无人值守时应处于锁闭状态。

3. 客服中心的安全管理

车票应放在乘客接触不到的地方，随时防盗，且客服中心应随时处于锁闭状态。

4. 运送途中的安全管理

车票在运送途中一律放在上锁的售票盒、票箱或上锁手推车中，两名站务人员负责运送途中的安全。

5. 其他安全管理原则

（1）车票在任何地点存放都要有相应人员负责。

（2）车票进行清点、交接时，均需在监控摄像头的有效范围内进行操作。

三、车票的保管

车票的保管需根据车票的性质、票种在车站 AFC 票务管理室内划分区域对车票实行分类存放，建立专门的台账来对车票的分类存放、配发、回收等流通情况进行记录，并定期安排专人对各类车票进行全面盘点，以确保台账与实际清点情况相符。保管车票时，注意防折弯、刻画、腐蚀、防水、重压和高温。

1. 普通单程票的保管

普通单程票需存放在安全区域，即通常存放在车站 AFC 票务管理室、自动售票机和出站闸机内。为避免混淆不同性质的单程票，保管单程票应划分不同的区域，一般可分为“上交区”和“循环区”。

（1）循环区车票的来源有车票主管部门配发或调配的普通单程票、车站闸机回收的普通单程票、运营结束后自动售票机票箱结存的普通单程票、运营结束后单程票人工回收箱分拣出的可用单程票。

（2）上交区车票的来源有自动售票机（TVM）、票务处理机（BOM）、出站检票机等 AFC 设备产生的废票，运营结束后单程票人工回收箱分拣出的废票、已售单程票、无效单程票，过期的预制单程票等。

2. 预制单程票的保管

预制单程票由车票主管部门制作并配发到各站以应对特殊情况下售票能力不足时使用。与普通单程票不同，预制单程票已被赋值，处在“已售状态”，应等同于现金管理，所以车站应将预制单程票放置在保险柜内保管，同时存放时应注意两点：一是不同价格的预制票不能混放；二是不同有效期的预制票不能混放。

3. 储值票的保管

储值票应存放在保险柜内，由客运值班员负责安全，下班时应与接班客运值班员按规定进行交接。

技术模块

一、车票的加封

车票在存放或上交时应对车票进行加封，按规定加封好的车票便于保管与存放、清点及上交。车票加封（包含票据）根据车票的种类、性质等需要可用定制票盒、钱袋、信封、封条加封。

1. 加封的原则

（1）对车票实施加封时应两人一起加封（其中一人须为当班客运值班员），加封后必须保证一经破封无法复原。

（2）不同性质的车票应分开加封。

（3）车票加封后应在加封好的封条骑缝处加盖加封人名章，封条上必须注明加封车票的种类、数量、加封车站、加封人和加封日期。

2. 加封的方法

车票可以根据车票的种类、性质等需要使用定制票盒、票袋、信封、封条加封。

（1）票盒加封时，用封条在票盒中间部位“一”字形缠绕后加封。

（3）票袋加封时，应将票袋口用绳子缠绕扎紧后，再用封条缠绕加封。

（3）使用票务专用信封加封时，应采用“工”字加封法，放入车票后将信封口封住，再用封条将信封背面的接缝处封住，最后在信封背面封条骑缝处及封面上盖章，如图4-2所示。

（4）使用封条直接对车票进行加封时，应采用“十”字加封法，将车票整理整齐后用封条进行直接加封。

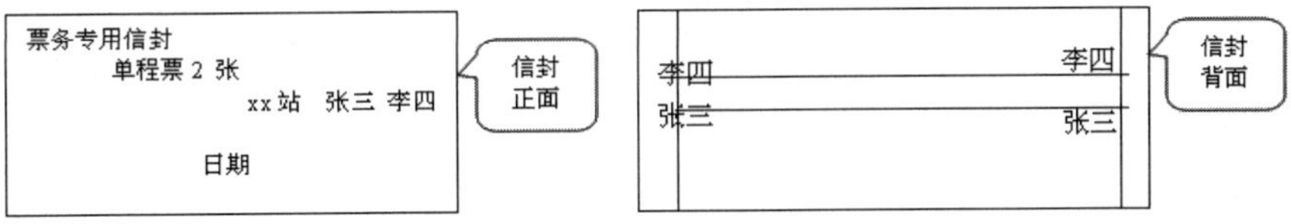

工字加封示意图

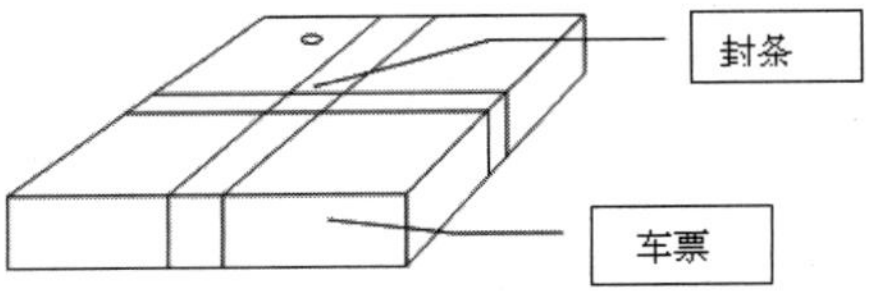

十字加封示意图

图4-2　车站车票的加封方法

二、车票的开封、清点和盘点

1. 车票的开封、清点原则

（1）车站所有车票的开封、清点须由当班客运值班员与车站人员双人在车站票务管理室的监控范围内共同完成。

（2）对开封后非即时配出的车票，开封人员需及时对清点过的车票按规定双人加封。

（3）开封后，发现车票数量或信息有误，开封人员需及时报站长或当班值班站长到票务管理室确认，并在相关台账或交接本上做好记录，车票和封条封存，待站长或值班站长核查清楚后方可使用，同时车站应立即将情况上报车务中心，车务中心要及时组织调查并在 5 个工作日内将调查情况书面报安全部和公司票务主管部门。车站需要用票时可开另一包封口完好的车票。

2. 车票的盘点规定

（1）盘点工作由客运值班员和值班站长双人进行。

（2）每月最后一天运营结束后对站存各票种车票（含票据）分票种、票价进行全面盘点。

实操模块

[实训任务]

加封车站车票。

[实训目的]

掌握车站车票的加封方法。

[实训要求]

（1）认知车票的加封原则。

（2）会使用车票加封方法加封车站的车票。

[实训环境]

理实一体化教室。

[实训指导]

（1）分别按照定制票盒、票袋、信封、封条加封车票的方法和步骤，准确完成对车站各类车票的加封，并保证符合车票的加封原则。

[实训考评]

（1）完成任务的准确性、规范性及熟练性。

（2）完成任务的态度及技巧性。

课后复习题

1. 简述车票安全管理的原则。
2. 简述车票保管的规定。
3. 简述车票加封的原则及方法。
4. 简述车票清点的规定。

任务二　车站车票的使用

学习目标

（1）掌握城市轨道交通车站车票的交接规定。

（2）掌握城市轨道交通车站车票的发售规定。

学习任务

（1）能按作业标准进行车票的交接。

（2）能按作业程序及车票发售规定发售单程票。

教学环境

票务实训室。

理论模块

车票的交接原则

在实际运营中，配发车票、上交车票、车票站间调配等环节都存在车票交接的情况。

（1）交接双方当面清点车票数量，确认车票信息无误后办理签收交接手续。

（2）对加封的车票进行交接时，接班人确认加封正确完好后凭加封数量交接。

（3）交接时若发现车票数量或信息有误，接班人应及时报告站长或当班值班站长到票务管理室确认，并在相关台账或交接本上做好记录，车票按实际数量进行签收。站长或值班站长应及时调查原因，视情况进行处理，同时将事情经过及时上报车务、票务、检查等部门。

技术模块

一、车票的交接

（一）车站内部各岗位间的车票交接

1. 客运值班员与客运值班员之间的车票交接

（1）接班客运值班员应依据“客运值班员交接班本”上的记录与交班客运值班员当面清点车站票务管理室内所有车票的数量及编号、当日的车票上交单、车票配送单，确认无误后进行签收。

（2）交班时若发现车票数量或信息有误，应及时报当班值班站长，当班值班站长必须到车站票务管理室确认，按实际数量进行签收。由接班值班员在“客运值班员交接班本”和“车站车票库存日报表”中记录相关情况，交班客运值班员、接班客运值班员和当班值班站长三方签章确认，并将情况立即上报站长及时组织调查，并在5个工作日内将调查情况报公司票务主管部门。

2. 客运值班员与售票员之间的车票交接

（1）开窗前的车票交接

客运值班员与售票员当面清点和交接车票，确认车票信息后填写“售票员结算单”的“开窗张数”栏。

（2）结账时的结余车票交接

客运值班员与售票员当面清点和交接车票，确认车票信息后填写“售票员结算单”的“开窗张数”栏。对于BOM不能正常发售的车票，售票员须及时加封，封条上注明车票类型、票种、数量、加封车站、加封人和加封日期，结余车票交当班客运值班员。

（3）结账时无效票及与乘客事务处理有关的车票交接

经售票员回收的其他种类的车票，由本人将车票分类扎好，根据加封的车票数量封入票务专用信封或票袋，注明车票类型、票种、数量、加封车站、加封人和加封日期，由客运值班员根据封面的张数与“无效/过期票处理记录表”所填写的张数进行核对，确认无误后随报表上交票务室。

3. 售票员与售票员之间的车票交接

交班售票员与接班售票员确认BOM显示的票号，交班售票员退出BOM，将抽屉的现金和车票整理放入票盒，填写“客服中心交接班本”，回车站票务管理室结账。接班售票员登录BOM，将本班备用金及车票摆好放入抽屉，做好售票的准备工作。此交接作业是售票员交接班作业内容的重要组成部分。

（二）车站与公司票务主管部门之间的车票交接

1. 清分中心票务部给车站配发车票

清分中心应根据各条线各个车站的客流特点为每个车站配发一定数量的车票，包括储值票、普通单程票、预制单程票及纸票。

（1）配票程序

车票配收员到达车站后，客运值班员在车站票务管理室根据“配送票明细单”当面交接车票，确认无误后签名，并在“车站车票库存日报表”和“客运值班员交接班本”上做好记录。

（2）配票时各种车票的交接规定

储值票：必须在监控仪点币状态下当面清点储值票的车票数量，无误后签收交接；若发现车票信息有问题则及时报告上级主管部门。

预制单程票：当班客运值班员与车票配收员负责将预制单程票按售出期限、票价分开摆放后在监控仪点币状态下用点票机进行清点交接。每开封清点完一盒并及时加封后方可清点下一盒车票。

普通单程票：对已加封的单程票进行交接时，接收人确认加封正确完好后凭加封数量交接。

纸质车票：纸质车票凭加封数量交接，车站在 10 日内自行完成数量和信息的确认，确认过程中若发现数量和信息有误应立即通知清分中心票务部。

（3）交接车票数量有误时的规定

当客运值班员与车票配收人员交接车票发现数量有误时，车站应按实际数量接收车票，客运值班员应在“配送票明细单”上注明问题车票的票种、数量，相关车票的加封人、加封时间和加封内容，同时由客运值班员与车票配收员签名确认。同时，相应的“车站车票库存日报表”也按实际接收的车票填写。

2. 车站将回收的车票上交

车站在规定时间内根据要求将回收的车票上交给清分中心票务部。车站回收的车票有售卖剩余已过期的预制单程票、车站 AFC 终端设备产生的废票、客服中心回收的无效票及待清洗或指定要回收的车票等。

当车站接到通知要上交回收的车票时，车站客运值班员应按要求提前加封好要上交的车票并填写“车票上交单”。当车票配收员到达车站后，根据“车票上交单”的内容清点各种回收车票的加封数量，确认无误后签收。

（三）车票借（调）用时的交接

1. 站间调票

当某一车站由于进站客流量的突增造成车票不够用时，可以向清分中心票务部申请，由清分中心票务部下达指令，从另一车站进行车票的调入处理。车票的调入及调出站均应根据调入（出）车票的类型、数量等相关信息填写“车票调入（出）记录”。

2. 借用测试票

当车站自动售检票设备发生临时故障需要借票测试时，可以借用闸机回收票进行测试。测试借票需要填写“车票借出记录”。借票人员应在当天将车票交还车站，已被闸机回收的测试车票除外，但需在“车票借出记录”上注明。

二、车票的发售与退换

（一）车票的发售

车票的发售主要包括普通单程票、预制单程票、储值票和纸票的发售。

1. 普通单程票的发售

车站正常运营时，普通单程票经自动售票机发售，乘客可自助购买单程票，也可在售票问询处购买，售票员根据乘客的需求发售单程票。

普通单程票售出后，乘客可以持票进闸乘车，到达目的站后，在经过预先设置的出站检票机时被自动检票机自动回收。通常回收后的车票可通过自动售票机、半自动售票机再次发售。当回收到的车票达到规定的使用寿命或不能继续使用时，则不能再进入使用环节，应及时进行回收。

2. 预制单程票的发售

预制单程票是由车票主管部门提前制作并配发到车站的，以应对售票设备故障或大客流时乘客购票困难的问题。预制单程票属于预售票，通常是在值班站长的指令下，在车站客服中心或临时票亭通过人工进行售卖的，它的特点是已赋值，具有较长的使用期限，可以在沿线各站进站乘车。

3. 储值票的发售

车站正常运营时，储值票在车站客服中心发售，乘客购买时需要交纳一定的押金。目前大多数城市轨道交通使用的储值卡为城市一卡通。

4. 纸票的发售

纸票是事先在车票上印刷相关的车票信息，由人工方式或自动方式售票的一种票种，通过视读（如普通纸票）或扫描仪（如条形码纸票）确认票面信息。发售纸票时应按编号顺序发售，以便于清点统计。

（1）人工售检票模式下的纸票发售

纸票一般是在人工售检票模式下发售的。在人工售检票模式下，由车站在客服中心人工向乘客出售纸票，并在进/出站口设置检票点，持票乘客经工作人员检票后进/出车站。具体检票方式可分为进站检票、出站检票、进出站均需检票三种。

进站检票是指车站只在进站口安排人员检票，出站时不再检票，乘客可以自由出站，适用于单一票价的轨道交通系统。

出站检票是指乘客可自由进入付费区乘车，车站只在出站口安排检票人员，对出站乘客进行检票出站，适用于单一票价的轨道交通系统。

进出站均需要检票则是指车站在进/出站口都安排检票人员，对乘客进出付费区都实行检票作业，可适用于非单一票价的轨道交通系统。

（2）自动售检票模式下特殊情况的纸票出售

目前的城市轨道交通均采用自动售检票模式，但特殊情况下也会发售纸票。特殊情况如下。

①车站 TVM、BOM 全部故障或停电导致车站无法出售 IC 卡单程票时，可由站长决定售卖纸票。

②在对全线预制票进行合理调配后，且预制票将售完的情况下，乘客经车站员工引导后 TVM 能力仍不足时，可由站长根据客流情况决定出售纸票。

③大客流情况下票务系统无法应付或其他特殊情况下，可由站长决定出售纸票。

（二）车票的退换

1. 车票退款

城市轨道交通供乘客使用的 IC 卡车票是有价证券，一经乘客购买，正常情况下是不允许退票的，但在特殊情况下，也可办理退票。不同的轨道交通公司能否进行退票及退票时的限制条件各不相同。根据退票的责任不同，可分为乘客责任退票及轨道交通企业责任退票。

1）乘客责任退票

乘客责任退票是指由于乘客自身原因造成购买单程票后不能及时乘坐或者储值票存有余额但不再继续使用时产生退票及无效票产生退票的情形。

（1）单程票退款

对于已售出单程票的退款，不同的轨道交通公司有不同的规定，有些轨道交通公司规定：单程票一经售出若不属轨道公司的责任一律不予退款（如成都地铁）。有些轨道交通公司又规定：单程票售出当天，卡内信息可以读取，未曾用于乘坐地铁，在规定的时限内（如广州地铁要求在购票后 30 分钟内），乘客要求退票时，半自动售票机可以办理退款业务，填写"退款票处理记录表"，将车票票价全部退还给旅客，并由客运值班员审查确认，若超过系统规定的时间则不予退款。

（2）储值票退款

储值票在使用过程中，如还存有余额，但乘客不再需要储值票要求退款时按以下情况分别办理。

①储值票未损坏，卡内信息能查询到余额，半自动售票机办理退款业务，填写"退款票处理记录表"，将车票余额及押金退还给乘客，并由客运值班员审查确认。

②若储值票由于持卡人保管不善出现卡折叠、断裂、涂鸦、粘贴异物、缺边、缺角、打孔或因人为原因造成票面图案脱色或脱漆的储值票，但卡内信息能查询到余额，即不可循环使用的车票，则押金不退，只退还余额。

③若储值票卡不能更新处理或不能查询到余额时，按无效票办理退款业务。

为了保证储值票退款的安全、准确，中央计算机系统还可设置退款条件、使用次数限制、余额限制等以确保退票处理有足够的安全性，防止欺骗行为的发生。

（3）无效票退款

无效票是指不能正常使用，且经 BOM 检验无法更新且系统无法读取数据的车票。无效票退款会产生两种退款方式：即时退款和非即时退款。

①即时退款：若半自动售票机能查询到车票余额，按上述规定办理相应退款，并回收无效票。

②非即时退款：若半自动售票机不能查询到车票余额，则回收无效票，填写"无效车票处理申请表"，请乘客在公司规定的几个工作日后，凭车票处理申请表收据到其指定的车站办理退款。

2）轨道交通企业责任退票

当车站发生不可预料的事情，如列车故障、行车安全事故等造成乘客不能按时乘车，乘客提出退票要求时，在任何车站，持单程票的乘客可在当日也可在规定的日期内（如成都地铁要求在 10 日内）办理单程票退票，填写"退款票处理记录表"，使用储值票的乘客可在下次进站时给予免费更新。

3）退票作业程序

当乘客要求退票时，票亭巡岗站务应引导乘客去客服中心办理。票亭岗站务员应根据需要先分析车票状态，确认车票能否办理退款，并根据退票的相关规定为乘客办理退票业务。

2. 车票替换

车票的替换主要是指储值票的替换。当乘客使用的储值票由于自身原因造成车票不能使用时，售票员对车票进行分析后，对于符合系统设置参数的车票，如允许被替换的类型、指定的回收条件等可以通过半自动售票机进行替换处理。在进行替换处理时，在被替换的车票上写入有关替换信息，但车票的原有信息不能被修改或抹除，车票上的所有余额/乘车次数及优惠信息应完全转入新的车票上。

三、售票作业标准及程序

通常情况下，售票工作在各车站的客服中心进行，但当车站出现大客流或自动、半自动售票机故障、售票能力不足时，会安排人员在临时票亭人工出售单程票，以缓解售票能力不足的现象。售票时间通常安排在车站最早一列载客列车到达前至最后一列载客列车开出后。售票员售票作业标准及程序如下。

1. 售票前的准备工作

售票员到客运值班员处报到，领取备用金、车票、票据等，按实际数量在“售票员结算单”上签收交接，领取客服中心钥匙，同时做好相关登记。

2. 开窗售票

（1）售票作业前必须使用自己的账号和密码登录。

（2）售票作业时必须遵守“一收、二唱、三操作、四找赎”，见表4-1。

（3）车票在交给乘客之前，必须使用半自动售票机进行分析，请乘客通过乘客显示屏或打印单据确认车票的有效性。

（4）为乘客发售/充值车票后，随车票配发等额报销凭证、发票。

（5）若车票、备用金不足，售票员必须及时通知客运值班员要求补充，并在“值班员交接班记录”及“售票员结算单”等相关台账上注明，做好交接工作。

（6）售票员暂时离岗时必须按规定进行“暂停”作业，否则由此引发的一切不良后果均由离岗者本人自行承担。

表4-1 售票作业程序

步骤	程序	内容
1	收	收取乘客的票款
2	唱	讲出票款金额，重复乘客要求的购票张数和车票类型，如未听清乘客的要求，应主动礼貌地询问
3	操作	检验钞票真伪，如钞票为伪钞，则要求乘客另换钞票； 在BOM上选择相应的功能键，处理车票
4	找	清楚说出找赎金额和车票张数，将车票和找零一起礼貌地交给乘客

3. 售票结束

（1）售票员交班时（临时顶岗或他人顶班时也要进行此项操作）必须按规定签退，否则由此引发的一切不良后果均由离岗者本人自行承担。进行 BOM 签退前，交接双方须注意观察并记住设备提示的当前票卡数量，以便接班人员登录时准确输入车票数，防止人为造成车票库存差异。

（2）售票员清理现场，携带本人所有现金，以及在处理乘客事务过程中收取的车票、报表、单据和个人领用但未售完的车票回票务管理室。

（3）售票员清点个人票款后，交予客运值班员，在纸质的“售票员结算单”上核对票款数目，并签字确认。

实操模块

[实训任务]

交接与发售车票。

[实训目的]

掌握城市轨道交通车站车票交接与发售规定。

[实训环境]

理实一体化教室。

[实训指导]

指导老师指导学生依据理论与技术知识来掌握车票交接与发售的内容。

[实训考评]

操作规范，流程清晰。

课后复习题

1. 车站内部客运值班员与售票员之间的车票交接。
2. 客运值班员与车票配收人员之间的车票交接。
3. 普通单程票的发售作业程序。
4. 预制单程票的发售规定。

项目五　车站现金的使用与管理

项目描述

城市轨道交通企业的现金包括车站的票款收益和用于车站日常票务运作的备用金，其安全管理直接影响企业现金收益的安全，所以城市轨道交通车站对现金的使用与管理工作是车站日常办理的重要票务工作之一。本项目主要阐述了车站现金的日常安全管理、备用金的安全管理，以及现金的加封、交接、票款结算、票款解行等内容。

任务一　车站现金的安全管理

学习目标

（1）掌握车站现金的安全管理规定。

（2）掌握车站现金的加封方法。

学习任务

（1）认知车站现金的安全管理规定。

（2）会使用现金的加封方法加封车站的现金。

教学环境

理实一体化教室或城市轨道交通票务实训室。

理论模块

一、现金的组成

车站现金包括备用金和票款，要严格执行财务管理规定，严禁坐支票款、挪用备用金和弄虚作假。票款和备用金要分区管理，避免备用金发生误解行的情况。

1. 票款

票款是指车站通过自动售票机、半自动售票机或临时票亭向乘客发售车票及办理票卡充值、更新等售/补票业务过程中所产生的现金收益。

2. 备用金

备用金是指上级部门配发给车站，专用于给乘客兑零、找零、自动售票机补币、与银行兑零等用途的周转资金及乘客受伤等事项发生时的应急基金启用款项，所以车站备用金分为两类：一类为日常备用金，另一类为应急备用金。

二、现金管理流程

备用金配发到车站后主要供车站流通和客伤应急使用。自动售票机和客服中心的票款经车站清点后需及时存入企业在银行的专用账户，车站现金管理流程如图 5-1 所示。

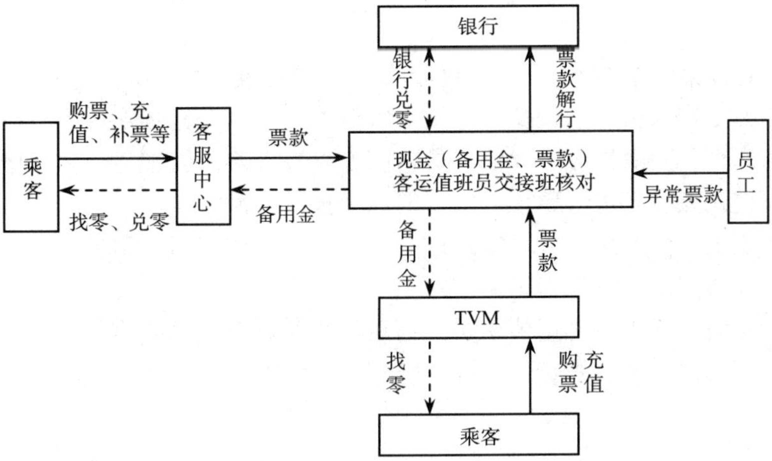

图 5-1　车站现金管理流程图

三、现金的日常安全管理

车站备用金和票款收入作为城市轨道交通企业现金收益的重要部分，其安全管理直接影响企业收益的安全，车站在具体负责现金的日常安全时，应对现金的使用和保管设立安全区域，对票务管理室、客服中心和现金运送途中易产生安全隐患的地方制定相关的安全管理规定，以保证现金在车站的安全。

1. 现金安全区域

以保证现金安全为目的，原则上车站现金只能存放在专门的现金安全区域，主要包括票务管理室、客服中心、临时票亭、自动售票机。

车站现金安全区域在操作时必须做好安全保护，在非操作时必须处于安全锁闭状态。

2. 票务管理室的安全管理

票务管理室应随时保持锁闭状态（票务管理室门和防盗门需同时锁闭），门钥匙由专人保管及使用。

票务管理室内处理完毕的现金，应立即锁入保险柜、钱箱中存放，并且处于监控摄像区域内。

室内应配置闭路电视监控设备，必须 24 小时开启，要能对所有现金操作环节进行实时监视和实时录像，录影资料未经批准不得删剪。票款的清点、交接必须在监控范围内进行，不得随意挪动摄像头的位置。

每月定期对车站票务管理室内备用金的库存情况进行盘点，做到账实相符。

3. 客服中心的安全管理

客服中心应随时保持锁闭状态，门钥匙由专人保管及使用。车站需随时监控临时票亭的安全情况，做好防盗工作。

客服中心营业时，应将现金存放于专门的现金抽屉或器皿，不得将现金放在乘客可触及的地方。

为降低车站票务中心现金保管的风险，客运值班员应根据售票员的票款收入情况向售票员预收票款。

4. 人员进出票务管理室、客服中心实行登记制度

除当班票务工作人员、站长及以上级别人员外，其他人员必须得到当班值班站长或以上级别人员的许可，并由当班客运值班员陪同方可进入票务管理室和客服中心。车站需设立台账，记录进入人员、进入原因、进入时间及离开时间。

当班客运值班员离开票务管理室或站务员离开客服中心时，票务管理室内、客服中心内所有人员必须随同离开，不得逗留。

在非运营时间，除当班客运值班员、值班站长及站务员需要进行票务的相关工作外，其他任何人员不得进入票务管理室；特殊情况时需由当班值班站长及以上职务人员同意并陪同进入。

5. 运送途中

现金从一个安全区域转移到另一个安全区域的运送途中必须放入锁闭的钱箱、票盒或上锁的手推车中，由两名车站站务员工负责运送。

技术模块

现金的加封

为保证车站现金管理的安全、有序，车站现金应加封进行保管，现金可用钱袋、信封、砂纸的方式进行加封。

1. 加封的原则

（1）对现金实施加封时，应两人负责一起加封，加封后必须保证一经破封无法复原。

（2）现金加封前，在封条或票务信封的正面要注明加封金额、加封车站、加封人和加封日期。加封后应在加封好的封条骑缝处加盖加封人名章。

2. 加封的方法

（1）钱袋加封。加封时，将钱袋口用绳子缠绕扎紧后再用封条缠绕加封。钱袋加封适用于对硬币的加封，纸币需用钱袋加封时，应先用砂纸加封或信封加封后再放入钱袋内加封。

（2）信封加封。使用票务专用信封采用“工”字加封法加封时，先放入现金后将信封口封住，再用封条将信封背面的接缝处封住，最后在信封背面封条骑缝处及封面上盖章，如图 5-2 所示。信封加封仅限于对同一面额不足 100 张零散纸币的加封，按面额大小归整后放入信封内进行加封。

（3）砂纸加封。采用“一”字加封法加封时，用封条（或扎把带）缠绕归整后的纸币中部，加封方法如图 5-3 所示。砂纸加封只适用于纸币加封，各面额纸币清点满 100 张时

加封一次。

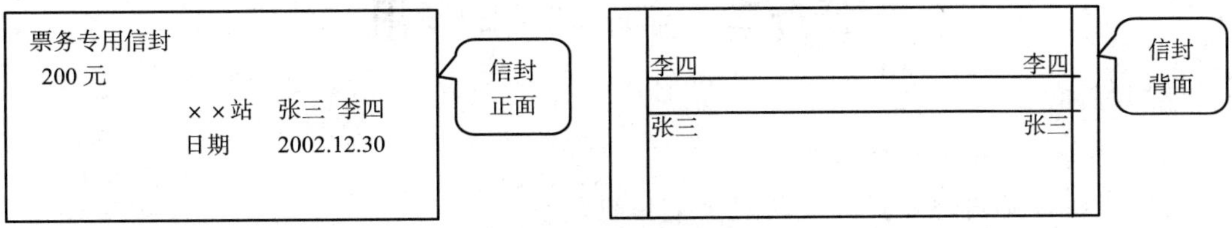

图 5-2　信封加封示意图

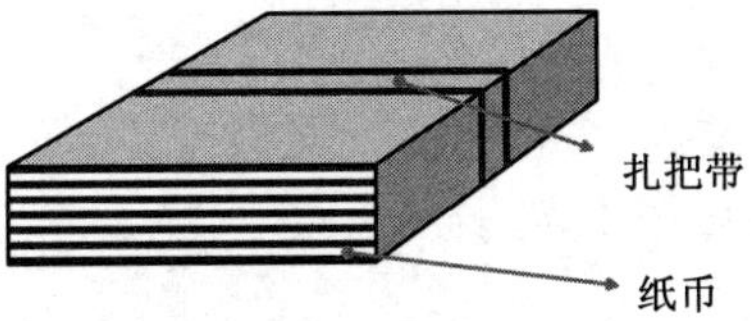

图 5-3　砂纸加封示意图

实操模块

[实训任务]

加封车站现金。

[实训目的]

掌握车站现金的加封方法。

[实训要求]

（1）认知现金的加封原则。

（2）会使用现金加封方法加封车站的现金。

[实训环境]

理实一体化教室。

[实训指导]

分别按照钱袋加封、信封加封、砂纸加封现金的方法和步骤，准确完成对车站各类现金的加封，并保证符合现金的加封原则。

[实训考评]

（1）完成任务的准确性、规范性及熟练性。

（2）完成任务的态度及技巧性。

课后复习题

1. 什么是票款？
2. 什么是备用金？
3. 简述现金安全管理的规定。

任务二　车站现金的使用

学习目标

（1）熟悉车站现金的交接原则。

（2）掌握车站内部各岗位间的现金交接规定。

（3）理解车站与银行之间的票款交接和兑零规定。

学习任务

（1）认知车站现金的交接原则。

（2）能按现金交接规定进行现金交接。

教学环境

理实一体化教室或城市轨道交通票务实训室。

理论模块

在实际运营中，现金交接过程中账实是否相符直接反映车站备用金、票款收益的安全情况及差额补交情况，车站交接双方在进行现金交接时，需遵循以下交接原则完成交接。

现金交接原则

现金交接原则如下。

（1）车站进行现金交接时，需建立交接凭证和统计台账，交接人员依据交接凭证办理交接手续并做好书面交接记录。

（2）纸币：在票务管理室监控范围内，双方当面清点金额后签认交接。

（3）硬币：在票务管理室监控范围内，对已加封的硬币交接时，确认加封正确完好后可凭加封金额签认交接；对零散硬币按实点数签认交接。

（4）交接时若发现实点金额与交接凭证有误时，交接双方需及时核查更正。对于不能及时查明原因的，应立即报站长或当班值班站长到票务管理室确认，按实点金额进行签收，短款由交班人补足，长款随当天票款上交。同时在交接记录本上记录相关情况，并立即将情况报告上级组织调查。

（5）严禁信用交接未经清点或未加封的现金。

技术模块

现金交接

车站的现金交接主要有车站内部各岗位间的现金交接、车站与银行之间的票款交接和兑零。

（一）车站内部各岗位间的现金交接

1. 客运值班员间的现金交接

车站客运值班员间的现金交接主要是指各班客运值班员在交接班过程中对车站备用

金、票款的交接。

（1）交接前，交班客运值班员需根据相关原始报表记录核算交接时的票款收入金额及备用金金额，并记录在“客运值班员交接班簿”和“车站营收日报”上，作为交接凭证。

（2）交接时，接班客运值班员应依据“客运值班员交接班簿”和“车站营收日报”上的记录在监控范围内与交班客运值班员当面清点票务管理室内所有现金，并核对封包数量及金额等，确认无误后在“客运值班员交接班簿”上签收，并在票务管理子系统“客值交接模块”中插入新记录，录入现金交接情况。

2. 客运值班员与售票员间的现金交接

（1）开窗前的备用金交接

客运值班员与售票员交接备用金时，双方应当面清点确认后在“售票员结算单”上注明备用金金额，双方盖章确认，然后在票务管理子系统“售票员配票款”模块中录入交接数据。

（2）开窗中的现金交接

①增配备用金的交接

客运值班员向售票员增配备用金时，双方应当面清点确认后在“售票员结算单”上注明增配备用金金额，客运值班员盖章确认，并在票务系统中录入增配金额。

②预收票款的交接

客运值班员向售票员收取预收票款时，双方应当面清点和交接所预收的款项后客运值班员在“售票员结算单”上签收。

（3）结账时的票款交接

售票员每班工作结束后，应将所有现金锁入售票盒，到票务管理室与客运值班员共同清点。客运值班员与售票员在监控范围内当面清点所收款项后，以实点数填写“售票员结算单”，双方签章确认，现金交由客运值班员保管，完成后在票务管理子系统“售票员上交票款”模块中录入交接数据。

（二）车站与银行之间的票款交接

车站与银行之间的票款交接（也称为票款解行）主要是指车站将票款收益存入企业在银行专用账户的过程。票款收入一般要求每日按时解行，解行方式由各个轨道交通企业视情况而定。

1. 解行方式

目前轨道交通企业的票款解行方式主要有直接解行和打包返纳两种。

直接解行是指由车站清点票款，并由车站人员送到银行，银行工作人员与交款人员当面清点票款并返还现金送款单的解款方式，这种方式适合有驻站银行的车站；打包返纳是指由银行或者专门押运公司到车站收取票款，然后运送到银行，银行工作人员按规定清点票款后于次日返还现金送款单，最终确认送行金额的解款方式，这种方式适用于距离银行地理位置较远的城市轨道交通车站。

2. 解行时间

轨道交通企业应根据车站特点及银行服务的时间确定解行时间，以保证车站能将票款尽可能多地存入银行，尽量减少存在车站过夜的票款，降低车站收益保管的风险。

3. 解行操作程序

（1）封装

车站当日需要解行的票款由客运值班员一人在监视仪监视状态下清点，清点完毕由车站值班站长复核并确认金额后，由客运值班员填写交款单，注明交款金额、企业交款账户等信息，与加封好的票款一起装入专用封包袋中，装袋完成后，客运值班员及值班站长在监控下使用银行提供的专用锁条顺序穿过专用封包袋锁孔后拉紧锁条完成封袋。

（2）解行

车站客运值班员在解行时将封包交予银行上门收款人员，银行上门收款人员抵达后，需核实其身份，双方共同核对解行封包数量、编号及加封状况，无误后与银行上门服务人员办理交接手续由银行上门收款人员将票款收益送达银行，银行在清点完收到的票款并确认无误后存入指定账户。

银行在清点车站解行票款的过程中，发现长款、短款或假钞（假钞不计入实际清点金额，发现假钞时按短款处理）时，按实际清点金额入账，并将差错情况反馈给相关车站，车站组织调查处理。车站票款解行的流程如图 5-4 所示。

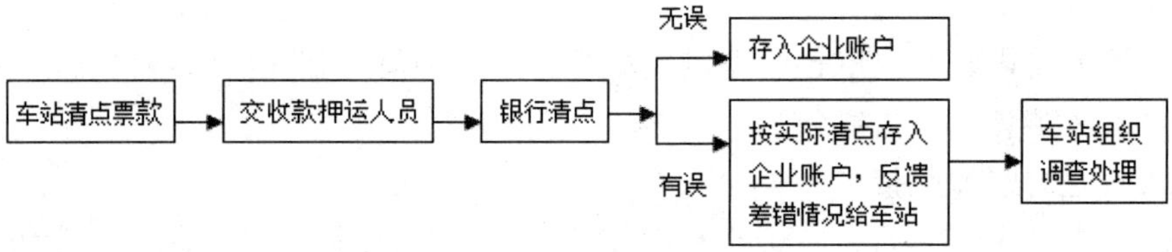

图 5-4　车站票款的解行流程图

（三）车站与银行之间的兑零

车站需兑换用于给乘客兑零、找零的零钞时，应使用车站备用金兑零，并根据车站客流情况、硬币流通情况制订与银行的兑零计划（如遇节假日大客流等特殊情况，原则上车务中心需提前一周汇总各车站兑零计划，明确零钞需求总量后按银行要求通知银行，以便银行备钞），按照计划及先付后收的原则与银行进行兑零，保证每天有足够的零钞库存量用于周转。

车站客运值班员负责车站日常兑零工作，各车站根据实际兑零需求确定兑换现金，在车站票务管理室内监视仪的监控下进行清点，清点完毕由值班站长复核，确认金额后由客运值班员填写“零钞兑换单”，在兑换单上注明兑零金额、日期等，并由客运值班员、值班站长签章和加盖车站公章。将兑换现金和兑换单装入袋内，加封一次性锁扣进行封包。将兑换零钞封包袋在票款解行时一并交予银行上门收款人员。银行收取兑换零钞封包袋后在银行监控下开包清点车站上交的兑零纸币，若发现纸币金额与“零钞兑换单”的兑零金额不符时，长款由银行次日交对应车站收回，短款由银行按实际金额兑付。

车站收到银行返还的兑付零钞时应先检查封包上的封签是否完好，再按封签或封捆硬币的砂纸条上的累加金额在双方交接登记本上的兑换金额处签名确认，办理交接。若交接时发现封签破损，车站应当场清点硬币数量，如清点无误，填写“零钞兑换单”与当日兑零纸币一起装包。如发现短款，车站应同时将短款的原封箱单、整捆原封签、每把（卷）原腰条（包装纸）交还银行工作人员。

车站须当日由客运值班员和站务员双人在监控下完成返还的兑付零钞清点工作，清点时若发现差额（长款、短款或假币等情况），应保留该批钱币袋上的封签或封捆硬币的砂纸条（有名章部分），同时将封签或封捆硬币的砂纸条（有名章部分）用信封加封后返还银行。

如为长款，将长款加封后返还银行，如为短款（即出现机币、假币、外币、少币等情况），由银行补还车站。

实操模块

[实训任务]

车站内部各岗位间的现金交接。

[实训目的]

（1）理解客运值班员间的现金交接规定。

（2）掌握客运值班员与售票员间的现金交接规定。

[实训要求]

（1）理解现金的交接原则。

（2）理解客运值班员间的现金交接规定。

（3）能够办理客运值班员与售票员间的现金交接。

[实训环境]

理实一体化教室。

[实训指导]

依照现金的交接原则和客运值班员与售票员间的现金交接规定，准确办理客运值班员与售票员之间的现金交接。

[实训考评]

（1）完成任务的准确性、规范性及熟练性。

（2）完成任务的态度及技巧性。

课后复习题

1. 现金安全管理的规定。
2. 现金加封的原则及方法。
3. 阐述解行操作程序。

任务三 票款收益结算

学习目标

掌握车站票款收益结算规定。

学习任务

能完成车站票款收益的结算。

教学环境

理实一体化教室或城市轨道交通票务实训室。

技术模块

票款收益结算

车站票款收益主要来源于两个方面：一是自动售票机票款收益，即由自动售票机出售车票及对储值票充值所得的收益；二是客服中心（含临时票亭）票款收益，即由售票员在客服中心操作半自动售票机发售、充值和处理车票，以及临时票亭发售车票所得的收益。

车站每日票款收益结算需由当班客运值班员负责对自动售票机补币和清点钱箱，负责对售票员配票和结账，清点、结算本班的自动售票机票款收益和售票员票款收益。每天运营结束后，客运值班员需将所有票款收益进行清点汇总，计算车站每日的运营总收入，并进行登记、系统录入、封装、解行，即将其存入企业在银行的专用账户。

（一）自动售票机票款收益结算

当班客运值班员对自动售票机票款收益结算主要通过对自动售票机补币和清点钱箱来实现。

客运值班员每次在完成对自动售票机补币前需将一定金额的找零硬币和纸币进行清点补充到自动售票机找零钱箱中，用于给乘客找零。完成补币操作后，每台自动售票机补币金额数需加总作为给自动售票机配的备用金记录在相应台账中。而在每次更换回自动售票机内纸币、硬币钱箱（用于存放乘客购票、充值时投入的硬币或纸币）后，需进行钱箱清点，并将钱箱票款收益记录在“钱箱清点报告”中。

最后，当班客运值班员清点、汇总所有钱箱票款金额，并扣除为自动售票机补币的所有金额，就是该班自动售票机的票款收益，如下式：

自动售票机票款收益=清点所有钱箱票款金额–为自动售票机补币的金额

为保证自动售票机票款收益统计的准确性，车站对补入自动售票机的找零硬币、纸币及钱箱票款的清点必须按规范要求进行，以确保准确无误，即清点工作需由双人在票务管理室监控仪的监视状态下共同完成。在清点用于补币的找零硬币、纸币时，每台自动售票机的补币清点数量必须在监控仪下进行读数并加封。用于补币的钱币清点完至补币前，须存放在票务管理室的监视区域内。清点钱箱时，相应的钱箱、钱袋、点币机必须放在安全区域内。整个清点过程中任何人不得遮挡监视仪，若监视系统发生故障而造成车站无法按程序清点钱箱时，须由值班站长或以上职务人员和车站值班员两人一起清点钱箱，必须逐一清点，每个钱箱的清点数量必须在监控仪下进行读数，并将实点数量及时记入“钱箱清点报告”对应的实点金额栏，每清点完一个钱箱，须确保钱箱已倒空并无现金遗留在钱箱内。清点钱箱过程中，非紧急情况不得离开票务管理室。在清点过程中，若发现假币、机币等异常情况，需要在“钱箱清点报告”备注栏中注明，假币、机币用票务专用信封加封后随报表上交车务中心相关部门。

（二）客服中心票款收益结算

当班客运值班员对客服中心（含临时票亭）票款收益结算主要通过对售票员配票和结账过程中配备用金和票款收入结账来实现。

配票是指客运值班员为售票员配备各种车票、备用金的过程。配票程序为：客运值班员需在售票员到岗前配置一定数量的车票、备用金，填写“售票员结算单”，待售票员到票务管理室后，监控售票员进行清点，确认所配各类车票和备用金数量与“售票员结算单”上记录的开窗张数、备用金数量一致后，签字确认。在当班期间，若车票、备用金不够时，还需增配一定数量的车票和备用金。

结账是指客运值班员在售票员售票结束后，在票务管理室监视系统下对售票员在客服中心售票等相关工作中实际收取乘客的现金票款（包括提前收走的预收款）、回收的车票进行清点并记录在相关报表、台账中的过程。

结账程序为：售票员售票结束后，须将本班所有现金、车票放在上锁的售票盒中，回票务管理室，在监控区域内，先由售票员清点所有实点现金，再加上预收款，扣除所有备用金就是该售票员的票款收益（即实收总金额）。再将确认的实收总金额交由客运值班员进行清点，双方确认后，填写“售票员结算单”实收金额栏，如下式：

实收总金额=实点金额+预收款（若班中未提前收取预收款，则预收款为零）–备用金

然后，双方共同清点确认回收的各类车票数量，并填写“售票员结算单”关窗张数栏，完成结账。在结账过程中，因实收总金额栏记录直接影响售票员结算，所以原则上不得更改，当需更改实收金额栏时，当事售票员、客运值班员需报值班站长，由当班值班站长调查核实后才能更改，并由当事售票员、客运值班员、值班站长三方共同盖章确认。

最后，当班客运值班员清点、汇总所得的本班所有售票员的票款收益就是该班客服中心的票款收益。

（三）每日运营总收入结算

客运值班员在每天运营结束后，需根据“钱箱清点报告”、“售票员结算单”等报表、台账，将各班所有自动售票机票款收益和客服中心票款收益进行清点、汇总，计算每日运营总收入，填写“车站营收日报”，记录车站每日运营收入情况，并按“车站营收日报”的数据将所有票款封装，存入企业在银行的专用账户。

实操模块

[实训任务]

车站票款收益结算。

[实训目的]

掌握车站票款收益结算规定。

[实训要求]

能够对车站全天的票款收益进行统计、汇总、结算。

[实训环境]

理实一体化教室。

[实训指导]

依照车站票款收益结算规定，分步骤准确地进行自动售票机票款收益的结算、客服中心票款收益的结算，以及车站每日运营总收入的结算。

[实训考评]

（1）完成任务的准确性、规范性及熟练性。

（2）完成任务的态度及技巧性。

课后复习题

车站票款收益主要来源于哪两个方面？

任务四　备用金管理

学习目标

（1）了解备用金的配发、使用、补还。

（2）理解备用金的日常管理。

学习任务

能安全管理备用金。

教学环境

理实一体化教室或城市轨道交通票务实训室。

理论模块

一般情况下，车站上级部门车务中心负责城市轨道交通运营企业所辖各站备用金的统计、申领，负责配合财务部对各车站备用金进行配发、补还等相关工作。各车站负责本站备用金的安全和日常管理，负责据实提供车站备用金的相关数据，及时、准确填报车站备用金的相关表单。车站备用金管理流程大致如下。

一、备用金的配发

（1）备用金一般由公司财务部门统一配发给车站，即车务中心将各站首次备用金金额申请汇总，提交财务部核准，并根据核准金额配发车站。若需要对车站备用金的额度进行调整时，须经车务中心备用金管理人员审核，提交财务部核准，并根据核准金额进行调整。

（2）车站备用金基本为固定数额，根据每个车站的客流和现金周转情况确定。若遇大型节假日，可根据需要增配备用金，节假日结束后归还增配的部分；若车站出现突发客流等预计之外的情况导致车站备用金临时短缺，因时间紧迫而无法及时从财务部借支备用金时，可根据实际运营情况进行站间备用金调配。突发情况结束后归还原车站。

（3）备用金的配发和归还方式由财务部门规定。

二、备用金的使用

车站备用金分为两类：一类为日常备用金；另一类为应急备用金。

1. 日常备用金的使用

（1）配备给售票员，满足当班兑零或找零需要。

（2）补充找零硬币到 TVM，满足 TVM 的找零需要。

（3）预交给银行，作为与银行兑换硬币的现金。

2. 应急备用金的使用

在紧急情况下，如有乘客在车站受伤，车站需启用应急程序，可从车站备用金的应急备用金中借支应急使用。

三、备用金的日常管理

（1）备用金的使用范围应严格控制，必须专款专用，严禁挪作他用。

（2）车站备用金要指定专人负责保管，使用和借出要有登记备案。

（3）每班都要进行备用金交接，交接时必须完整填写“备用金交接记录表”。

（4）每天运营结束后备用金管理人员必须及时清点车站备用金，做到账实相符。

四、备用金的补还

（1）车站与银行兑零时发生差错由银行负责多退少补，可由财务部门与银行协商采取按次或按月（季）结算、补还。

（2）原则上，车站在运作过程中不会造成备用金的差额，若特殊情况产生备用金差额时，通过报告形式申请财务补还。

课后复习题

1. 备用金有哪些用途？
2. 简述备用金的日常管理规定。

任务五 假钞的处理

学习目标

（1）掌握假币、错款的处理原则。

（2）掌握假币的识别方法。

学习任务

会运用假币的识别方法辨别假币。

教学环境

理实一体化教室或城市轨道交通票务实训室。

理论模块

在日常票务工作中，难免碰到假币、错款等问题，为了预防此类问题的发生，除了给票务人员配备相应的钞票真伪辨别设备以外，最重要的是提高票务工作人员的整体素质及工作能力，这就要求所有票务工作人员在工作中能够细致谨慎、一丝不苟，正确使用钞票真伪辨别设备，掌握必备的票款收缴、鉴别、计算、找零等技巧。

一、车站客服中心的假币、错款处理原则

车站客服中心进行现金交易时，需要使用相关设备辨别钞票真伪，如发现假钞或无法确认真伪的钞票时，应予以拒收。结账、缴款过程中发现收到假币时，若假币无法被车站验钞机正常检出，则相应票款损失由公司承担。若假币能够正常检出，则由相应责任人承担损失。

一般情况下，当出现错款情况时，人工作业遵循“长款上交、短款自负”的处理原则。若由于设备故障引起差错（例如，半自动售票机车票批处理过程中应发行单程票 20 张，因设备故障实际只发售出 10 张，而设备记录发行 20 张），则相应票款损失由公司承担。银行在票款清点过程中发现所收现金与应缴票款存在差款时，相应票款损失由票款包封包人承担。

二、自动售票机的假币、错款处理原则

当收到假币时须立即停用，对于自动售票机收取的假币，必须全过程在监控摄像头下清点，车站必须做好相关记录，公司负责承担相应的票款损失，必要时公司将组织调查。

当自动售票机差款额在应收金额的 0.03%以内时，可由公司承担相应损失。当超出规定范围时，公司成立相关联合调查组，对事件进行专项调查并提出处理意见。此外，设备所收长款要上交。

三、收到假币的处理

（1）收到你认为可能是假币的，请乘客更换。

（2）乘客执意不换的，将其币种、编号抄录下来，请乘客确认、签字，并留下身份证上的地址、号码及联系电话。

（3）向乘客说明：此币明日交银行鉴别，如是假币，你必须前来付票款，如不是，我们会上门道歉并找零。

四、鉴别真假人民币的传统做法

除了使用钞票真伪辨别设备来鉴别钞票的真伪以外，为了以防万一，票务人员应当掌握鉴别真假人民币的传统四步骤。

“一看”——看钞票的水印是否清晰，有无层次感和立体效果，看安全线（假币常在纸张中夹入一条银白色塑料线，有时两头会露出来剪齐的断头）。

“二摸”——用手指反复触摸币面主要图景及“中国人民银行”字样，真币有凹凸感，假币则无。

“三听”——钞票纸张是特殊纸张，挺括耐折，用手抖动会发出清脆的声音。

“四测”——用紫光灯检测无色荧光图纹，用磁性仪检测磁性印记，用放大镜检测图案印刷的接线技术及底纹线条。

第五套 100 元假币鉴别示意图如图 5-5 所示。

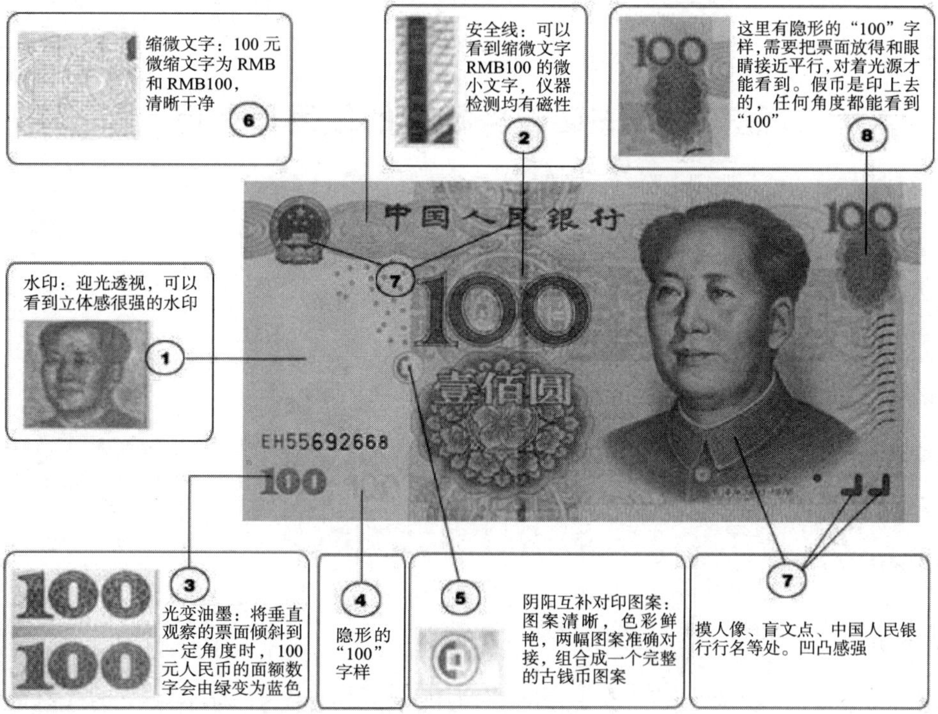

图 5-5　第五套 100 元假币鉴别示意图

课后复习题

1. 简述假币、错款处理原则。
2. 鉴别真假人民币的步骤是什么？

项目六 车站票务钥匙及工器具的使用与管理

项目描述

车站的票务钥匙及工器具齐全、状态良好是站务人员完成任务的保证。车站的票务钥匙指车站在开展票务工作时所使用的钥匙，车站的票务工器具是用于车站票务运作（周转、存放、清点、运输、储票箱加取票操作）的工器具。本项目主要学习车站票务钥匙、票务工器具的类型及管理要求。

任务一 车站票务钥匙的使用与管理

学习目标

（1）掌握城市轨道交通车站票务钥匙的类型。

（2）掌握城市轨道交通车站票务钥匙的使用规定。

学习任务

能按规定使用票务钥匙。

教学环境

票务实训室。

理论模块

一、票务钥匙的种类

票务钥匙是指车站在开展票务工作时所使用的钥匙，主要包括 AFC 系统设备钥匙及各票务相关岗位在保管车票、现金等工作中所使用到的票务工具、器具钥匙和票务管理用房钥匙，主要有自动售票机门钥匙、闸机门钥匙、钱箱钥匙、票箱钥匙、回收箱钥匙、票柜钥匙、保险柜钥匙、点钞室监视系统钥匙、票务管理室门钥匙、客服中心门钥匙等，如图 6-1（a）为常用票务钥匙。

票务钥匙一般分为正常钥匙和备用钥匙，备用钥匙以便在工作人员不慎遗失或损坏钥匙时，车站能使用其正常开展票务工作。

二、票务钥匙的管理

由于票务钥匙的安全管理直接影响车站车票、现金、设备的安全，车站须严格按要求加强对票务钥匙的管理，下面以某地铁公司对票务钥匙的管理进行介绍。

（一）票务钥匙的保管规定

（1）所有的票务钥匙均统一配发，统一管理，不得复制，不得私自接收，不得遗失。

（2）车站需设立“票务钥匙总清单”，记录车站所有票务钥匙的总数及各层级使用、保管的票务钥匙数量。车站各层级人员需设立台账，记录每班票务钥匙的保管、使用和交接情况。

（3）票务钥匙由车站客运值班员或以上级别人员保管，备用钥匙（除室门钥匙和防盗门钥匙、保险柜钥匙、钥匙柜门钥匙外）由指定负责人加封后保管，如图 6-1（b）为车站票务管理室票务钥匙柜。

（4）票箱钥匙由客运值班员负责保管，借用和归还必须办理交接手续，记入台账，对于钱箱钥匙、票柜钥匙及保险柜钥匙必须加锁保管，不能带离票务管理室。

（5）车站“客服中心”的门钥匙、BOM 及现金抽屉钥匙由相关岗位人员负责对口交接保管，确保随时可用。

（6）在对票务钥匙的保管过程中需注意防止折断、重压，以避免对钥匙造成损坏。

（7）对损坏或丢失的钥匙要及时上报，在调查原因并采取相应补救措施后，对当事人应进行一定的处罚。

（a）常用票务钥匙

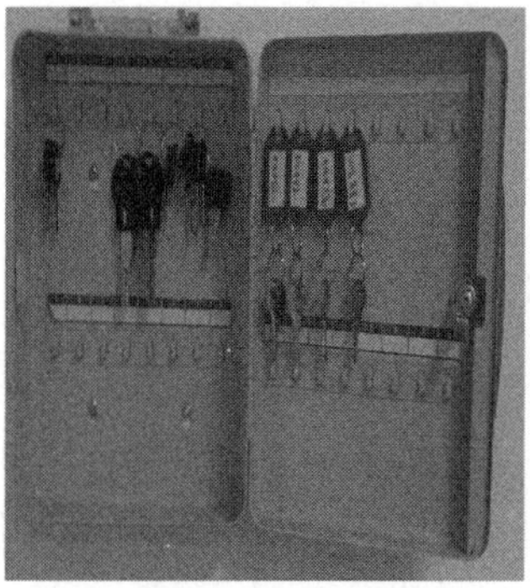

（b）票务管理室票务钥匙柜

图 6-1　常用票务钥匙及票务管理室票务钥匙柜

（二）票务钥匙的使用规定

车站应根据实际工作需要及收益的安全管理需要，对于一些直接影响收益安全的操作环节，需由双人掌握不同钥匙共同完成操作，以达到互相监督的目的。票务钥匙借出时，借用人应负责钥匙的使用安全和保管，使用完毕后应立即归还，并遵循“谁借用、谁归还”的原则，不得随意转借他人使用，每天运营结束后保管人需对所保管的钥匙进行清点，并确认全部归还。

（三）票务钥匙的交接规定

（1）借用票务钥匙必须在“票务钥匙使用记录本”上登记，注明借用人、发放人、归还人、回收人、借用时间、归还时间、钥匙名称、钥匙数量等，表 6-1 为票务钥匙交接记录簿内的票务钥匙交接表。

表 6-1　票务钥匙交接表

________年

日　期	借用时间	钥匙名称	数　量	用　途	借用人	发放人	归还时间	归还人	回收人

（2）日常使用的票务钥匙（票务管理室门钥匙、保险柜钥匙、票柜钥匙、钥匙柜门钥匙及维修专用钥匙除外）全部由使用人和当班客运值班员直接进行交接。

（3）票务管理室门钥匙、保险柜钥匙、票柜钥匙和钥匙柜门钥匙由每班客运值班员之间进行当面交接。

（4）维修专用钥匙由车控室值班员负责与维修工程部 AFC 专业人员之间进行交接。

（5）紧急按钮钥匙由每班值班站长之间进行当面交接。

（6）钱箱钥匙由值班站长携带保管和当面交接。

实操模块

[实训任务]

借用及交接票务钥匙。

[实训目的]

掌握城市轨道交通车站车票交接与发售规定。

[实训环境]

理实一体化教室。

[实训指导]

指导老师指导学生依据理论与专业知识来掌握票务钥匙管理的内容。

[实训考评]

语言准确，思路清晰，内容全面。

课后复习题

1. 票务钥匙的类型。
2. 票务钥匙的保管规定。

3. 票务钥匙的借用规定。

4. 票务钥匙的交接规定。

任务二　车站票务工器具的使用与管理

学习目标

（1）掌握城市轨道交通车站票务工器具的类型。

（2）掌握城市轨道交通车站票务工器具的管理规定。

学习任务

能按规定使用票务工器具。

教学环境

票务实训室或多媒体教室。

理论模块

一、票务工器具的类型及用途

在日常票务工作中，车站需要进行大量现金和车票的清点及运送工作，为了提高车站票务工作的效率，同时保障现金、车票清点工作的准确，以及现金、车票及相关票务设备在运送途中的安全，通常需要使用一些辅助工具和器具来完成票务工作。

票务工器具包括钱箱（含 TVM 的纸币钱箱和硬币钱箱、补币箱）、定制票盒、票箱（含 TVM、AGM 和 BOM 的储票箱、废票箱）、配票箱、车票回收箱、点钞机、验钞机、点币机、点票机、售票盒、币托、票袋、票柜、保险柜、尾箱、票务手推车等。

1. 钱箱和票箱

钱箱和票箱主要用于存放现金和车票，是票务工器具中较为贵重的设备。如图 6-2 所示为某地铁的钱箱和票箱。

硬币回收钱箱

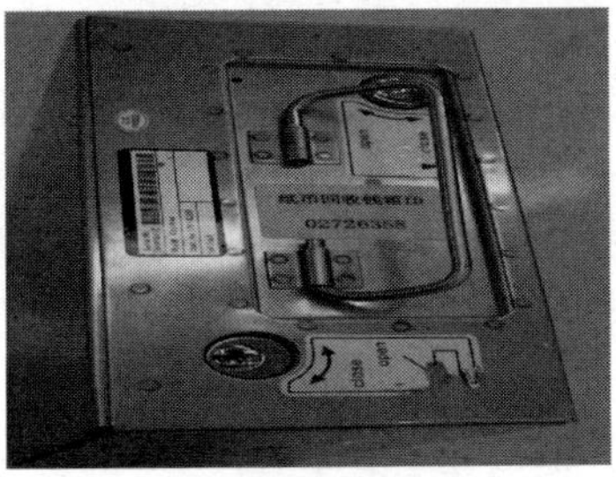

纸币回收钱箱

票箱

图 6-2　钱箱和票箱

2. 验钞机

验钞机一般具有多种验钞手段，如荧光检测、红外穿透检测、磁性检测、激光检测等，通过对人民币的纸质、油墨的颜色与厚度、磁性、荧光字等各方面进行检测，以达到辨别真伪的目的，如图 6-3 所示。

点钞机

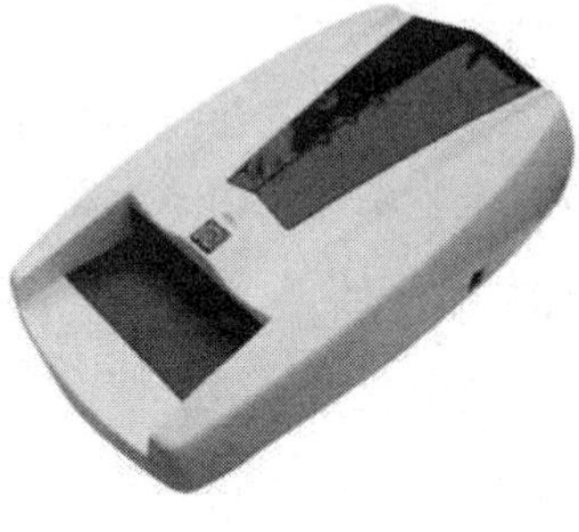

验钞机

图 6-3 验钞机

3. 点币机和点票机

点币机和点票机分别用于对硬币和票卡进行清点，具有速度较快、准确率高的特点，如图 6-4 所示。

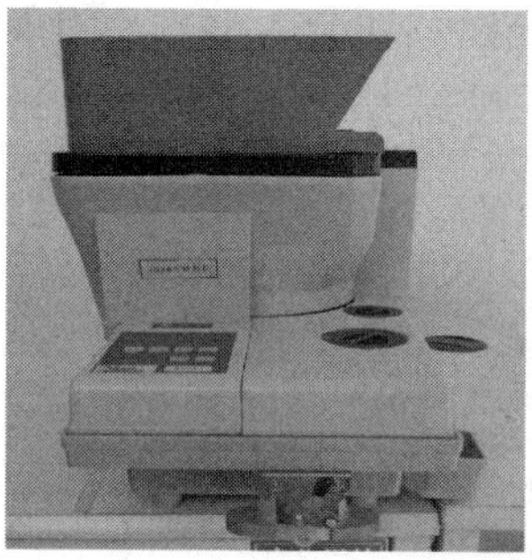

筹码式单程票点票机

卡式单程票点票机

点币机

图 6-4 点币机和点票机

4. 配票（款）盒

配票（款）盒用于售票岗站务员日常工作中票卡、备用金、票款的收纳，上岗前由车站票务管理室领出，下班前将其交还，如图 6-5 所示。

图 6-5　配票（款）盒

5. 票务手推车

票务手推车用于装运各种钱箱、票箱等贵重设备及现金、车票等有价证券，可锁闭，极大程度地保障了设备及有价证券运送的安全性和方便性，如图 6-6 所示。

图 6-6　票务手推车

6. 票柜及保险箱

票柜用于存放本站的车票，要求按车票的存放规定分类存放，没有配备票柜的车站也可以将车票存放于保险柜中。保险柜用于存放本站的现金等贵重物品，存放的现金包括备用金和票款。

二、票务工器具的管理

工具和器具配发到车站后，车站需设置专门的工具和器具台账，用于记录工具和器具的保管、交接和使用情况，保管人员需根据书面台账凭证定期对所负责保管的所有票务工具和器具进行盘点，清点工具和器具的种类、数量，并检查确认状态是否良好，确保做到账实相符，状态良好。在使用工具和器具过程中需注意保持工具和器具的清洁，爱护票务的工具和器具，注意避免其受损。尤其对于贵重的钱箱和票箱在使用过程中要求做到轻放，不要在地上拖行以免刮花；装有钱的钱箱及装有票的票箱要用双手摆放；钱箱、票箱放入手推车时要注意放置平稳，推行时要匀速前进；保持钱箱、票箱的清洁；放在高处的钱箱、票箱要注意靠墙放，以免落下造成损坏；禁止脚踩钱箱或坐在钱箱上。

（1）车站票务工器具要逐级进行管理，明确责任人，各班进行交接时要在“值班员交接班簿”上建立相应的管理台账，由当班客运值班员全权负责保管。备品的更换统一报车务分部，由车务分部负责进行更换。

（2）票务工器具要存放在车站 AFC 票务管理室或其他专门位置，以免无关人员接触。

（3）票务工器具应轻拿轻放，不可随意摆放，用后要及时放回。

（4）车站 AFC 票务管理室内的票务工器具由车站当班值班员全权负责保管。

（5）客服中心的票务工具和器具由当班站务员全权负责保管。

课后复习题

1. 票务工器具的类型。
2. 票箱和钱箱的使用规定。
3. 票务小推车的用途及使用规定。

项目七　车站票务事务处理

项目描述

本项目主要阐述车站日常票务工作需要处理的与乘客相关的票务事务，通过本项目的学习，学会办理车票超程、超时、无效、进出次序错误等车票异常的票务事务；办理自动检票机、自动售票机工作异常所引起的票务事务，达到正确处理车站票务事务的目的。

在日常运营中，车站客服中心除处理正常的售票、兑零、充值、问询外，还需要处理各种异常的乘客票务事务。乘客票务事务处理是指乘客在乘坐轨道交通工具的过程中，因乘客自身原因或其他特殊原因造成无法正常进出车站时所引起的票务事务处理。在实行计程票价制的轨道交通企业，常见的乘客票务事务有车票超程、超时、无效、进出次序错误，以及自动售票机卡币、卡票、找零不足和充值不成功、闸机扇门被误用、出闸机吞票等。票务事务既可发生在付费区也可发生在非付费区，并且根据车票的种类不同、发生的情况不同，其处理结果也完全不一样。

任务一　车票异常的票务事务处理

学习目标

（1）理解车票超程、超时、进出次序错误、无效的定义。

（2）掌握车票超程、超时、进出次序错误、无效的处理规定。

学习任务

会进行车票异常的票务事务处理。

教学环境

理实一体化教室或城市轨道交通票务实训室。

技术模块

处理因车票异常引起的票务事务时，站务人员应引导乘客到车站客服中心，站务员将车票放置在半自动售票机读卡器上进行分析，再根据乘客所处的位置和车票的分析结果，按各轨道交通对票务事务处理的规定，对车票进行异常卡的处理。车站常见的乘客持单程票和储值票发生票务事务处理的规定如下。

一、车票超程

（一）车票超程的定义

车票超程是指按计程票价制计价时，付费区乘客所持车票余额不够支付按标准计算所得的起点站至终点站之间的单程车费，车票不能正常通过出闸机的情况。

（二）车票超程的处理

1. 单程票超程

付费区乘客所持单程票超程时，站务员向乘客收取所欠车费后，在半自动售票机上操作更新车票，乘客持票出站。

2. 储值票超程

付费区乘客所持储值票超程时，站务员向乘客收取充值金额，在半自动售票机上对车票进行充值操作后，乘客持票刷卡出站。

二、车票超时

（一）车票超时的定义

车票超时是指乘客验票刷卡进入付费区后，因逗留时间过长，导致车票使用时间超过了系统规定的有效乘车时限（为避免乘客在列车上或车站付费区内长时间逗留，造成不必要的拥塞，轨道运营单位往往会对乘客购票入闸至检票的时间进行限制），车票不能正常通过出闸机的情况。

（二）车票超时的处理

1. 单程票超时

付费区乘客所持单程票超时时，站务员向乘客收取超时补款（各地铁公司自行规定）后，在半自动售票机上操作更新车票，乘客持票出站。如某城市地铁公司规定，乘客每次从入闸至出闸的时限为 150min，超过乘车时限要按最高单程票价 9 元补交超时款。

2. 储值票超时

付费区乘客所持储值票超时时，若车票进站日期显示是当天进站，则向乘客收取超时补款后在半自动售票机上操作更新车票，乘客持票刷卡出站；若车票进站日期显示不是当天进站，扣除上次乘车费用（一般是最小车程费）后，输入进站码更新车票，乘客持票刷卡出站。

三、车票进出次序错误

车票进出站状态有两种，当乘客入站刷卡后，车票为已入站状态，处于付费区模式；出站刷卡后，车票为未入站状态，处于非付费区模式。

（一）车票进出次序错误的定义

车票进出次序错误是指车票所处付费区或非付费区模式与乘客实际所在的区域不一

致的情况。主要表现为以下两种形式：

（1）乘客在非付费区，但车票显示已在进闸机验过票，显示为付费区模式，不能再次验票进站，这种情况一般是由于乘客持票在进闸机验票后未及时进闸所致。

（2）乘客在付费区，但所持车票没有进闸记录，显示仍为非付费区模式，车票不能正常通过出闸机，这种情况一般是由于乘客进闸时没有成功验票，与其他乘客一起并闸进站或没有经进闸机验票直接从其他地方进入付费区所致。

（二）车票进出次序错误的处理

车票进出次序错误按非付费区和付费区分别处理。

1. 单程票进出次序错误

（1）非付费区

当乘客在非付费区而其所持单程票为“已入站”状态时，站务员在半自动售票机上的非付费区模式下分析车票：若车票上次验票时间与当前时间之差在系统允许的更新时间范围内，则免费对车票进行标志信息更新，改为“未入站”，乘客持票进站；若车票上次验票时间与当前时间之差已超出系统允许的更新时间范围或上次进站不是本站，则按规定回收单程票，请乘客重新购票乘车。

（2）付费区

当乘客在付费区而其所持单程票为“已出站”状态时，站务员在半自动售票机上的付费区模式下分析车票：根据分析显示的单程票发售车站名，输入进站码，将标志信息更新为“未出站”，乘客持票出站。

2. 储值票进出次序错误

（1）非付费区

当乘客在非付费区而其所持储值票为“已入站”状态时，站务员在半自动售票机上的非付费区模式下分析车票：若车票上次验票时间与当前时间之差在系统允许的更新时间范围内，则免费对车票进行标志信息更新，改为“未入站”，乘客持票进站；若车票上次验票时间与当前时间之差已超出系统允许的更新时间范围或上次进站不是本站，则按规定收取费用并对车票进行标志信息更新，改为“未入站”，乘客持票进站。

（2）付费区

当乘客在付费区而其所持储值票为“已出站”状态时，站务员在半自动售票机上的付费区模式下分析车票：询问乘客进站的车站，输入进站码，进行标志信息更新，改为“未出站”，乘客持票出站。

四、车票无效

（一）车票无效的定义

车票无效是指车票在使用过程中，因轨道交通设备原因或乘客自身原因造成车票异常（读卡器无法验出车票内的信息或车票状态信息不正常），无法正常通过进/出闸机，且无法通过半自动售票机进行更新处理的情况。

（二）车票无效的处理

车票无效的情况既可发生在非付费区也可发生在付费区。处理时需判断造成车票无效的原因是轨道交通设备原因还是乘客自身的人为原因。

1）非付费区

乘客持无效单程票要求乘车时，站务员需判断造成车票无效的原因是轨道交通设备原因还是乘客自身的人为原因，若属于乘客自身的人为原因，则回收乘客手中的无效车票，请乘客重新购票乘车；若属于轨道交通设备原因，如自动售票机发售的无效车票，则回收无效车票，按规定办理乘客事务处理单，在半自动售票机上给乘客免费发售一张等值普通单程票（因为自动售票机发售无效票时已收取了相应的车费，所以通过人工在半自动售票机上发售一张等值普通单程票时必须在相应票务报表上做记录）。

2）付费区

乘客持无效单程票不能出站时，站务员通过判断，若属于乘客自身人为原因，则回收无效车票，并请乘客按规定补款后，按规定办理乘客事务处理单，在半自动售票机上发售一张付费出站票供乘客出闸；若属于轨道交通设备原因，则回收无效车票，按规定办理乘客事务处理单，在半自动售票机上给乘客发售一张免费出站票供乘客出闸。

实操模块

[实训任务]

车票异常的票务事务处理。

[实训目的]

掌握车票异常的票务事务处理过程。

[实训要求]

能够对车站发生车票超程、超时、进出次序错误、无效时的票务事务进行处理。

[实训环境]

理实一体化教室。

[实训指导]

依照车票超程、超时、进出次序错误、无效的处理流程，模拟售票员完成“车票超程、超时、进出次序错误、无效”票务事务的处理过程。

[实训考评]

（1）完成任务的准确性、规范性及熟练性。

（2）完成任务的态度及技巧性。

课后复习题

1. 什么是车票超程？

2. 什么是车票超时？

3. 车票进出次序错误包括哪两种形式？

4. 一乘客出闸机时受阻，到客服中心处理发现是所持储值卡余额不足（卡内余额为 1 元，需付车费 4 元，乘客充值 20 元），请阐述如何处理？

5. 一乘客在 TVM 上购买了一张 3 元的无效票，凭 TVM 打印出故障小单到客服中心处理，请阐述在半自动售票机上如何处理？

任务二　AFC 终端设备异常的票务事务处理

学习目标

（1）理解自动售票机卡币、卡票、找零不足、充值不成功的定义。

（2）掌握出站自动检票机扇门被误用、吞票的处理规定。

学习任务

会进行 AFC 终端设备异常的票务事务处理。

教学环境

理实一体化教室或城市轨道交通票务实训室。

技术模块

处理因自动售票机、出站检票机异常引起的票务事务时，需由值班员检查确认，再根据确认结果，由车站客服中心站务员通过半自动售票机进行相应处理。

一、自动售票机卡币

（一）自动售票机卡币的定义

卡币主要指乘客在自动售票机上投币购票时，因自动售票机自身原因或乘客所投纸币（硬币）陈旧、边缘变形、粘有胶带物等原因，导致纸币（硬币）被卡在自动售票机的某个部位，且自动售票机不再接收纸币（硬币）的情况。

（二）自动售票机卡币的处理

值班员首先检查自动售票机投币口是否有纸币（硬币）堵塞或显示屏是否显示卡币故障的代码或是否有卡币故障小单，确认是否发生卡币的情况并做相应处理。

（1）如有，则按规定办理乘客事务处理单，根据乘客需要在半自动售票机上以多退少补的原则发售同等面值车票或退还相应款额给乘客，同时报专业维修人员进行处理。

（2）如没有，则询问乘客购票情况，如购票设备号，投币金额，购买车票种类、面额、数量和得到车票的数量等，由值班员和另一名车站员工共同打开自动售票机维修门或报维修调度查看自动售票机的最近交易记录，确认是否与乘客所反映的情况一致，并根据查询情况进行处理。

①若情况一致，则按规定办理乘客事务处理单，根据乘客需要在半自动售票机上以多退

少补的原则发售同等面值车票或退还相应款额给乘客，同时报专业维修人员进行处理。

②若自动售票机显示正常且没有与乘客反映情况一致的交易记录，则表示没有发生卡币，向乘客解释，做好服务工作。

二、自动售票机卡票

（一）自动售票机卡票的定义

卡票主要指自动售票机在给乘客发售单程票的过程中，因自动售票机自身原因或单程票变形、变厚等原因，导致单程票被卡在自动售票机的某个部位，且自动售票机自动进入“暂停服务”模式的情况。

（二）自动售票机卡票的处理

值班员首先检查自动售票机的投币口是否有纸币（硬币）堵塞或显示屏是否显示卡票故障的代码或是否有卡票故障小单，确认是否发生卡票的情况并做相应处理。

（1）如有，则按规定办理乘客事务处理单，根据乘客需要在半自动售票机上以多退少补的原则发售同等面值车票或退还相应款额给乘客，同时报专业维修人员进行处理。

（2）如没有，则询问乘客购票情况，由值班员和另一名车站员工共同打开自动售票机维修门或报维修调度，查看自动售票机的最近交易记录，确认是否与乘客反映的情况一致，并根据查询情况进行处理。

①若情况一致，则按规定办理乘客事务处理单，根据乘客需要在半自动售票机上以多退少补的原则发售同等面值车票或退还相应款额给乘客，同时报专业维修人员进行处理。

②若自动售票机显示正常且没有与乘客反映情况一致的交易记录，则表示没有发生卡票，向乘客解释，做好服务工作。

三、自动售票机找零不足

（一）自动售票机找零不足的定义

找零不足是指当乘客投入自动售票机的现金金额大于实际购票金额，因自动售票机自身原因或找零硬币边缘变形、粘有胶带物等原因，导致找零硬币被卡在自动售票机的某个部位，自动售票机停止找零，造成乘客找零金额不够的情况。

（二）自动售票机找零不足的处理

值班员首先检查自动售票机显示屏是否显示找零不足故障的代码或是否有找零不足故障小单，确认是否发生找零不足的情况并做相应处理。

（1）如有，按规定办理乘客事务处理单，在半自动售票机上退还相应现金给乘客，同时报专业维修人员进行处理。

（2）如没有，则询问乘客购票情况，由值班员和另一名车站员工共同打开自动售票机维修门或报维修调度，查看自动售票机的最近交易记录，确认是否与乘客反映的情况一致，并根据查询情况进行处理。

①若情况一致，则按规定办理乘客事务处理单，在半自动售票机上退还相应现金给乘客，同时报专业维修人员进行处理。

②若自动售票机显示正常且没有与乘客反映情况一致的交易记录，则表示没有发生找零不足，向乘客解释，做好服务工作。

四、自动售票机充值不成功

（一）自动售票机充值不成功定义

充值不成功是指乘客在自动售票机上投币充值时，因自动售票机自身原因或其他原因，导致自动售票机收取乘客投入的充值金额后，并不能充进票卡余额（未将充值金额信息写入票卡）的情况。

（二）自动售票机充值不成功的处理

值班员与值班站长共同打开自动售票机维修门或报维修调度，查看最近交易记录，确认是否有与乘客反映一致的充值交易记录，并根据查询情况进行处理。

（1）如有，在半自动售票机上分析车票，根据情况核实是否确有发生自动售票机已收款但充值不成功的情况。

①若确有发生，则按规定办理乘客事务处理单，根据乘客需要在半自动售票机上给乘客办理等额充值或退还乘客充值金额。

②若没有发生，请乘客通过显示屏确认车票充值前后余额，做好解释，将票卡交还乘客。

（2）如没有，则通知专业维修人员到现场进行处理，值班员根据维修人员的判断结果进行事务处理。

五、出站自动检票机扇门被误用

1. 付费区持单程票的乘客反映闸机扇门被误用时的处理

按规定办理乘客事务处理单后给乘客发售免费出站票，并由值班员以上级别人员确认。

2. 付费区持储值票的乘客反映闸机扇门被误用时的处理

若半自动售票机分析显示车票刚从本站出站，则按规定办理乘客事务处理单后给乘客发售免费出站票出站，并由值班员以上级别人员确认。

六、出站自动检票机吞票

由车站人员询问乘客出闸情况，确认乘客出闸闸机是否确实处于暂停服务状态或出闸机显示正常但投票口却有卡票现象。

（1）如有，则按规定填写乘客事物处理单，给乘客发售一张免费出站票出站，同时报专业维修人员进行处理。

（2）若闸机显示正常且能接收车票时则向乘客解释说明，给乘客发售付费出站票。

实操模块

[实训任务]

车票异常的票务事务处理。

[实训目的]

掌握 AFC 终端设备异常引起的票务事务处理过程。

[实训要求]

（1）能够对车站发生自动售票机卡币、卡票、找零不足、充值不成功的票务事务进行处理。

（2）能够对车站发生出站自动检票机扇门被误用、吞票的票务事务进行处理。

[实训环境]

理实一体化教室。

[实训指导]

（1）依照自动售票机卡币、卡票、找零不足、充值不成功的处理流程，准确模拟售票员完成“自动售票机卡币、卡票、找零不足、充值不成功”的票务事务处理过程。

（2）依照出站自动检票机扇门被误用、吞票的处理流程，准确模拟售票员完成“出站自动检票机扇门被误用、吞票”的票务事务处理过程。

[实训考评]

（1）完成任务的准确性、规范性及熟练性。

（2）完成任务的态度及技巧性。

拓展模块

某地铁公司关于乘客事务处理规定如下。

1. 普通单程票无法正常进出闸机的相关处理规定

乘客持普通单程票无法正常进出闸机时，售票员应依据乘客所处的位置和车票分析结果按表 7-1 所示的处理方法作相应处理。

表 7-1 普通单程票无法正常进出闸的处理规定

车票分析结果	非付费区	付费区
进出次序错误	若该票显示可以更新，则按“更新”键更新车票；若无法更新，则回收单程票，向乘客说明原因，请乘客重新购票乘车	①若该车票显示可以更新，则根据 BOM 分析显示单程票发售车站输入进站码并根据 BOM 显示收费金额收取费用后更新，乘客持票出站 ②在 BOM 上分析该车票，若显示不能更新，且车票为 ES 预制单程票，则售票员立即通知值班员或以上级别人员到现场确认和办理，并询问乘客本次进站车站，按车程收费判断车票是否超程：若是，则向乘客收取所欠车费，填写 OP105，给乘客发售免费出站票出站；若否，则填写 OP105，给乘客发售免费出站票出站

续表

车票分析结果	非付费区	付费区
车票过期	向乘客说明原因，回收车票，请乘客重新购票乘车	向乘客说明原因，回收车票，给乘客发售付费出站票出站
车票超程		向乘客收取所欠车费后更新车票，乘客持票出站
车票超时		向乘客收取超时补款后更新车票，乘客持票出站
车票无效	若车票人为折损，则回收车票，请乘客重新购票乘车；若为 TVM 发售无效票，则回收车票，按规定办理 OP105，给乘客免费发售一张等值普通单程票	查看是否人为折损，若是，则回收车票，给乘客发售付费出站票；若否，则回收车票，按规定办理 OP105，给乘客发售免费出站票出站

2. 乘客反映在购票时 TVM 卡票/卡币或找零不足的处理规定

车站人员检查 TVM 投币口是否有硬币/纸币堵塞或乘客显示屏是否显示卡币/卡票/找零不足故障代码，若是，则按规定办理 OP105，对卡币/卡票的乘客，以多退少补的原则给乘客发售相应面值的车票或退款，对找零不足的乘客退还相应现金，同时报 AFC 维修人员进行处理，否则，由一名值班员或以上级别人员与另一车站员工共同打开维修门，查看最近 10 条交易记录，并根据查询情况进行处理。

（1）若交易记录与乘客反映相符且交易情况完整，显示已正确发售车票且实际找零数量与应找零数量一致，则由车站人员负责向乘客解释。

（2）若交易记录显示交易情况不完整，显示实际找零数量与应找零数量不一致，则按规定办理 OP105，在票务处给乘客退还剩余现金，同时通知 AFC 维修人员进行处理；未发售车票或发售车票与乘客购买数量不一致时，查看找零情况，若找零金额为乘客投入金额–实际出票数量×票价，则请乘客重新购票，否则根据具体情况在 BOM 发售相应面值车票，以多退少补的原则收取/退还乘客现金。

（3）若 TVM 既没有显示任何故障也没有与乘客反映购票情况一致的交易记录，则由车站人员负责向乘客解释，请乘客重新购票。

课后复习题

1. 自动售票机卡票怎么办？

2. 简述自动售票机充值不成功的处理规定。

3. 一乘客持有效单程票出闸时，自动检票机回收了车票，但闸门未打开，请问如何处理？

4. 一乘客持有效车票进闸时刷卡后未及时进闸，马上到客服中心处理发现车票为“已入站”状态，应如何处理？

项目八　车站票务报表管理

项目描述

本项目是车站站务人员在日常票务工作中，依照各轨道交通公司制定的票务报表填写规定，正确填写票务报表，以记录车站现金交接，收益汇总，车票交接、发售与站存车票的原始数据。同时，严格按管理规定完成对票务报表的交接、保管工作，避免因报表填写不规范和保管不当而对车站票务收益安全造成影响。

学习目标

（1）熟悉车站票务报表台账的种类。

（2）掌握票务报表台账的填写规定、填写要求、改错规定。

（3）理解票务报表的交接、保管规定。

学习任务

会进行“售票员结算单”、“乘客事务处理单”的填写。

教学环境

理实一体化教室或城市轨道交通票务实训室。

理论模块

车站票务报表包括手工填写和计算机打印出来的报表。票务报表是记录车站现金交接，收益汇总，车票交接、发售与站存车票的原始台账，也是进行票务收益核对的重要依据。在车站票务工作中起着非常重要的作用。车站在报表的填写、保管等方面都需严格执行相关收益安全管理规定，避免因报表填写不规范和保管不当而对票务收益安全造成影响。

一、票务报表的种类

车站票务报表的种类较多，通常是根据车站现金、车票管理需要及收益结算需要来确定报表种类的，由于各个城市轨道交通公司的管理模式和要求不同，票务报表的类型、名称也有所不同。一般情况下，票务报表包括以下几种。

（1）售票员结算单。

（2）乘客事务处理单。

（3）钱箱清点报告。

（4）车站营收入日报。

（5）车站售/存票日报。

（6）车票/现金借出记录表。

（7）车票上交单。

二、票务报表的填写方法

以上票务报表根据岗位不同需要填写的报表也不同。其中，站务员填写的报表主要有售票员结算单和乘客事务处理单。值班员填写的报表主要有钱箱清点报告、车站营收入日报、车站售/存票日报、车票/现金借出记录表、车票上交单。因为各个城市轨道交通公司的管理模式和票务设备系统的操作要求不同，故票务报表的格式和填写方法也有一定区别，并且随着票务设备系统的不断改进或设备、票务规章的变化，各轨道交通公司的票务报表格式和填写方法也会有相应改变。下面介绍部分轨道公司票务报表（手工报表）的填写规定。

1. 售票员结算单

“售票员结算单”（见表 8-1 和表 8-2）是售票员结算过程中最常见的报表。该报表在值班员给售票员配车票、票据、备用金及中途追加车票、备用金时，售票员向值班员预交款和结账等情况下填写，用于记录售票员实收总金额与所配备用金总额的情况，从而核算售票员的实际票款收入。

“售票员结算单”一般包括售票员和值班员班次、自动售票机设备号、配备备用金金额，以及各类车票（普通单程票、预制单程票、储值票、城市一卡通票、纸票等）开窗张数、关窗张数、出售张数、实收总金额等组成要素。其中，车票出售张数根据开窗张数与关窗张数的差额计算填写，实收总金额根据结账时的实点现金总额减去所配备用金总额后填写，作为站务员实际收益结算的依据。

2. 乘客事务处理单

“乘客事务处理单”（见表 8-3 和表 8-4）一般用于车站发生 TVM 少找零、卡币、卡票、发售无效票、扇门被误用、车票无效不能进出闸、乘客无票乘车等特殊情况，需要在半自动售票机上办理相关乘客事务处理时填写，记录售票员进行的有关乘客事务处理结果，与售票员结算单一起构成售票员收益结算的依据。因为办理乘客事务时涉及系统对票款收益的统计和防止人为造成票款收益的损失，所以在办理乘客事务填写“乘客事务处理单”时均要求车站值班员及以上人员到场处理情况并签名确认。

“乘客事务处理单”主要由售票员班次、具体事件详情、处理结果、涉及金额、乘客资料、办理人签名、确认人签名等要素组成，分为现金事务和非现金事务处理，现金事务处理主要是发生 TVM 少找零、卡币、卡票、发售无效票等乘客事务时，售票员需在 BOM 上进行涉及现金的操作时在对应栏填写或打“√”。如售票员办理“TVM 收取了乘客现金，但发售无效票的乘客事务”时，不收取乘客现金，但在 BOM 上为乘客发售一定面额的车票或退还一定金额的现金时在对应栏填写或打“√”；非现金事务处理则主要是发生扇门被误用、车票无效不能进出闸、乘客无票乘车等乘客事务时，涉及发售免费或付费出站票时的操作，需在对应栏填写或打“√”。

3. 钱箱清点报告

“钱箱清点报告”（见表 8-5）由车站值班员在每次更换完 TVM 钱箱进行钱箱清点时填写，用于记录 TVM 的钱箱收益，每天所有 TVM 钱箱实点金额扣除车站补币金额就是车站 TVM 票款收入。

“钱箱清点报告”一般由自动售票机号、钱箱号码、机器金额、实点金额、差额、清点人员等要素组成。值班员每清点一次，TVM 钱箱就逐项填写一张“钱箱清点报告”，且纸币钱箱和硬币钱箱要分栏填写。

4. 车站营收入日报

“车站营收入日报”（见表 8-6）由每班值班员根据“钱箱清点报告”、“售票员结算单”、TVM 打印的补币单等记录填写本班的运营收入情况，再由每日晚班值班员计算车站当日的运营收入后完成该报表的填写，用于体现车站每日的运营收入情况。值班员需逐项填写钱箱票款、钱箱差额、补币金额、BOM 票款（售票员售卖各类车票所得的票款）等来计算 TVM 收入和售票员收入，再加上其他收入（如售卖纸票、团体票等票款）形成车站营收总金额，并记录票款解行情况。

5. 车站售/存票日报

“车站售/存票日报”（见表 8-7）由值班员根据本日的“售票员结算单”、SC 报表、“车票上交单”、“配票明细单”等报表填写，体现车站每日各类车票的发售数量、站存数量，主要由上日结存、增加栏、减少栏、本日结存四大部分组成。增加栏主要指配票部门配发、闸机回收等增加的车票数量；减少栏主要指 TVM 和 BOM 发售、上交配票部门等减少的车票数量；本日结存=上日结存+增加合计–减少合计。

6. 车票/现金借出记录表

“车票/现金借出记录表”（见表 8-8）是车站在发生车票或现金的借出、归还业务时填写的。本表由借出部门填写（车站需由当班值班员填写），并由借入部门签章确认，作为借出和借入部门双方交接车票或现金的凭证，主要由借出车票、归还车票、借出现金金额、借出现金原因、归还现金金额栏等要素组成，各栏下的相关项目需详细填写清楚，关键项目若有更改，必须由发放人和请借人双方签章确认。

7. 车票上交单

“车票上交单”（见表 8-9）在车站上交车票时由当班值班员填写，记录车站上交车票的票种、数量、上交原因等，作为双方交接的凭证。上交的车票要求按不同的票种分类填写，且填写清楚上交原因。

表 8-1　售票员结算单

NO:00000000

站　　　　　　　　　　　　　　　　　　　　年　月　日

<table>
<tr><td colspan="2">时　间</td><td colspan="2">从 8：00 至 14：00</td><td colspan="2">配备用金金额</td><td colspan="2">￥3000.00</td><td colspan="2">￥</td><td colspan="2">￥</td><td>￥</td><td>￥</td></tr>
<tr><td colspan="2">BOM</td><td colspan="2">B02</td><td colspan="2">值班员签名</td><td colspan="2">××</td><td colspan="2"></td><td colspan="2"></td><td></td><td></td></tr>
<tr><td colspan="2" rowspan="2">项目
票种</td><td rowspan="2">开窗
张数</td><td rowspan="2">关窗
张数</td><td colspan="4">出　售</td><td colspan="2" rowspan="2">项目
票种</td><td rowspan="2">开窗
张数</td><td rowspan="2">关窗
张数</td><td colspan="2">出　售</td></tr>
<tr><td>张数</td><td>其他</td><td>押　金</td><td>金　额</td><td>张数</td><td>金　额</td></tr>
<tr><td rowspan="9">地铁IC卡车票</td><td>学生储值票</td><td>15</td><td>13</td><td>2</td><td>0</td><td>￥40.00</td><td>￥100.00</td><td rowspan="8">纸票</td><td>1 元</td><td>10</td><td>5</td><td>5</td><td>￥5.00</td></tr>
<tr><td>老人储值票</td><td>15</td><td>13</td><td>2</td><td>0</td><td>￥40.00</td><td>￥100.00</td><td>2 元</td><td>10</td><td>5</td><td>5</td><td>￥10.00</td></tr>
<tr><td>城市一通卡</td><td>15</td><td>13</td><td>2</td><td>0</td><td>￥60.00</td><td>￥100.00</td><td>3 元</td><td>10</td><td>5</td><td>5</td><td>￥15.00</td></tr>
<tr><td></td><td></td><td></td><td></td><td></td><td></td><td></td><td>4 元</td><td></td><td></td><td></td><td>￥</td></tr>
<tr><td></td><td></td><td></td><td></td><td></td><td></td><td></td><td>5 元</td><td></td><td></td><td></td><td>￥</td></tr>
<tr><td></td><td></td><td></td><td></td><td></td><td></td><td></td><td>6 元</td><td></td><td></td><td></td><td>￥</td></tr>
<tr><td></td><td></td><td></td><td></td><td></td><td></td><td></td><td>7 元</td><td></td><td></td><td></td><td>￥</td></tr>
<tr><td></td><td></td><td></td><td></td><td></td><td></td><td></td><td>8 元</td><td></td><td></td><td></td><td>￥</td></tr>
<tr><td colspan="5">小计金额</td><td>￥140.00</td><td>￥300.00</td><td colspan="4">小计金额</td><td></td><td>￥30.00</td></tr>
<tr><td>预收款金额</td><td colspan="2">￥2000.00</td><td colspan="2">收款人姓名</td><td>××</td><td>预收款金额</td><td colspan="2">￥</td><td colspan="2">收款人姓名</td><td colspan="3"></td></tr>
<tr><td>实收总金额</td><td colspan="13">（根据结账时的实际清点现金所得总额减去所配备用金总额后填写）</td></tr>
<tr><td>备注</td><td colspan="13">（售票过程中出现的一些异常现象可在此处进行备注说明）</td></tr>
<tr><td colspan="4">售票员</td><td colspan="3">××</td><td colspan="5">值班员</td><td colspan="2">××</td></tr>
<tr><td colspan="4">售票员工号</td><td colspan="3">×××</td><td colspan="5">值班员工号</td><td colspan="2">×××</td></tr>
</table>

第一联—票务分部（×色）；第二联—车站（×色）

NO:00000000

表 8-2　售票员结算单

站　　　　　　　　　　年　月　日

<table>
<tr><td colspan="2">时　间</td><td colspan="2">从 8:00 至 14:00</td><td>配备用金金额</td><td>¥2500.00</td><td>¥</td><td>¥</td><td>¥</td></tr>
<tr><td colspan="2">BOM</td><td colspan="2">B01</td><td>值班员签名</td><td>××</td><td></td><td></td><td></td></tr>
<tr><td colspan="2" rowspan="2">项　目 / 票　种</td><td rowspan="2">开窗张数</td><td rowspan="2">关窗张数</td><td colspan="3">出　售</td><td colspan="2" rowspan="2">其　他</td></tr>
<tr><td>张　数</td><td colspan="2">金　额</td></tr>
<tr><td rowspan="8">车票情况</td><td>普通单程票</td><td>60</td><td>10</td><td>48</td><td colspan="2">--</td><td colspan="2">2</td></tr>
<tr><td>2 元预制票</td><td>20</td><td>5</td><td>25</td><td colspan="2">¥50.00</td><td colspan="2">0</td></tr>
<tr><td>3 元预制票</td><td>30</td><td>10</td><td>20</td><td colspan="2">¥60.00</td><td colspan="2">0</td></tr>
<tr><td></td><td></td><td></td><td></td><td colspan="2"></td><td colspan="2"></td></tr>
<tr><td></td><td></td><td></td><td></td><td colspan="2"></td><td colspan="2"></td></tr>
<tr><td></td><td></td><td></td><td></td><td colspan="2"></td><td colspan="2"></td></tr>
<tr><td></td><td></td><td></td><td></td><td colspan="2"></td><td colspan="2"></td></tr>
<tr><td></td><td></td><td></td><td></td><td colspan="2"></td><td colspan="2"></td></tr>
<tr><td colspan="2">乘客票务事务差额(+/-)</td><td colspan="2">（根据《乘客票务事务处理单》“现金事务涉及金额”的“合计”金额填写）</td><td colspan="2">实收金额</td><td colspan="3">（根据结账时的实际清点现金所得总额减去所配备用金总额后填写）</td></tr>
<tr><td colspan="2">单程票退款(-)</td><td colspan="2">（根据《乘客票务事务处理单》上记录的退款金额填写）</td><td colspan="2"></td><td colspan="3"></td></tr>
<tr><td colspan="6">BOM 票款</td><td colspan="3">（根据实收金额减去预制票金额减去×××一卡通售卡金额后填写）</td></tr>
<tr><td colspan="2">售票员</td><td>××</td><td colspan="3">工号</td><td colspan="3">×××</td></tr>
<tr><td>备注</td><td colspan="8">（根据售票过程中发生的与收益有关的异常事件填写）</td></tr>
<tr><td colspan="2">客运值班员</td><td colspan="2">××</td><td colspan="2">工号</td><td colspan="3">×××</td></tr>
</table>

表 8-3　乘客事务处理单

NO：00000000

站　　　　　　　　　　　　　　　　　　　　　　　　　　　年　　月　　日

	事件详情 (TVM 的乘客事务须注明 TVM 的编号、所涉及的金额)						处理结果	涉及金额 +/–（元）	乘客资料		办理人	确认人
	TVM 少找零	TVM 卡币	TVM 卡票	TVM 发售无效票	储值票免费更新	其他			姓名	电话		
现金事务		V03￥3					在 BOM 上收取乘客 1 元，发售 4 元单程票 1 张	￥–3.00	XX	XX XX	XX	XX
		（须注明 TVM 的编号、所涉及的金额）					（填写具体乘客事务办理情况）		（乘客签名确认）		（当班售票员签名）	（确认办理的值班员签名）
小计	BOM 发售有值 TOKEN 共　　张							￥–3.00	-------	------		

	免费出站票				付费出站票					姓名	电话	办理人	确认人
	闸门被误用	车票无效不能出闸（注明票种）	其他	发售免费出站票一张	付费区持过期单程票	付费区无票乘车	付费区持人为折损无效单程票	其他	发售付费出站票一张				
非现金事务	√			√									
						√			√				
	（用√表示）			（用√表示）		（用√表示）			（用√表示）				
小计	发售免费出站票共　1　张　　发售付费出站票　1　张									------	------		

表 8-4　乘客票务事务处理单

NO：0000000

站　　　　　　　　　　　　　　　　　　　　　　　　　年　　月　　日

<table>
<tr><td rowspan="5">现金事务</td><td>事件详情
①TVM 少找零；②TVM 卡币；③TVM 卡票④TVM 发售无效票⑤TVM 充值异常；⑥其他</td><td>处理结果</td><td>涉及金额
+/－
（元）</td><td>乘客签名</td><td>确认人</td></tr>
<tr><td>16:00 分，T04 发售出 1 张单价￥2.00 元的无效票，卡 ID：××××××××××</td><td>在 B501 上发售 1 张单价￥2.00 元的单程票给乘客</td><td>￥-2.00</td><td></td><td></td></tr>
<tr><td>（注明发生时间、设备编号、所涉及金额、张数、票卡 ID 号）</td><td>（填写具体乘客事物办理情况）</td><td></td><td>（乘客签名）</td><td>（客值及以上人员确认）</td></tr>
<tr><td></td><td></td><td></td><td></td><td></td></tr>
<tr><td colspan="2">合　计</td><td>￥-2.00</td><td>-------</td><td>------</td></tr>
</table>

<table>
<tr><td rowspan="5">非现金事务</td><td colspan="3">免费出站票事件详情</td><td rowspan="2">发售一张</td><td rowspan="2">乘客签名</td><td rowspan="2">确认人</td><td rowspan="5">退款记录</td><td colspan="2">普通单程票、预制票、纸票</td><td rowspan="2">金额（－）</td><td rowspan="2">办理时间</td><td rowspan="2">乘客签名</td><td rowspan="2">确认人</td></tr>
<tr><td>闸门被误用</td><td>车票无效不能出闸</td><td>其他</td><td>票　种</td><td>车票 ID</td></tr>
<tr><td>√</td><td></td><td></td><td>√</td><td>××</td><td>××</td><td>单程票</td><td>××××××××××</td><td>￥-2.00</td><td>10：30</td><td></td><td>××</td></tr>
<tr><td>（用√表示）</td><td>（用√表示）</td><td></td><td></td><td>（乘客签名）</td><td>（客值及以上人员确认）</td><td>（按车票种类填写）</td><td>（填写车票经 BOM 分析显示逻辑 ID 号，若为纸票则填写票面的编号）</td><td></td><td></td><td>（乘客签名）</td><td>（客值及以上人员确认）</td></tr>
<tr><td></td><td></td><td></td><td></td><td></td><td></td><td></td><td></td><td></td><td></td><td></td><td></td></tr>
<tr><td>合　计</td><td colspan="6">**发售免费出站票共 <u>1</u> 张**</td><td colspan="3">金　额　合　计</td><td>￥-2.00</td><td></td><td></td><td></td></tr>
</table>

<table>
<tr><td colspan="8">备注：　　　　　　　　(在需反映其他特殊情况时填写)</td></tr>
<tr><td>售票员</td><td>××</td><td>员工号</td><td>××××</td><td>值班员</td><td>××</td><td>员工号</td><td>××××</td></tr>
</table>

表 8-5 钱箱清点报告

NO：0000000

站　　　　单位：元　　　　年　月　日

TVM 号码	清点硬币				TVM 号码	清点纸币			
	钱箱号码	机器清点金　额	实际清点金　额	差额（+/−）		钱箱号码	机器清点金　额	实际清点金　额	差额（+/−）
T01	001	￥1000.00	￥999.00	￥−1.00	T01	101	￥1000.00	￥1000.00	￥0.00
T02	002	￥900.00	￥898.00	￥−2.00	T02	102	￥979.00	￥980.00	￥1.00
				（根据实点金额减去机点金额填写）					（根据实点金额减去机点金额填写）
合　计		￥1900.00	￥1897.00	￥−3.00	合计		￥1979.00	￥1980.00	￥1.00
钱箱总数		2	清点时间	12：00	钱箱总数			清点时间	11:30
人　员		签章	员工号		人　员		签章	员工号	
值班员			×××		值班员			×××	
清点人员			×××		清点人员			×××	
值班站长审核			×××		值班站长审核			×××	
备注：清点钱箱过程中发现机币、假币、外币、残币等异常情况时，可在此处进行说明									

表 8-6　车站营收入日报

站　　　　单位：元　　　　NO.0000000

年　　月　　日

票款收入		早　　班	晚　　班	合　　计
TVM 收入	钱箱票款（机点数）	（“钱箱清点报告”中所有钱箱机器清点金额数总和）		
	钱箱差额（+/−）	（“钱箱清点报告”中差额数总和）		
	补币金额（−）	（根据 TVM 打印的补币单等记录填写）		
	小　计（1）			
BOM 票款		（根据“售票员结算单”中售票员操作 BOM 所得票款）		
小　计（2）				
预制票（3）		（根据“售票员结算单”中的各面额预制票“出售金额”项相加填写）		
纸　票（4）				
一卡通收　入	售卡金额	（根据“售票员结算单”中的一卡通票“出售金额”填写）		
	小　计（5）			
营收总金额（6） (6)=(1)+(2)+(3)+(4)+(5)				
实际解行金额		——	——	（记录实际解行票款金额）
值班员		（早班客值）	（晚班客值）	（晚班客值）
员工号		×××	×××	×××
备　注		（记录对收益结算有影响的情况）		
复核人		（负责审核当日报表的值班站长）	员工号	×××

表 8-7　车站售/存票日报

NO：000000
年　月　日

站

项目 票种	上日结存 （a）	增加栏（+）				小计（b）	减少栏（-）				小计 （c）	本日结存 （a）+（b）-（c）
		配票	闸机回收票	站间调入	其他		发售	上交回收票	上交废票	其他		
普通单程票	1000	500	1500	10		2010	100	10	10		120	2890
2 元预制票	100	0	50			50	20				20	130
3 元预制票	100	0	50			50	20				20	130
4 元预制票	100	0	50			50	20				20	130
2 元纸票	100	0				0	0					100
3 元纸票	200	0				0	0					200
4 元纸票	200	0				0	0					200
小计	1800	（配票部门配发车票数量）	（出闸机票箱回收车票数量）	（从其他车站调入的车票数量）			（TVM、BOM 人工发售的车票数量）	（上交配票部门要求回收的车票数量）	（上交配票部门 TVM、BOM 人工发售的废票数量）			（“上日结存”+“增加栏”—“减少栏”）
盘点情况：				（记录盘点售票、存票时，车票实际张数与报表张数是否一致的情况）								
值班员	×××	员工号	×××	复核人	×××	员工号	×××					

表 8-8　车票/现金借出记录表

NO：00000000

__________站　　　　　　　　　　年　月　日

<table>
<tr><td colspan="6">借出车票</td></tr>
<tr><td>票　种</td><td>张　数</td><td colspan="2">车票 ID</td><td colspan="2">借出原因</td></tr>
<tr><td>2 元预制票</td><td>25</td><td colspan="2"></td><td colspan="2" rowspan="5">（　）测试 TVM
（　）测试 BOM
（　）测试进/出闸机
（ √ ）站间调票
（　）
（在相应借出原因项处打“√”）</td></tr>
<tr><td>3 元预制票</td><td>25</td><td colspan="2"></td></tr>
<tr><td>4 元预制票</td><td>15</td><td colspan="2"></td></tr>
<tr><td>（详细填写）</td><td>（详细填写）</td><td colspan="2">（详细填写）</td></tr>
<tr><td></td><td></td><td colspan="2"></td></tr>
<tr><td>发放人</td><td>×××</td><td>请借人</td><td>×××</td><td>借出部门</td><td>A 站</td></tr>
<tr><td>员工号</td><td>×××</td><td>员工号</td><td>×××</td><td>请借时间</td><td>×年×月×日</td></tr>
<tr><td colspan="6">归还车票</td></tr>
<tr><td>票种</td><td>张数</td><td colspan="2">车票 ID</td><td colspan="2" rowspan="6">备注:（注明原借出车票的日期、“车票/现金借出记录表”的编号）</td></tr>
<tr><td></td><td></td><td colspan="2"></td></tr>
<tr><td></td><td></td><td colspan="2"></td></tr>
<tr><td></td><td></td><td colspan="2"></td></tr>
<tr><td>（详细填写）</td><td>（详细填写）</td><td colspan="2">（详细填写）</td></tr>
<tr><td></td><td></td><td colspan="2"></td></tr>
<tr><td>归还人</td><td></td><td>签收人</td><td></td><td>归还部门</td><td></td></tr>
<tr><td>员工号</td><td></td><td>员工号</td><td></td><td>归还时间</td><td></td></tr>
<tr><td>借出现金
金额</td><td colspan="5">借出现金原因：

（详细填写）</td></tr>
<tr><td>发放人</td><td></td><td>请借人</td><td></td><td>请借部门</td><td></td></tr>
<tr><td>员工号</td><td></td><td>员工号</td><td></td><td>请借时间</td><td></td></tr>
<tr><td>归还现金
金额</td><td colspan="5">备注:（注明原借出现金的金额、日期、“车票/现金借出记录表”的编号）</td></tr>
<tr><td>归还人</td><td></td><td>签收人</td><td></td><td>归还部门</td><td></td></tr>
<tr><td>员工号</td><td></td><td>员工号</td><td></td><td>归还时间</td><td></td></tr>
</table>

表 8-9　车票上交单

NO:00000000

站　　　　　　　　　　　　　　　　　　　　　　　　　　年　　月　　日

车票类型	张　数	ID 起止号	金　额	附　注
单程票	100			
设备废票	200			
预制票	1	××××××	2.00	
（根据票务中心车票回收计划中回收的车票类型进行填写）			（若该车票涉及具体金额须填写具体金额）	
合计	301		2.00	
备注				

制表人	（车站值班员填写）	员工号	×××	制表日期	××××
核收人	（票务中心核实签收人填写）	员工号	×××	核收日期	××××

三、票务报表填写要求

报表填写是一项细致而严肃的工作，填制人员必须遵守票务规章制度。

（1）报表填写要求真实、准确、完整、及时。

①真实：报表必须由相关人员填写且如实反映票务情况，不得捏造事实，弄虚作假。

②准确：报表填写前认真核对实际情况，以正确无误的数据填列，并要仔细复核。

③完整：必须按报表所列事项填写，不得遗漏，且每日上交报表必须连号（报表号码按票务管理部门配发的报表号码填写）。

④及时：报表必须在规定期限内填制完毕，并按规定时间上交票务管理部门，不得故意延迟时间。

（2）属于多联过底的报表，一定要写透，不能上面清楚，下面模糊。报表的各项指标必须按要求填写，不应随便空格不报，若因客观原因不产生数据的空格用“—”符号表示。

（3）文字：必须用蓝色或黑色笔填写，字迹必须清晰、工整，不得潦草。属于过底的报表用圆珠笔填写，属于非过底的报表用钢笔或签字笔填写。

（4）数字：阿拉伯数字应一个一个地写，不得写连笔字。对金额一项，小数点后无数时，应写“00”或“—”。

（5）报表填写完毕，填写人员必须加盖私章确认。

四、票务报表的改错规定

因票务报表是作为车站现金交接、收益汇总、车票交接、发售与站存车票的原始台账及站务员收益结算的原始依据，一经相关当事人填写完毕，原则上不得更改。当报表填写发生错误，确需更改时，需通知相关当事人确认，按规定用“画线更正法”当面进行更改，即在报表中错误文字或数字上画一红线，以示注销，要求划去整个错误数字，然后在该处盖上更改人员名字修正章以示负责，不得刮擦、挖补、涂抹或用化学药水更改字迹。

五、票务报表的废表处理

若一张报表更改次数过多导致报表记录不清时，应另填写一份，该报表作废，加盖“作废”戳记（各轨道公司规定不同，如某公司规定更改次数达 8 次以上该报表作废），车站留存保管，不得撕毁和随意丢弃，以便与重填报表进行核对，并随当日报表于次日（节假日顺延）上交票务管理部门，重填的报表需在空白处注明重填人员、重填原因，并签章确认。

六、票务报表的交接

报表的交接要按规定的时间、地点、方式进行，各站值班员将车站的报表归整后放入文件袋中，做好报表交接的准备工作，由票务室人员按既定方式收取车站报表。

七、票务报表的管理

报表需在一定期限内留存，以备结算部门、审计部门提取相关数据。车站应定期按报表分类归整，检查报表是否完整、齐全，并按月装订成册，装订时要加具专用封面、封底，封面注明加封车站、加封报表名称、加封时间及装订人姓名、员工号，并设立专门的报表保管区域对报表进行保管（一般放在 AFC 票务室内保管），确保报表的安全，具体保管期限按统计范畴规定执行（一般保管年限定为 1 年），并列出清单，保管期满后由所属部门统一回收、注销、销毁，严禁私自进行注销、销毁。

拓展模块

一、车站电子报表的填写

车站为了提高票务收益核算的准确性，随着票务管理系统的完善，各轨道公司已慢慢将手工填写的票务报表用电子报表替代。电子报表主要由相关人员通过进入车站票务管理系统选择相应功能模块，按系统提示，录入票务数据，再由系统自动加总合计，自动形成票务报表。录入人员在进入票务管理系统时必须输入工号和密码，经系统识别后方可进入。如图 8-1 所示是某地铁公司值班员给售票员配车票、配备用金的操作界面图，为“售票员结算单”电子报表中的车票开窗张数和备用金录入相关票务数据。

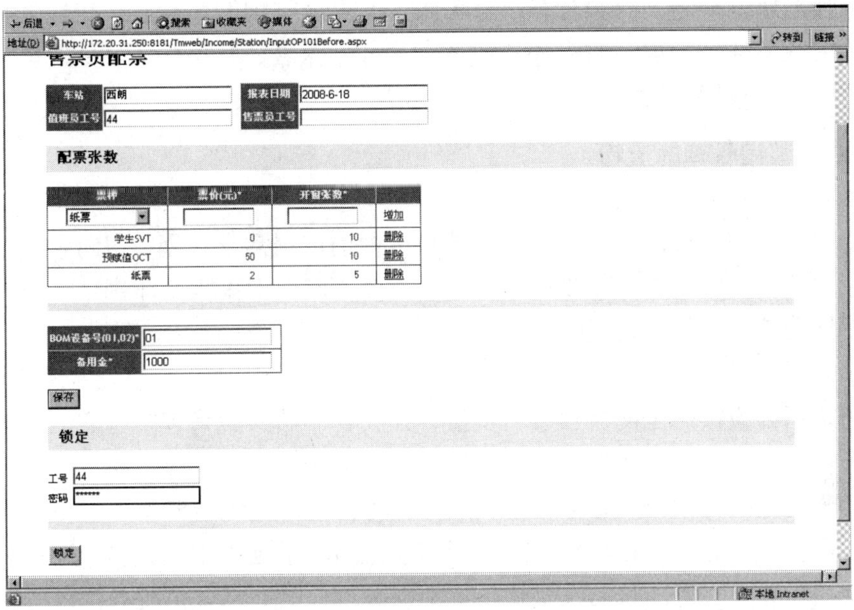

图 8-1　“售票员结算单”电子报表

二、车站的票据及台账

（一）车站票据的类型

车站票据包含发票、收据、兑零单、现金缴款单。

1. 发票

发票是指在购销商品、提供或者接受服务，以及从事其他经营活动中开具、收取的收付款凭证（经税务部门监制）。

车站使用的发票有定额客运发票、手写客运发票。定额客运发票是票面已印制固定金额的发票，定额客运发票是在乘客持单程票、预制票、外服卡乘坐地铁时使用的；乘客索取发票时，按乘客乘坐的当次车程车资开具同等金额的发票。手写客运发票是由人工填写的普通发票，手写客运发票用于提供交易金额较大或非整数的客运服务（如出售团体票），以及出售纪念票时使用。

2. 收据

收据是一种收付款凭证，一般没有使用发票的场合都应该使用收据。收据主要分为内部收据和外部收据。

3. 兑零单

兑零单是由车站值班员在与银行兑零时填写的，用于记录车站需要与银行兑零的备用金金额。填写兑零单时应注明兑零金额、日期，并加盖公章，银行于次日与返还的零钞一起返回车站。

4. 现金缴款单

现金缴款单是由车站值班员在票款解行时填写的，用于记录车站送交银行的实际票款金额，随解行的票款一起交给银行，银行在次日清点完收到的票款后，在现金缴款单上加盖公章作为已收款凭证，填写时需注意缴款人全称、账号、开户行、金额的填写，确保票款能准确存入企业在银行的账户。

（二）车站票据管理的流程

1. 申印

发票的申印由使用部门根据票据的使用情况提前申报需求计划，报财务部审批，票据到货后，办理登记、领用手续。收据、兑零单由使用部门根据需要印刷。现金缴款单由使用部门根据使用情况通知银行送达。

2. 保管

所有的票据都应按制定的流程进行交接，并放在车站票务管理室指定的地方，票据应按类型分开存放，由专人负责保管，出入库应有台账记录。

其中，车站应在领用新的定额客运发票时，将已使用完的定额客运发票存根上交至车务中心统一保管，车务中心在收到发票存根时，应与“票据领用登记簿”上的发放情况进行对照检查。车务中心将回收的发票存根上交财务部。财务部根据税务部门的具体要求办理缴销。

票务稽查是指对票据要定期检查、监督，针对存在的不足，提出改进措施。所有出库使用的票据，相关人员需按交接规定办理相关手续。车站票据的报损由车站按期用票务专用信封加封保管（信封上需详细注明加封的相关内容）。

3. 换发

（1）在人工设备 BOM 上，为乘客发售/充值票卡后，随票卡配发等额报销凭证、发票。

（2）在自助设备 TVM 上进行购买/充值车票业务的乘客，凭借设备打印水单，至客服中心换取等额报销凭证、发票，车站不得虚开凭证、发票。

（三）车站的票务台账

车站的票务台账有值班站长交接班记录本、客运值班员交接班记录本、售票员交接记录本及票务钥匙、票务工器具交接记录本等。车站的票务台账填写与保管和车站票务报表的填写与保管要求相同，具体填写规定见票务报表的填写规定。

实操模块

[实训任务]

车站票务报表的填写。

[实训目的]

（1）掌握车站票务报表的填写规定、填写要求、改错规定。

[实训要求]

（1）能够完成“售票员结算单”的填写。

（2）能够完成“乘客事务处理单”的填写。

[实训环境]

理实一体化教室。

[实训指导]

（1）依照“售票员结算单”的填写规定，准确模拟售票员和客运值班员完成报表的填写。

（2）依照“乘客事务处理单”的填写规定，准确模拟售票员和客运值班员完成报表的填写。

[实训考评]

（1）完成任务的准确性、规范性及熟练性。

（2）完成任务的态度及技巧性。

课后复习题

1. 什么情况下填写“售票员结算单”？
2. 票务报表的填写有哪些要求？

项目九　特殊情况下的票务应急处理

项目描述

为保障运营过程中出现 AFC 终端设备故障、AFC 终端设备能力不足或出现其他系统设备故障、突发大客流、列车晚点、火灾等紧急情况下，车站能够有序地处理票务紧急问题，最大限度地保证乘客的人身安全和维护企业的运营收益，车站各岗位人员要在值班站长的统一指挥下，完成特殊情况下的票务应急处理工作，必须掌握售票类设备故障、检票类设备故障，以及降级运营故障模式下的票务应急处理办法。

任务一　售票类设备故障时的票务应急处理

学习目标

（1）掌握半自动售票机故障时的票务应急处理规定。

（2）掌握自动售票机故障时的票务应急处理规定。

（3）掌握自动售票机和半自动售票机全部故障时的票务应急处理规定。

学习任务

会进行售票设备故障时的票务应急处理。

教学环境

理实一体化教室或城市轨道交通票务实训室。

技术模块

一、半自动售票机（BOM）故障

当车站半自动售票机发生故障时，无法发售单程票和免费/付费出站票，不能对无法正常进出闸机的车票进行分析处理。半自动售票机发生故障时，故障车站应及时向 AFC 调度报修，做好报修记录，并按以下程序处理。

（一）部分半自动售票机（BOM）故障

若只有部分半自动售票机（BOM）发生故障，售票员应通知客运值班员进行处理，在售票窗口摆放“设备故障，暂停服务”的提示牌，同时客运值班员安排人员引导乘客至 TVM 购票、充值及到其他客服中心（即半自动售票机正常的客服中心）办理相关票务业务。

若车站“客服中心”内有其他空闲BOM，则售票员可在故障BOM上退出后登录空闲BOM进行票务作业。

（二）全部半自动售票机（BOM）故障

当全部半自动售票机发生故障时，会影响车站内售票/充值的能力，以及处理乘客票务事务处理的能力。此时，售票员应及时通知值班站长，值班站长通知中心站站长现场情况，由中心站站长逐级向公司汇报，并由中心站站长根据客流情况下令发售预制票来缓解车站的售票压力，售票员按地铁票价表发售预制票，同时车站开启所有可用的自动售票机，并且车站应立即启用手持验票机，对需进行乘客票务事务处理的车票进行验票并视乘客是否在付费区按规定进行后续处理。

1. 非付费区乘客

引导无法正常进闸机的持票乘客从边门进站，并告知乘客到出闸站进行车票的票务事务处理。

2. 付费区乘客

对持单程票的乘客，由站务员回收其单程票并引导其从边门出站；对持储值票的乘客，告知乘客本次车费在下次乘车时到票务中心扣除，再引导其从边门出站。

半自动售票机故障的应急处理流程如图9-1所示。

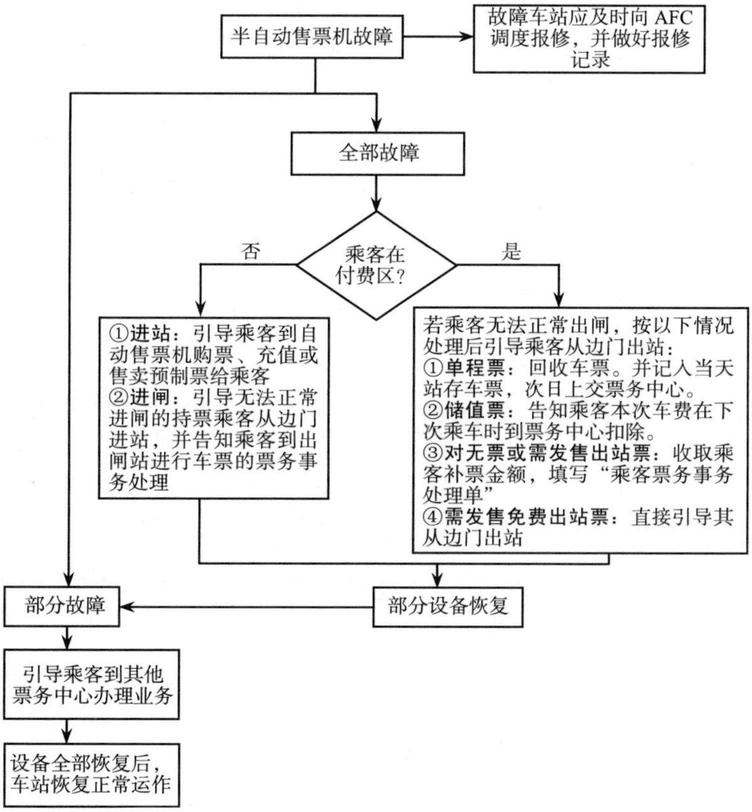

图9-1　半自动售票机故障的应急处理流程

二、自动售票机（TVM）故障

自动售票机能力不足是指当车站出现突发大客流等特殊情况时，由于现有的自动售票机数量有限，不能满足乘客的购票需要，从而导致大量乘客在车站非付费区滞留并等候购票的情况；自动售票机故障是指自动售票机停止出售车票，乘客无法在自动售票机上购票的情况。自动售票机故障时，故障车站应及时向 AFC 调度报修，并做好报修记录，并按以下程序处理。

（一）部分自动售票机（TVM）故障或能力不足

当站内部分自动售票机故障或能力不足时，站内工作人员要对乘客做好引导宣传工作。若无法满足乘客需求，视客流情况，值班站长可下令适当加开半自动售票机（BOM），安排售票员在半自动售票机上出售单程票，以加大售票能力。

（二）自动售票设备（TVM）全部故障

车站自动售票机（TVM）全部故障时，客运值班员要立即通知值班站长，同时报修，并到站厅进行宣传疏导工作。值班站长安排开启所有半自动售票机出售单程票，增派售票人员，增加售票窗口，加大车站的售票能力；根据客流情况，当半自动售票机售票不能满足乘客的购票需求时，值班站长需要报站长确定售票员在半自动售票机上出售“预销售”（指从半自动售票机上提前按票价发售单程票卡，用于应对大量乘客购票的一种票务作业方式）。各票价单程票每次不得超过 10 张，以及视情况增设临时票亭售卖预制票。

自动售票机故障或能力不足的应急处理流程如图 9-2 所示。

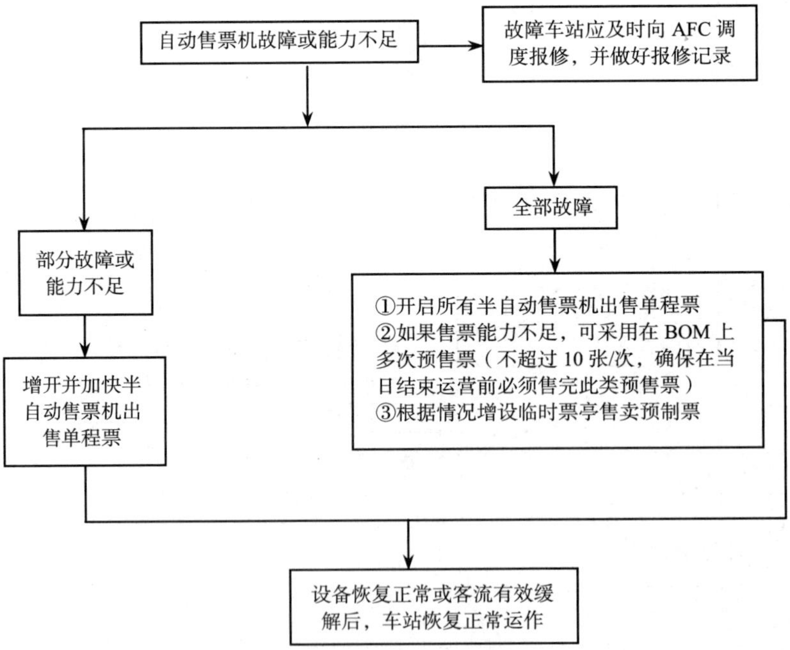

图 9-2　自动售票机故障或能力不足的应急处理流程

三、自动售票机和半自动售票机全部故障

当车站发生自动售票机和半自动售票机全部故障时将无法出售单程票，乘客所持车票也不能在半自动售票机上进行分析、处理操作。

自动售票机和半自动售票机全部故障时，客运值班员应立即向值班站长汇报车站设备情况，向公司相关维修部门报修，并做好报修记录。值班站长立即将车站现场运营处置情况上报中心站站长，并由中心站站长逐级上报公司。

1. 发售预制票

若车站客运组织安全有序且在运力允许的条件下，车站站存预制票可以满足发售需求，经值班站长下令，车站发售预制票。

（1）故障发生站的票务处置

①车站通过调度电话通知控制中心行车调度员，由行车调度员告知线路内其他车站做好应对准备。

②客运值班员至票务管理室将封存预制票配发给各售票员，并做好相关台账报表记录。

③客运值班员配发好预制票后，至站厅进行宣传疏导工作。

④售票员领取预制票，在车站“客服中心”内依照票价表发售预制单程票。

⑤车站工作人员做好宣传引导工作，组织乘客有序进出车站。

⑥车站通过广播、提示牌、人工宣传等方式告之乘客暂停充值业务，引导乘客购买预制单程票。

（2）故障发生影响站的票务处置

当其他车站被告之线路内某车站发售预制票时，值班站长要立即告之站内所有票务工作人员，如有无进站标记且无购售站信息的预制票，按发售预制票车站进行相应补票作业，非当日乘坐回收原票卡，按过期票进行相应补票作业。

当部分设备恢复正常后，值班站长根据客流情况决定停止售卖预制票，并上报控制中心调度员。

2. 车票的更新处理

当自动售票机和半自动售票机全部故障时，车站应立即启用手持验票机，对需进行乘客票务事务处理的车票进行验票并视乘客是否在付费区按规定进行处理。

（1）非付费区乘客

对非付费区乘客，引导持储值票和预制票无法正常进闸的乘客从边门进站，并告知乘客到出闸站进行车票的票务事务处理。

（2）付费区乘客

若乘客在付费区而无法正常出闸时，对持单程票的乘客，由站务员回收其单程票并引导其从边门出站；对持储值票的乘客，告知乘客本次车费在下次乘车时到票务中心扣除，再引导其从边门出站。

自动售票机和半自动售票机全部故障的应急处理流程如图 9-3 所示。

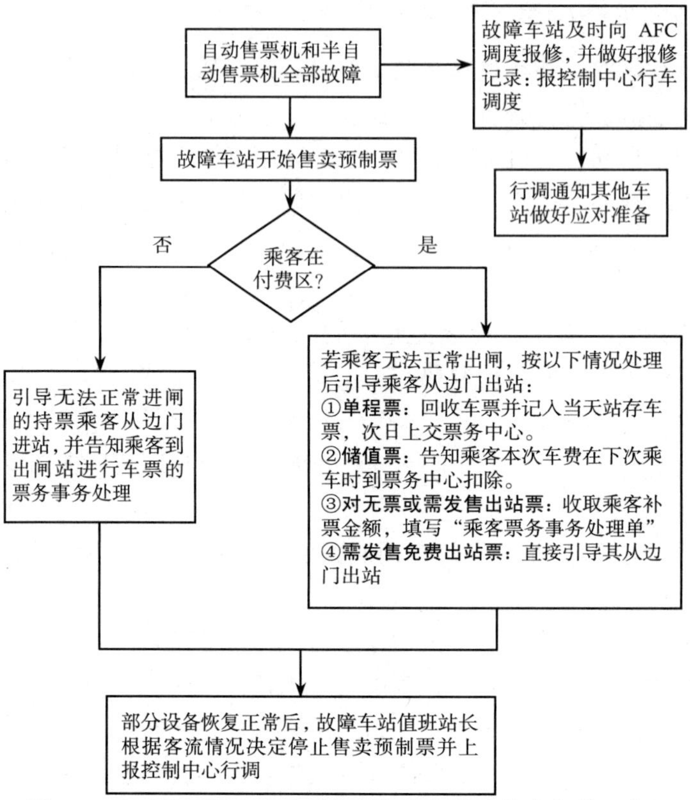

图 9-3　自动售票机和半自动售票机全部故障的应急处理流程

实操模块

[实训任务]

售票设备故障时的票务应急处理。

[实训目的]

（1）掌握半自动售票机部分或全部故障时的票务应急处理过程。

（2）掌握自动售票机部分或全部故障时的票务应急处理过程。

（3）掌握自动售票机和半自动售票机全部故障时的票务应急处理过程。

[实训要求]

（1）能够对车站发生半自动售票机部分和全部故障时进行票务应急处理。

（2）能够对车站发生自动售票机部分或全部故障时进行票务应急处理。

（3）能够对车站发生自动售票机和半自动售票机全部故障时进行票务应急处理。

[实训环境]

理实一体化教室。

[实训指导]

（1）依照半自动售票机部分和全部故障时的票务应急处理流程，分岗位情景模拟完成相应的票务应急处理过程。

（2）依照自动售票机部分和全部故障时的票务应急处理流程，分岗位情景模拟完成相应的票务应急处理过程。

（3）依照自动售票机和半自动售票机全部故障时的票务应急处理流程，分岗位情景模拟完成相应的票务应急处理过程。

[实训考评]

（1）完成任务的准确性、规范性及熟练性。

（2）完成任务的态度及技巧性。

课后复习题

1. 简述车站半自动售票机故障时的票务应急处理流程。
2. 简述车站自动售票机能力不足的票务应急处理流程。

任务二 检票设备故障时的票务应急处理

学习目标

（1）掌握部分闸机故障时的票务应急处理规定。

（2）掌握全部进站闸机故障或进站闸机能力不足时的票务应急处理规定。

（3）掌握全部出站闸机故障或出站闸机能力不足时的票务应急处理规定。

学习任务

会进行检票设备故障时的票务应急处理。

教学环境

理实一体化教室或城市轨道交通票务实训室。

技术模块

一、部分闸机（即自动检票机）故障

客运值班员对职责范围内的故障情况及时进行简单的故障处理，若非职责范围内或无法处理的设备故障，故障车站应及时向 AFC 调度报修，并做好报修记录。在故障闸机通道处摆放“设备故障，暂停使用”的提示牌，引导乘客选用正常闸机进/出站。

若乘客进出速度缓慢，影响客流速度，可视情况，将双向闸机人工设置为所需方向。

（一）部分进站闸机故障

值班站长可视客流情况，下令减缓或减少售票窗口；如有需要，可适当关闭站内自动售票设备及售票窗口，以减轻车站的进站压力。

（二）部分出站闸机故障

在车站条件允许的情况下，可打开故障出站检票机通道，组织持回收类车票的乘客出站，人工回收车票，宣传引导持非回收类票卡的乘客刷卡出站。

若车站70%及以上的进站闸机故障，且无法及时修复，可按突发性进站大客流来处理；若车站70%及以上的出站闸机故障，且无法及时修复，可按突发性出站大客流来处理。

二、全部闸机故障或闸机能力不足

（一）全部进站闸机故障或进站闸机能力不足

进站闸机能力不足是指当车站出现突发大客流等特殊情况时，由于现有的进站闸机数量有限，不能满足乘客的进闸需要，导致大量乘客在非付费区滞留并等候进闸的情况；全部进站闸机故障是指全部进站闸机停止检票，导致本站大量乘客无法通过进站闸机正常进站的情况。这种情况也同时会造成其他站有较多无进站码的车票无法正常出闸。

当车站进站闸机能力不足或全部进站闸机故障时按以下程序处理。

1. 故障发生站的票务处置

（1）客运值班员立即向值班站长汇报车站的设备情况，向AFC调度报修，做好报修记录。

（2）值班站长视车站实际情况下令，车站通过调度电话通知控制中心行车调度员，行调确认后，通知AFC调度设置进出次序免检模式，并由行车调度员告知线路内其他车站做好应对准备。

（3）车站工作人员做好宣传引导工作，引导乘客从边门进站，若客流过大，边门无法满足需求，则将部分闸机设为常开状态，人工验票，组织持票乘客进站。

（4）设备恢复正常或进站客流有效缓解后，车站恢复正常运作，并上报控制中心行车调度员。

2. 故障发生影响站的票务处置

影响车站在接到行车调度员通知后，若进出次序免检模式设置成功，则乘客可持车票正常出闸；若模式设置不成功，则引导乘客到票务中心逐张进行进站码更新，若有车票超程，则收取超程费用后更新。引导乘客更新车票后通过出站闸机正常出站。

全部进站闸机故障或进站闸机能力不足的应急处理流程如图9-4所示。

（二）全部出站闸机故障或出站闸机能力不足

出站闸机能力不足是指当车站出现突发大客流等特殊情况时，由于现有的出站闸机数量有限，不能满足乘客的出闸需要，导致大量乘客在付费区滞留并等候出闸的情况；全部出站闸机故障是指全部出站闸机停止检票，导致本站大量乘客无法通过出站闸机正常出站的情况。

当车站出站闸机能力不足或全部出站闸机故障时，客运值班员要立即向值班站长汇报车站设备情况，向AFC调度报修，做好报修记录，值班站长及时上报控制中心行车调度员，车站将出站闸机全部开启，车站工作人员到已打开的出站闸机值守，对持单程票的乘客，回收其单程票并记入当天站存；对持储值票的乘客，告知其本次车费在下次乘车时到客服中心扣除，设备恢复正常或出闸客流有效缓解后，车站恢复正常运作，并上报控制中心行车调度员。

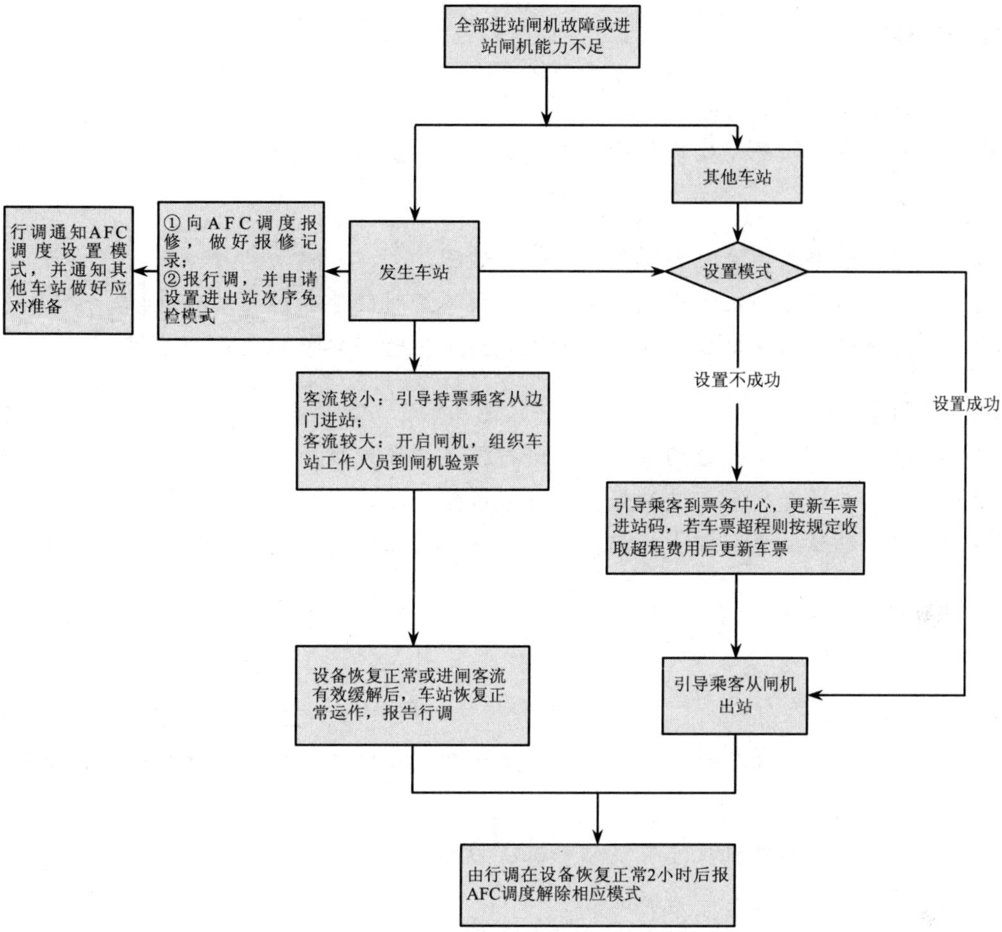

图 9-4　全部进站闸机故障或进站闸机能力不足的应急处理流程

全部出站闸机故障或出站闸机能力不足的应急处理流程如图 9-5 所示。

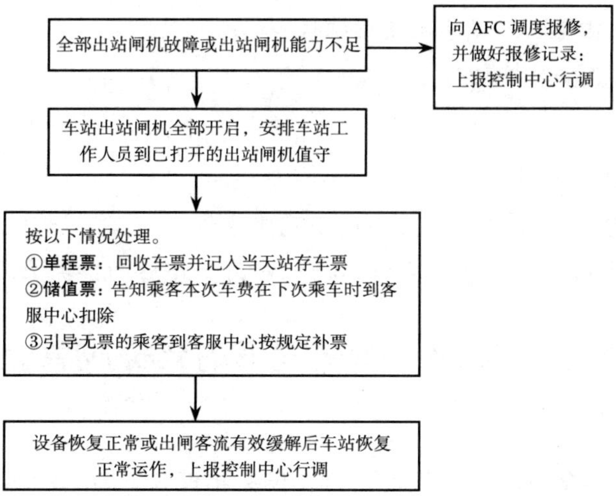

图 9-5　全部出站闸机故障或出站闸机能力不足的应急处理流程

实操模块

[实训任务]

检票设备故障时的票务应急处理。

[实训目的]

（1）掌握部分闸机故障时的票务应急处理过程。

（2）掌握全部进站闸机故障或进站闸机能力不足时的票务应急处理过程。

（3）掌握全部出站闸机故障或出站闸机能力不足时的票务应急处理过程。

[实训要求]

（1）能够对车站发生部分闸机故障时进行票务应急处理。

（2）能够对车站发生全部进站闸机故障或进站闸机能力不足时进行票务应急处理。

（3）能够对车站发生全部出站闸机故障或出站闸机能力不足时进行票务应急处理。

[实训环境]

理实一体化教室。

[实训指导]

（1）依照部分闸机故障时的票务应急处理流程，分岗位情景模拟完成相应的票务应急处理过程。

（2）依照全部进站闸机故障或进站闸机能力不足时的票务应急处理流程，分岗位情景模拟完成相应的票务应急处理过程。

（3）依照全部出站闸机故障或出站闸机能力不足时的票务应急处理流程，分岗位情景模拟完成相应的票务应急处理过程。

[实训考评]

（1）完成任务的准确性、规范性及熟练性。

（2）完成任务的态度及技巧性。

课后复习题

1. 简述车站部分闸机故障时的票务应急处理流程。
2. 简述车站全部进站闸机故障或进站闸机能力不足时的票务应急处理流程。

任务三　降级运营模式下的票务应急处理

学习目标

（1）掌握“进出站免检模式”下设备的表现及此模式下车站终端设备对车票的处理。

（2）掌握“时间免检模式”下设备的表现及此模式下车站终端设备对车票的处理。

（3）理解“日期免检模式”下设备的表现及此模式下车站终端设备对车票的处理。

（4）掌握“超程免检模式”下设备的表现及此模式下车站终端设备对车票的处理。

（5）掌握“紧急放行模式”下设备的表现及此模式下车站终端设备对车票的处理。

学习任务

会进行降级运营模式下的票务应急处理。

教学环境

理实一体化教室或城市轨道交通票务实训室。

技术模块

正常情况下，自动售检票系统在正常运营模式下自动运行。当轨道交通在运营过程中出现列车故障、火灾、电力供应中断等意外故障时，自动售检票系统的中央计算机或车站计算机可以下达命令，将某车站或全部车站的终端设备设置到自动售检票系统降级运营模式，配合车站降级运营情况下的票务组织和客流组织，提高轨道交通降级运营时的处理效率和管理水平。在故障消除后，设备再自动向一级系统报告后进入正常运营模式或关闭模式。车站计算机系统保存相关故障和修复信息，并形成相关报表。常见的自动售检票系统降级运营模式主要包括运营故障模式、进出站免检模式、时间免检模式、日期免检模式、超程免检模式、紧急放行模式几类，其票务处理如下。

一、运营故障模式

当列车出现运营故障而使部分车站暂时中止运营服务时，暂停服务的车站需根据相关规定通过中央计算机系统、车站计算机系统将车站终端设备设置为“运营故障模式”，在“运营故障模式”下，进站检票机不允许乘客进入暂停运营的车站。

（一）设备的表现

（1）中央计算机系统工作站上要明显地显示该车站的名称及模式，如字体或颜色闪烁等，以便进行监控。

（2）设置了“运营故障模式”的车站计算机系统应在显著位置，用明确的文字或符号显示所设置的模式，并用明确的文字或符号显示车站内的哪些设备已进入“运营故障模式”。

（3）在收到车站计算机系统下达的命令后，车站终端设备按“运营故障模式”要求进入相应状态，并对车票进行处理。

（二）车站终端设备对车票的处理

（1）设置“运营故障模式”时，出站检票机应根据车票的票种及进站地点做不同处理。

①对本站或其他车站进站的单程票及乘次票不扣除车费或乘次，单程票不回收，并写入“运营故障模式”的标志信息。

②对本站或其他车站进站的其他类型车票不扣除车费，写入出站码和“运营故障模式”

的标志信息。

（2）模式结束后，所有车站检票机对车票的处理。

①若单程票或乘次票具有“运营故障模式”标志信息，并在规定的时间段内（系统设置），则应允许在任何车站进站使用，出站时按实际车费进行检查，车费不足应到半自动售票机进行超乘更新处理。

②储值票等其他车票正常使用和扣费。

二、进出站免检模式

当车站出现突发大客流、进站检票机能力不足或全部故障无法立即修复而导致大量进站乘客在非付费区聚集等候进站的情况下，可以允许乘客不通过进站检票机进站。为了便于此部分乘客能正常离开车站，应通过中央计算机系统、车站计算机系统将车站终端设备设置为“进出站免检模式”，在“进出站免检模式”下，允许乘客使用一张未编上进站信息的车票出站。

（一）设备的表现

（1）中央计算机系统工作站上要明显地显示该车站的名称及模式，如字体或颜色闪烁等，以便进行监控。

（2）设置了“进出站免检模式”的车站计算机系统应在显著的位置用明确的文字或符号显示所设置的模式，并用明确的文字或符号显示车站内的哪些设备已进入“进出站免检模式”。

（3）在收到车站计算机系统下达的命令后，车站终端设备按“进出站免检模式”的要求进入相应状态，并对车票进行处理。

（二）车站终端设备对车票的处理

（1）在设置免检模式的车站，所有进站检票机开放，不检验所有车票，乘客可直接进站。

（2）当对某个车站的车票实行免检时，对于所有未编上进站信息的车票在其他车站或本站出站时，系统均自动认为是由指定车站进站的车票，不检查车票的进出站次序，出站检票机将自动扣除相应的车费，其他处理与正常模式相同。

（3）若有大于两个车站的车票实行免检，则出站检票机按扣费最低的车站进行扣费。

（4）当对所有车站的车票实行免检时，对所有车票都不检查进出站次序，储值票将被扣除最短程车费，乘次票被扣除一个乘次，单程票将被回收并不检查票值。

三、时间免检模式

在由于列车延误、时钟错误或其他轨道交通企业自身原因导致大量持票乘客超时无法出站的情况下，为了使这部分乘客能正常离开车站而不受影响，应通过中央计算机系统、车站计算机系统将车站终端设备设置为“时间免检模式”。

（一）设备的表现

（1）中央计算机系统工作站上要明显地显示该车站的名称及模式，如字体或颜色闪烁等，以便进行监控。

（2）设置了“时间免检模式”的车站计算机系统应在显著的位置用明确的文字或符号显示所设置的模式，并用明确的文字或符号显示车站内的哪些设备已进入“时间免检模式”。

（3）在收到车站计算机系统下达的命令后，车站终端设备按“时间免检模式”的要求进入相应的状态，并对车票进行处理。

（二）车站终端设备对车票的处理

设置“时间免检模式”车站的出站检票机对所有车票不检查车票上次的进站时间，但仍检查车票的票值、进站码、日期等，所有车票按正常票价扣费。

四、日期免检模式

由于轨道交通企业自身原因而导致乘客所持车票过期，应根据运营工作需要及相关规定的要求，通过中央计算机系统、车站计算机系统将车站终端设备设置为“日期免检模式”。在此模式下允许过期的车票继续使用。

（一）设备的表现

（1）中央计算机系统工作站上要明显地显示该车站的名称及模式，如字体或颜色闪烁等，以便进行监控。

（2）设置了“日期免检模式”的车站计算机系统应在显著的位置用明确的文字或符号显示所设置的模式，并用明确的文字或符号显示车站内的哪些设备已进入“日期免检模式”。

（3）在收到车站计算机系统下达的命令后，车站终端设备按“日期免检模式”的要求进入相应状态，并对车票进行处理。

（二）车站终端设备对车票的处理

设置“日期免检模式”车站的出站检票机对所有车票不检查车票上的有效日期，但仍检查车票的票值、进站码等其他信息，所有车票按正常票价扣费。

五、超程免检模式

由于某个车站因为事故或者故障而关闭，导致列车越过该站后才停车，从而有部分乘客所持车票可能会出现超程的现象，可根据相关规定的要求，通过中央计算机系统、车站计算机系统将车站终端设备设置为“超程免检模式”。

（一）设备的表现

（1）中央计算机系统工作站上要明显地显示该车站的名称及模式，如字体或颜色闪烁等，以便进行监控。

（2）设置了“超程免检模式”的车站计算机系统应在显著的位置用明确的文字或符号显示所设置的模式，并用明确的文字或符号显示车站内的哪些设备已进入“超程免检模式”。

（3）在收到车站计算机系统下达的命令后，车站终端设备按“超程免检模式”的要求进入相应状态，并对车票进行处理。

（二）车站终端设备对车票的处理

设置“超程免检模式”车站的出站检票机不检查车票的余值，但仍检查车票的进站码、时间、日期等其他信息，储值票扣最少车费，乘次票扣除一个乘次，单程票回收。

六、紧急放行模式

当车站或设施发生出现危及乘客生命安全、需及时疏散乘客出站的紧急情况时，可通过中央计算机系统、车站计算机系统、车站控制室紧急按钮及检票机本机控制等多种方式将车站终端设备设置为“紧急放行模式”。

（一）设备的表现

（1）中央计算机系统工作站上要明显地显示该车站的名称及模式，如字体或颜色闪烁等，以便进行监控。

（2）设置了“紧急放行模式”的车站计算机系统应在显著的位置用明确的文字或符号显示所设置的模式，并用明确的文字或符号显示车站内的哪些设备已进入“紧急放行模式”。

（3）在收到车站计算机系统下达的命令后，车站终端设备按“紧急放行模式”的要求进入相应状态，并对车票进行处理。

（4）半自动售票机可正常运作，但操作员显示器上显示紧急状态的信息。自动售票机处于暂停服务状态。

（5）检票机扇门全部打开或所有转杆可自由转动、落杆，保证乘客无阻碍地离开付费区。同时，所有检票机的乘客显示器显示紧急信息，所有进站检票机方向指示器闪烁显示“禁止通行”标志，所有出站检票机方向指示器闪烁显示“通行”标志。

（二）车站终端设备对车票的处理

在“紧急放行模式”下，车站的所有检票机将不对车票进行处理，同时检票机扇门全部打开或所有转杆可自由转动、落杆，方便乘客紧急疏散，乘客不需要使用车票，可直接快速离开车站。系统将允许这些车票在一段时间内能正常使用。

拓展模块

除上述六种模式单独出现之外，有些意外情况不是单独出现而是联合出现的，这就需要设置如下组合模式。

（1）超程免检模式+时间免检模式（相互独立运作，出站检票机扣费方式按照超程免检模式下的扣费方式处理）。

（2）超程免检模式+日期免检模式（相互独立运作，出站检票机扣费方式按照超程免检模式下的扣费方式处理）。

（3）超程免检模式+进出站免检模式（相互独立运作，出站检票机扣费方式按照超程免检模式下的扣费方式处理）。

（4）时间免检模式+日期免检模式（相互独立运作）。

（5）时间免检模式+进出站免检模式（相互独立运作）。

（6）日期免检模式+进出站免检模式（相互独立运作）。

（7）超程免检模式+时间免检模式+日期免检模式（相互独立运作，出站检票机扣费方式按照超程免检模式下的扣费方式处理）。

（8）超程免检模式+日期免检模式+进出站免检模式（相互独立运作，出站检票机扣费方式按照超程免检模式下的扣费方式处理）。

（9）时间免检模式+日期免检模式+进出站免检模式（相互独立运作）。

（10）超程免检模式+时间免检模式+日期免检模式+进出站免检模式（相互独立运作，出站检票机扣费方式按照超程免检模式下的扣费方式处理）。

课后复习题

1. 何种情况下需设置“进出站免检模式”，在此模式下如何进行车票处理？
2. 设置“紧急放行模式”后，AFC系统设备如何表现？
3. 车站AFC降级运营模式的种类有哪些？

项目十 票务差错、事故管理

项目描述

在日常票务工作中，票务违章行为的产生对城市轨道交通运营企业的票务工作和票务收益有不同程度的影响、损失，为减少和杜绝票务违章行为，站务人员必须掌握票务差错、票务事故管理的相关规定，以便在票务工作中，规范操作票务设备，保证票务规章制度的正确贯彻执行，保障票务工作的顺利进行和确保公司票务收益的安全。

在城市轨道交通运营企业车站的日常票务运作中，因违反票务管理规章制度违规操作的行为统称为票务违章。根据违章行为造成的票务工作影响、票务收益损失的大小及违规人员的主观意识不同，可分为票务差错和票务事故两大类。为减少票务违章行为，对票务差错和票务事故处理应遵循下列原则。

（1）“四不放过”原则，即差错、事故原因分析不清不放过、责任者和员工未受到教育不放过、未制定防范措施不放过、责任者未受到处理不放过。

（2）实事求是原则，即票务差错及事故处理应以规章为准绳、以事实为依据，力求客观、公正。

（3）逐级考核、落实到人原则，即实行层级管理，制定考核指标及办法，部门考核到室，室考核到班组，再由班组考核到人。

（4）有责赔偿原则，即因票务差错或事故造成的公司损失由责任人赔偿。

（5）尽职职责原则，即票务相关人员须认真履行本岗位的工作职责，对发现问题隐瞒不报、不如实反映情况，或者对票务差错、事故分析处理拖延、推脱责任、姑息纵容、不配合调查的各级人员，要追究其经济、管理责任。

一般管理责任规定：中心站站长对本站的票务运作负有直接管理责任；值班站长对本班的票务运作负有直接管理责任；票务管理部门承担车站票务收益的核对工作，确保票务收益的安全。车站管理部门负责对票务差错和票务事故的调查处理、防范和整改工作。稽查部门应该制定票务违章的处理办法，加大稽查力度，保障票务运作的正常秩序。

在车站的日常票务运作中，因各城市轨道交通运营企业的票务管理规章制度不同，对票务违章的处理不同，运营单位也会有不同的规定和管理办法，但最终目的都是为规范车站的票务操作，减少不必要的差错，杜绝票务事故，确保票务收益的安全。下面以某城市轨道交通运营企业制定的票务差错、票务事故管理办法为例进行阐述。

任务一 票务差错管理

学习目标

（1）了解票务差错和票务事故的处理原则。

（2）理解票务差错的类型和处理规定。

学习任务

（1）认知票务差错的类型。

（2）会运用票务差错的处理规定进行相关案例分析。

教学环境

理实一体化教室或城市轨道交通票务实训室。

理论模块

一、票务差错的定义

票务差错是指与票务有关的各岗位人员在日常票务运作过程中，因工作疏忽违反票务管理规章制度，违规操作而造成轻微损失和影响的票务违规行为。

二、票务差错的定性原则

（1）违反票务规章制度，但未给票务工作造成较大影响或损失。

（2）违反票务规章制度，其行为非当事人主观故意，且未构成个人或集体获取利益。

三、票务差错的分类

根据票务差错行为对公司票务运作的影响程度，分为一类至三类票务差错。

（一）一类票务差错

一类票务差错指在公司的票务运作中，凡是由于管理、设备操作、作业等过程中出现的违章，或造成直接经济损失 1～50 元（包括 50 元）或因人为误操作原因而导致数据差异为 500 元以下的票务违章。

（1）未按规定及时处理长/短款。

（2）未按规定的程序将票款解行。

（3）员工收到乘客丢弃或遗留的车票未按规定上交。

（4）未按要求做好出入库单的填写/签收工作。

（5）在车站票务管理室的监视系统盲区摆放未清点的钱箱。

（6）未按要求加封现金和车票，车票和现金的保管不符合安全管理规定。

（7）正常情况下，车票、现金放在非现金安全区域或车票、现金在运送途中没有放在上锁的售票盒、票箱或上锁的手推车中。

（8）车站“票务中心”（票亭）的房门未锁闭。

（9）无正当理由未按时上交票务报表。

（10）票务监控设备、AFC 设备故障或其他 AFC 系统备品损坏，未报修和跟进。

（11）遗失设备测试票，数量在 50 张以下；丢失车票（含纸票），金额合计在 10 ~ 50 元（包括 50 元）的行为。

（12）车票编码人员错误编写车票信息（非设备原因），数量在 2 张以上 100 张以下（本条所称的“以上”包括本数，所称的“以下”不包括本数，下同），或涉及金额在 1 ~ 50 元（包括 50 元）的行为。

（13）车站票务管理室的车票没有分类摆放，中心票库的车票没有分区存放，票柜、保险柜、钥匙柜未上锁。

（14）值班员在交接班时，发现站存车票或现金有误，没有及时报站长或值班站长，涉及金额在 1 ~ 50 元（包括 50 元）的行为。

（15）检查工作组认定的其他违规行为。

（二）二类票务差错

二类票务差错指在公司的票务运作中，凡是由于管理、设备操作、作业等过程中出现的违章，或造成直接经济损失 50（不包括 50 元）~ 100 元（包括 100 元）或因人为原因导致数据差异 500 ~ 1000 元（包括 1000 元），造成较严重影响行为的票务违章。

（1）遗失样票 5 张以下，或涉及金额在 50（不包括 50 元）~ 100 元（包括 100 元）的行为。

（2）未按规定办理借出现金/车票手续，未造成损失的。

（3）未按规定办理票务钥匙交接或外借手续，或违反保管要求。

（4）与票务工作无关的人员进出票务管理室、车站“票务中心”（票亭）、制票间，或人员进出制票间未按规定登记。

（5）售票员当班期内身上带有私款或地铁车票（本人员工票除外）。

（6）车票编码人员离开制票间未锁门。

（7）车站人员操作完票务工作站或 BOM（半自动售票机）后没有及时注销。

（8）遗失设备测试车票，数量在 50 张以上 200 张以下；丢失车票（含纸票），金额合计在 50（不包括 50 元）~ 100 元（包括 100 元）的行为。

（9）车票编码人员错误编写车票信息（非设备原因），数量在 100 张以上 1000 张以下，或涉及金额在 50（不包括 50 元）~ 100 元（包括 100 元）的行为。

（10）值班员在交接班时，发现站存车票或现金有误，没有及时报站长或值班站长。涉及金额在 50（不包括 50 元）~ 100 元（包括 100 元）的行为。

（11）检查工作组认定的其他违规行为。

（三）三类票务差错

三类票务差错指在运营公司的票务运作中，凡是由于管理、设备操作、作业等过程中出现的违章，或造成直接经济损失 100（不包括 100 元）~200 元（包括 200 元）或因人为原因导致数据差异 1000 元（不包括 1000 元）以上，造成较严重影响行为的票务违章。

（1）没有在指定的地点两人同时负责开封清点车票、现金，清点钱箱中的票款。

（2）在票务管理室的监视系统盲区打开钱箱、票箱，或者清点现金、车票（舞弊行为不列此类）。

（3）遗失样票 5 张以上 10 张以下，或涉及金额在 100（不包括 100 元）~200 元（包括 200 元）的行为。

（4）车票编码人员错误编写车票信息（非设备原因），数量在 1000 张以上 4000 张以下，或涉及金额在 100（不包括 100 元）~200 元（包括 200 元）的行为。

（5）丢失设备测试车票，数量在 200 张以上；丢失车票（含纸票）金额合计在 100（不包括 100 元）~200 元（包括 200 元）的行为。

（6）值班员在交接班时，发现站存车票或现金有误，没有及时报站长或值班站长。涉及金额在 100（不包括 100 元）~200 元（包括 200 元）的行为。

（7）检查工作组认定的其他违规行为。

四、票务差错的处理

一、二、三类票务差错原则上由当事部门负责调查处理，根据本部门相关的考核细则对当事人进行考核，制定规范和整改措施，处理结果报票务稽查部门备案。

案例模块

××站错售预制票的票务差错处理案例

一、事件概况

2013 年 1 月 16 日 16：00 左右，受春节年货会的影响，A 站站厅乘客开始逐渐增多，当班值班站长张××及时组织售卖预制票。当班客运值班员刘××为售票员王×配相应的预制票。为避免卖错车票，售票员王×在票务管理室便将配好的预制票提前拆封，并拿便利贴将票价标签贴在预制票盒上。由于 3 元预制票盒上遗留有以前配票时写的“4 元”字样，而售票员王×又未确认预制票盒上封条所写票价，因此错在 3 元预制票盒上贴上“4 元”字样的便利贴，最终导致 227 张 3 元预制票当作 4 元预制票出售的发售错误。

由于 A 站错误发售预制票，C 站、D 站、E 站等站出现大量由于车票超程无法出站的乘客。初期，C 站、D 站、E 站根据乘客反映卖错票的情况，未询问乘客是否是在临时票亭处购买的车票，便直接特殊审批为乘客发放免费出站票出站。在得知 A 站大量预制票发售错误后才对车票进行超程更新，让 A 站补超程费用到相应车站。

二、原因分析

（1）预制票岗王×接到上岗通知后，在张贴票价便利贴时，未认真确认预制票盒封条所写的车票金额，最终导致售错预制票，对此事件负主要责任。

（2）当班客运值班员刘××对售票员监控不到位，未监督售票员张贴便利贴，对此事件负次要责任。

（3）A站中心站站长陈××，A站当班值班站长张××组织不利，对现场预制票的售卖情况监控不到位，对此事件负管理责任。

三、处理决定

（1）根据《车务中心票务稽查管理办法》的规定，本次事件定性为三类票务差错。

（2）此事件对全线车站服务质量造成较大影响，按照《车站客运服务质量考核办法》对A站扣除服务管理方面10分。

（3）售票员王×工作不认真，导致大量预制票发售错误，给予站务段通报批评，按照《车站客运服务质量考核办法》第××条规定，扣除当月绩效工资70元。

（4）值班站长张××、客运值班员刘××按照《车站客运服务质量考核办法》第××条规定，扣除当月绩效工资50元。

（5）中心站站长陈××按照《车站客运服务质量考核办法》第××条规定，扣除当月绩效工资30元。

四、整改措施

（1）组织全员学习此通报，教育员工吸取教训，避免再犯类似错误。

（2）现场拆封预制票后，及时确认封条加封票价和数量，将车票放在专用的塑料票盒内，并在塑料票盒上贴上准确的票价，确认票价无误后才能开始出售。

（3）客值配票时，务必将盒子上的无关数字涂去，以免员工看错。

（4）当乘客反映卖错票时，车站员工必须询问乘客购票车站，以及是否是在预制票点购买的车票。车站员工需根据乘客反映的情况向售卖预制票的车站了解情况，若确实是由于卖错预制票而导致车票超程，则出站车站需对车票进行超程处理，费用由发售车站补齐，严禁通过审批发放免费出站票的方式处理。

（5）各站需慎重对待特殊审批，不能为了免除“麻烦”而随意审批。

课后复习题

1. 简述票务差错和票务事故的处理原则。
2. 什么叫票务差错？
3. 票务差错类型的处理规定是什么？

任务二　票务事故管理

学习目标

理解票务事故类型和处理规定。

学习任务

（1）认知票务事故的类型。

（2）会用票务事故的处理规定进行相关案例分析。

教学环境

理实一体化教室或城市轨道交通票务实训室。

理论模块

一、票务事故的定义

票务事故是指与票务有关的各岗位人员在日常票务运作过程中，因违反票务管理规章制度、违规操作而造成公司票务收益损失或严重危及公司票务收益安全的票务违规行为，以及损失轻微但违规人员带有恶意企图的票务违规行为。

二、票务事故的定性原则

违反票务规章制度，且符合以下任意一项的，定性为票务事故：

（1）给票务工作造成较大影响或损失；

（2）其行为是当事人主观故意造成的；

（3）获取个人或集体利益。

三、票务事故的分类

根据票务事故所导致的直接或间接损失大小，由此造成对票务收益安全的危害程度，或当事人的行为动机，由低至高分为一至四类票务事故。

（一）一类票务事故

1. 票务设备的管理和操作

（1）违规操作 AFC 设备，造成票务收益流失或损失，合计价值 200 元以上 1000 元及以下。

（2）非“票务中心”（票亭）营业时间，违规进入并违规使用票务设备。

2. 票务钥匙、票务备品的管理和使用

（1）丢失票务钥匙：票务用房钥匙、保险柜钥匙、设备门/设置钥匙、模块钥匙、其他票务相关钥匙。

（2）丢失价值 200 元以上 1000 元及以下的票务备品。

3. 车票的管理和使用

（1）车票编码人员错误编写车票信息（非设备原因），数量在 4000 张以上 8000 张以下，金额在 200 元以上 1000 元及以下。

（2）遗失样票 10 张以上，或涉及金额 200 元以上 1000 元及以下。

（3）未按规定要求办理地铁专用票的发放手续，造成错误发放、遗漏回收的情况。

（4）车票的注销及销毁出错，涉及金额在200元以上1000元及以下。

（5）丢失车票（含纸票），金额合计在200元以上1000元及以下。

（二）二类票务事故

1. 票务设备的管理和操作

违规操作AFC设备，造成票务收益流失或损失1000元以上10 000元及以下。

2. 票务备品的管理和使用

丢失价值1000元以上10 000元及以下的票务备品。

3. 车票的管理和使用

（1）未按规定要求执行票务相关规定，造成错误编码车票信息，给票务工作造成较大影响。

（2）车票编码人员错误编写车票信息（非设备原因），数量在8000张以上，延误车票及时发行。

（3）非设备原因导致车票的注销及销毁出错，涉及金额1000元以上10 000元及以下。

（4）丢失车票（含纸票），金额合计在1000元以上10 000元及以下。

4. 票务取证资料的管理

工作中违反相关规定，导致系统数据或监控录像等重要取证资料缺失或不全，影响三、四类事故嫌疑的调查取证。

（三）三类票务事故

1. 票务报表的填写和管理

变造账目、报表或其他虚假行为填平账目。

2. 票务设备的管理和操作

（1）违规操作AFC设备，造成票务收益流失或损失10 000元以上100 000元及以下。

（2）故意使用他人密码操作票务设备。

（3）利用AFC终端设备违规操作，引起数据混乱、丢失。

3. 票务钥匙、密钥卡、票务备品的管理和使用

（1）私自制作、使用票务钥匙或AFC系统密钥卡。

（2）丢失已注册成功的密钥卡。

（3）丢失价值10 000元以上100 000元及以下的票务备品。

4. 车票、现金的管理和使用

（1）未经批准注销或销毁车票。

（2）车票的注销及销毁出错，涉及金额在10 000元以上100 000元及以下。

（3）丢失车票、成本、押金，金额合计在10 000元以上100 000元及以下。

（四）四类票务事故

1. 车票、现金、票务收益的管理和使用

（1）违章占有、挪用任何车票、现金或截流现金。

（2）任何蓄意导致运营公司票务收益流失或侵占运营公司票务收益的行为。

（3）丢失车票、成本、押金，金额合计在 100 000 元以上。

（4）车票的注销及销毁出错，涉及金额在 100 000 元以上。

2. 票务报表的填写和管理

变造账目和报表或用其他方式，被查出有个人或集体违规获利事实的行为。

3. 票务设备、票务备品的管理和操作

（1）违规操作 AFC 设备，造成票务收益流失或损失，合计价值 100 000 元以上。

（2）蓄意破坏 AFC 设备，造成公司财产损失，合计价值 100 000 元以上。

（3）丢失价值 100 000 元以上的票务备品。

四、票务事故的处理程序

票务事故原则上由管理部门处理。车站管理部门负有对车站票务事故进行检查、统计、分析，以及制订控制措施的职责。对事故的处理视情节的严重程度分级别处理。

（一）一、二类票务事故的处理

（1）事发部门自查发现的一、二类票务事故，原则上由当事部门自行调查处理，制定规范和整改措施，处理结果报相关部门备案。

（2）对票务稽查在日常检查和票务稽查中发现（或收到举报、上报）的，稽查部审核为一、二类票务事故的，需移交当事部门调查处理，票务稽查跟踪处理进度。

（二）三、四类票务事故的处理

（1）对发现（或收到举报、上报）的三、四类票务事故，由安全质量部票务稽查立案调查。

（2）立案后，安全质量部应成立两名或两名以上人员组成的调查组，对案件进行全面、客观、公正的调查，收集有关证据，必要时可组织相关部门的相关人员共同参与调查。

（3）调查取证的方法如下。

①要求被调查人员提供书面材料和证明。

②收集有关物证，勘查事故现场。

③使用录像、录音、监控仪等设备取证。

④要求相关部门提供必要的数据及技术支持。

⑤其他合法的调查方法。

（4）调查结束后，调查人员应对调查结果和有关证据材料进行分析，做出初步定性，并写出案件调查报告，调查报告内容包括案由、案情、违章事实、处理意见、防范措施等。

（三）票务事故的处罚

1. 对当事人和当事人部门的处罚

（1）一类票务事故：给予当事人部门内通报，扣发当月绩效工资 30%，并由其承担全部或部分经济损失。

（2）二类票务事故：给予当事人警告处分，在部门内通报，扣发当月绩效工资 50%，并由其承担全部或部分经济损失。

（3）三类票务事故：视情节轻重给予当事人记过、记大过处分，在运营公司范围内通报，扣发当月绩效工资，并由其承担全部或部分经济损失。

（4）四类票务事故：贪污票款、造成运营公司重大损失或恶劣影响，给予解除劳动合同处理，情节严重并触犯法律的，移交司法机关依法处理。

（5）同一票务事故的情节涉及两条或以上的票务事故条款时，以事故情节最严重或危害最大的事故条款来进行定性和处理。

（6）其他行为由计划财务分步组织调查，根据性质或实际损失程度报运营公司确定处理意见。

2. 对管理者和责任部门的处罚

（1）对定性为票务事故的责任部门按照运营公司归口管理考核分解表进行考核。

（2）对于票务管理工作中发生问题隐瞒不报、不及时处理的各级管理人员，应追究其监督、管理责任。

（3）对一、二类票务事故中负有直接管理责任的相关部门领导、站长等管理人员给予警告，并扣发当月绩效工资 20%。

（4）对三、四类票务事故中负有直接管理责任的相关部门领导、站长等管理人员给予通报批评，并扣发当月绩效工资 40%

（5）若半年之内（指从发生第一起票务事故的时间算起）出现两起同类型的二类以上票务事故，对相关部门领导通报批评，并建议运营公司对部门负责人进行考核。

（6）相关部门没有按规章要求执行，将按实际情况报公司对相关部门进行考核。

（7）事故调查人员泄露举报材料和举报人情况或通过不正当手段进行调查，将给予行政处分。

（8）对部门间检查中发现的违反票务规章的情况，如相关部门没有及时做出相应整改，对相关部门按运营公司的规定进行绩效考核。

案例模块

××站遗失补币箱钥匙的票务事故处理案例

一、事件概况

2013 年 10 月 1 日 20：30，行车值班员张××与杨××交接班，清点票务钥匙时，张××发现少了一把补币箱钥匙，杨××立即进行查找，但找不到，于是交班让张××继续帮忙寻找后离站，张××将情况上报分管站长。10 月 2 日，车站对票务钥匙进行了全面核查，并继续进行查找。由于班中没有人借用补币箱钥匙，杨××估计该钥匙从抽屉后方空隙掉到抽屉下方放置的垃圾桶内被保洁清理垃圾时倒掉了。于是车站立即联系保洁，保洁回复垃圾已被收走。最终车站没有找到遗失的补币箱钥匙，在 10 月 3 日上报部门。

二、原因分析

（1）行车值班员杨××工作责任心不强，当班期间未认真做好票务钥匙的保管，并且在遗失钥匙后思想不重视，没有积极进行全面查找，错失找回钥匙的时机，是造成本次事件的根本原因，对本次事件负全部责任。

（2）值班站长王××未能及时发现班中员工遗失钥匙，对本次事件负当班管理责任。

（3）分管票务的副站长刘××负管理责任。

三、处理决定

（1）根据《车务中心票务稽查管理办法》的规定，本次事件定性为一类票务事故。

（2）行车值班员杨××当班期间因保管不到位导致遗失补币箱钥匙，经部门考评领导小组研究决定给予杨××部门通报批评，扣发当月绩效工资30%。

（3）对值班站长王××、副站长刘××给予警告，扣发当月绩效工资20%。

四、整改措施

（1）组织全体站务人员学习这起一类票务事故，吸取教训，加强各层级人员的票务安全意识。

（2）严格执行《票务管理手册》中有关票务钥匙管理的相关规定。钥匙借用人负责钥匙的使用安全和保管。

（3）车站值班员或以上级别人员须按《票务管理手册》中的规定保管、交接票务钥匙。

（4）车务各部、中心站加大自查力度，防止出现同类票务事故。

课后复习题

1. 什么叫票务事故？
2. 票务事故的处理规定是什么？

项目十一　票款清分结算管理

项目描述

随着城市轨道交通网络化运营的发展，对票务收益的清分日益成为运营主体的关注焦点，上海、广州、北京等城市已建立清分中心（ACC，AFC Clearing Center）。在无障碍换乘的模式下，清分中心作为 AFC 系统最上层的管理中心，是城市轨道交通线网中各线路 AFC 数据汇总、处理的唯一中心，其主要职责是依据城市轨道交通网络中的线路为各运营商提供准确、及时的票务清分服务，同时对 AFC 系统运行状态进行监控管理，以及对外信息服务和管理等功能。然而，对于城市轨道交通网络来说，如何在保证整个轨道交通系统一体化运营的同时，公平、公正地维持各运营商的利益，制定合理的清分制度，从而确保轨道交通系统的可持续发展，是当前多家运营商合作前应当要解决的重要问题。本项目主要介绍轨道交通票款清分的概念、原则及方案。

任务一　票款清分结算认知

学习目标

（1）掌握城市轨道交通票款清分结算及清分规则的概念。

（2）掌握城市轨道交通票款清分的原则。

学习任务

能描述票款清分规则。

教学环境

多媒体教室

理论模块

国内外轨道交通网络的换乘模式总体上分为两种：一种是无缝换乘模式，即一票到目的地，乘客经由不同运营商经营的线路时，在付费区换乘不再刷卡，如伦敦等；另一种是采用出付费区换乘方法，乘客需要多次购票，增加了乘客的不便，降低了整个轨道交通系统的吸引力，如东京等。后者采用的有障碍换乘模式（站外换乘）可以通过辅助手段准确记录乘客的乘车路径，整个乘车路径中所涉及的所有换乘站点都被准确记录下来，不同的运营线路之间独立收费，因此在这些城市的轨道交通中并不涉及清分问题；而前者乘客出行一次付费且并不能准确得出乘客的出行路径，即存在不同投资、运营管理者之间进行账务的划分问题。

一、清分与结算

1. 清分

清分也叫清算，是指清算中心（ACC）按照一定清分规则将合法交易数据对应的资金进行清算，并将清算的结果详细列示出来。

票务清分是指把服务接受者上缴的全部收益，按照各服务提供者的贡献进行有效的利益分配，实质上是依据一定原则计算并分配轨道线网中各运营实体的经济贡献，关键是制定相对合理的清分原则。

2. 结算

结算是指清算中心（ACC）按照清算结果将资金划拨给相应的收益方账户，完成资金的实际交收。

二、影响清分的因素

影响清分的因素可以分为四类，即乘客社会经济因素、乘客出行特征因素、轨道交通路网因素，以及其他因素。

1. 乘客社会经济因素

乘客社会经济因素主要包括乘客的年龄、职业及收入水平等。

（1）年龄

通常，年龄较大的乘客由于身体原因，在路径的选择过程中更希望选择换乘次数少且乘坐方便舒适的路径。

（2）职业

职业因素对乘客路径的选择具有一定的影响，一般情况下，离退休人员更希望选择换乘次数少，且方便舒适的出行路径，这与年龄因素的影响是一致的。另外，学生和工薪阶层更倾向于选择出行时间最少的路径。

（3）收入水平

通常，随着收入水平的提高，乘客对于方便、舒适和安全等方面的要求更高，因此对于收入较高的乘客来说，在其路径选择中更希望选择换乘次数少且方便舒适的路径。

2. 乘客出行特征因素

乘客出行特征因素主要包括出行距离、出行目的及是否高峰出行等。

（1）出行距离

出行距离是指乘客一次轨道交通的出行距离。通常，不同的出行距离对乘客选择路径具有一定影响。例如，对于长距离的出行，乘客一般希望能够通过换乘来节约总的出行时间；而对于短距离的出行，乘客一般都不希望换乘。

（2）出行目的

不同的出行目的，乘客对路径的选择也是不同的。例如，以探亲访友为目的的乘客一般不会太在意出行时间的长短，而更在意出行过程中的方便、舒适等因素；而上班或公务的出行则对时间比较敏感，此类出行更希望能够通过换乘来节省总的出行时间。

（3）出行时段

出行时段包括客流高峰与平峰。在高峰时段，由于上下车的人数很多，车厢内和车站上的乘客也很多，很难保证一次候车就有机会上车乘坐，且每次换乘中上下车不方便并且还需要步行一段距离，消耗一定体力，因此乘客希望选择换乘次数少的路径，对于时间的敏感度不是很高。

（4）拥挤程度

拥挤程度主要指路径的平均拥挤程度，它影响乘客对出行路径的选择，进而影响运费清分。据国内轨道交通调查结果显示，当一次出行时间超过 10 分钟时，41%的乘客会对拥挤十分在意；当一次出行时间超过 15 分钟时，66%的乘客会对拥挤十分在意；当一次出行时间超过 20 分钟时，84%的乘客会对拥挤十分在意。可以采用列车的容纳能力和需要服务的乘客总量的比例来量化此因素。

3. 轨道交通路网因素

（1）路网结构

路网结构对清分的影响主要体现在两个方面：一是线路的形式与布局；二是线路的换乘模式，这里主要考虑共线运营。

在轨道交通路网中，如果线路之间相互交叉连接较多，则会构成相当多的环形结构，使得路网的连通度大大提高，也将为乘客在两站之间的出行路径决策提供更多选择。这就要求在确定清分规则的时候充分考虑乘客出行路径选择多样性的特点，采用切实有效、接近实际的清分方法，确保运费在做出经济贡献的各运营主体之间进行合理分配。

（2）换乘便利性

换乘便利性是指轨道交通乘客在换乘距离、次数、时间等方面的便利程度。当乘客有多条路径可供选择且各路径的旅行时间相差不大时，换乘便利性会对乘客的路径选择产生一定影响，进而影响运费的清分。换乘便利性主要包括换乘次数和换乘时间两方面。

对于换乘次数来说，在各条有效路径的出行时间相差不大的情况下，换乘次数越少的路径被选择的概率越大。乘客会在路径的旅行时间和换乘次数之间权衡考虑。据国内轨道交通客流调查显示，当一次换乘可以节省的时间超过 10 分钟时，48%的乘客会选择此换乘；当一次换乘可以节省的时间超过 15 分钟时，76%的乘客会选择此换乘；当一次换乘可以节省的时间超过 20 分钟时，93%的乘客会选择此换乘。

换乘时间则包含换乘步行时间和换乘候车时间两部分，在旅行时间相近的多条路径中，乘客倾向于选择换乘时间较少的路径。因此，相同的换乘时间比相同的乘车时间阻抗更大，换乘时间应该按一定比例放大。

（3）路径换乘形式

路径换乘形式主要包括以下几种。

①单路径单运营商

某 OD（表示交通起止点，“O”源于英文“Origin”，“D”源于英文“Destination”）之间只有一条有效路径，并且该路径只涉及一家运营商。在单路径单运营商的情况下，运费清分较为简单，乘客此次出行的运费按照清分规则应全部划归唯一路径所涉及的唯一的运营商所有。

②单路径多运营商

某OD之间只有一条有效路径，并且该路径涉及多家运营商。在单路径多运营商的情况下，由于提供客运服务涉及多家运营商，因此可以按照各自承担的运距比例将运费清分。

③多路径单运营商

某OD之间有多条有效路径，每条有效路径只属于唯一经营商。在多路径单运营商的情况下，首先应该将运费在多条路径之间分配，然后每条线路所得的运费再分配给线路所涉及的唯一运营商。

④多路径多运营商

某OD之间存在多条有效路径，每条有效路径都涉及多条运营商，在多路径多运营商情况下的运费清分最复杂，要分两步清分。首先，把OD的运费在多条线路之间分配；然后针对每条路径根据所涉及的各运营商的运距比例分配该路径的运费所得。

（4）运营时间

运营时间对于运费清分的影响较容易判断。路网中各条线路的运营时间可能不完全一致，有的可能一天运营18小时，有的可能一天运营16小时。因此，OD之间路径的运营时间就是该路径所涉及线路的运营时间的共同部分。运营时间对于运费清分的影响主要体现在当某OD之间存在多条乘客的可选路径时，每条路径的运营时间可能不一致，因此根据各条路径的运营时间可以得到一天当中不同时段由不同路径参与该OD的运费清分。

（5）出行时间

在城市轨道交通系统中，出行时间是影响乘客对出行路径选择的最主要因素。出行时间是指乘客从出发地至目的地所需的全部时间，包括区间运行时间、中间站停站时间、换乘时间等。其中，换乘时间是指乘客从一条轨道交通线路下车时起，经过换乘路线（含通道、扶梯等）到达另一条轨道交通线路，经候车后登上另一条线路上的列车离开时止的时间。换乘时间包括换乘步行时间和换乘候车时间。当乘客从出发地至目的地有多条路径可供选择时，一般来说，出行时间越短的路线被选择的概率越大。由于旅客选择的出行路径的不同，所涉及的路线和运营商也不同，进而影响线路的运费清分问题。

4. 其他因素

其他因素主要考虑了由于运营商提供的差别化服务及收取的服务费用，而导致乘客出行需求中质量需求的变化，进而影响乘客路径选择的特征。它体现出乘客对不同运营商的服务差异程度的理解，以及由此产生的路径选择偏好。

（1）票价

一般情况下，乘客会选择票价较低的路径。在深圳市轨道交通路网中，路网内所有线路采用统一票价制度，即OD点之间的票价是确定值，所以票价的影响可以忽略。

（2）对运营商的偏好

考虑到不同运营商的服务特色、服务质量可能存在差异，而这些差异可能使乘客在不同运营商之间产生偏好，进而影响路径选择和运费清分。因此，应该根据实际情况确认此类偏好是否存在，影响程度有多大。

三、清分原则

结合城市轨道交通清分管理中心的基于一家运营企业的“统一收费、按比例分成”的思路，主要的清分原则如下。

（1）满足票价政策调整的要求。

（2）清分规则应以影响清分的路网结构因素为主，结合乘客社会经济因素、出行特征等其他方面因素，同时可以通过清分模型中相关参数的修正来反映路网规模、结构，以及运营客流情况的变化等。

（3）应按照全路网中独立的经营核算实体清分，利益分配应与其经济贡献合理匹配。

（4）体现清分权重与线路一些重要属性的相关性，如路网结构、路径换乘形式等。

（5）体现清分权重与运营服务水平的相关性，如发车间隔、舒适度等。

（6）体现清分权重与影响乘客出行路径选择因素的相关性，如乘坐时间、换乘时间及换乘便利性、乘客偏好等。

四、清分对象与清分受益方

1. 清分对象

在票务清分系统模型构建中，最重要的是明确收益的清分对象，即清分主体、运营主体、线路主体、区域主体、发卡主体。一般而言，清分主体为城市轨道交通网的清分中心（ACC）；运营主体为城市轨道交通运营企业；线路主体为线路的所有权拥有者；区域主体为线路组成的区域，即为路网中某组成部分的所有者；发卡主体为发行储值卡或轨道交通专用票卡的票卡发行商。

2. 清分受益方

城市轨道交通系统中参与清算的受益主体包括票卡发行商、售票代理商、运营企业、清算商。

（1）票卡发行商承担城市轨道交通系统中使用的票卡发行和管理，具有票卡所有权。票卡的注销和充值资金划入指定账户，由票卡发行商统一管理。

（2）售票代理商是为城市轨道交通网络提供售票、售卡、充值和票卡处理服务的。对于城市轨道交通网络内的售票代理商应该是属于运营企业的各售票点。

（3）运营企业是为城市轨道交通网络内提供运营服务的，收取运费作为其提供的收益。

（4）清算商是为城市轨道交通网络内各受益方主体进行清算服务的，以收取清算费作为提供清算服务的收益。城市轨道交通网络内的清算商是 ACC。对于整个城市市政交通系统来说还应包括一卡通中心。

一定时期内，城市轨道交通网络内的全部收入是通过各种票卡的销售和充值来形成的。收入的组成可用下式表示：

$$A=B+C+D+E$$

式中，A——城市轨道交通网络内的全部收入；

B——售票代理费；

D——运营企业的运费；

E——票卡发行商的票卡收益。

运费是以全部收入减去售票代理费、清算费之后剩余部分为基数，以乘客实际的消费额按规定规则清分的。

票卡收益应是管理票卡销售、充值资金（包括票卡押金）所得收益的全部或一部分，可协议约定或政府指定。

课后复习题

1. 清分及其影响因素。
2. 清分的原则。
3. 清分的对象及受益方。

任务二　清分方案

学习目标

（1）了解城市轨道交通常见的票款清分方法。

（2）了解多路径选择概率的清分方法。

学习任务

能描述多路径选择概率清分方法的思路。

教学环境

多媒体教室。

技术模块

一、清分方案

轨道交通票款清分的常见方法有人工分账、理想情况下的清分理论模型、基于乘客出行路径的清分方法。

1. 人工分账

此方法的基础是对形成网络连线的每条轨道交通运营线路进行资产评估，评估指标为运营里程数、线路走向、投资额度、线路质量、服务质量等，评估后针对网络中每一对OD的各运营线路参与投资情况，给出一个清分比例，据此清分比例进行分账。

设 n 个营运商在某条路径上的收益记为 $\boldsymbol{c}=[c_1, c_2, \cdots, c_n]$，此路径评估后的清分比例用向量 $\boldsymbol{d}$ 来表示，用 q 表示某个OD之间实际的车票票面金额，则清分的数学公式为

$$\boldsymbol{c}=q\times\boldsymbol{d}$$

例如：设从站点 A 到站点 B 的换乘路线共涉及三家营运公司，经过各营运公司之间的评估和协商，最终以 0.3、0.4、0.3 的比例对收益进行划分，设此换乘路线的票价 q 为 5.00 元，则根据此方法，三家公司该次换乘收益分别为 1.50 元、2.00 元和 1.50 元。

该方法简单易行，但这种静态模型不考虑各个运营主体所提供的服务对整个路网客运周转贡献的差异，不能客观地反映各个运营主体应得的收益，在精确度、合理性上都存在明显缺陷。

2. 理想情况下的清分理论模型

轨道交通网络中的路径确定是清分过程中的关键问题。理想情况下，每个换乘站点均设有专用的检票设备，乘客每换乘一次就刷卡一次，这样就可得到精确的乘客出行路径，然后根据此路径上所涉及的营运线路，按照营运里程，得到精确的清分比例。

设 n 个营运商在某条路径上的收益为 $\boldsymbol{c}=[c_1, c_2,\cdots, c_n]$，用 q 来表示某个 OD 之间实际的车票票面金额，某一路径用站点序列 S_0，S_1，…，S_{i-1}，S_i 表示，用 $L_i=|S_{i-1}S_i|$表示从 S_{i-1} 到 S_i 的运营里程数，则每条线路得到的收益 Q_j 为：

$$Q_j = q \times \frac{\sum_i L_i \cdot b_j}{\sum_i L_i}$$

其中，$b_j = \begin{cases} 1 & L_j \in 线路j \\ 0 & L_j \notin 线路j \end{cases}$

每条线路可能会由多个运营商投资和管理，各运营商参与线路投资的比例可用矩阵 $\boldsymbol{A}$ 来表示：

$$\boldsymbol{A}=\begin{bmatrix} a_{11} & \cdots & a_{1n} \\ \vdots & \ddots & \vdots \\ a_{m1} & \cdots & a_{mn} \end{bmatrix}$$

下式中，a_{jk} 表示第 j 条线路上第 k 个运营商参与投资和管理的比例，显然：

$$\sum^{k=1n} a_{jk} = 1, 且 0 < a_{jk} < 1$$

根据每条线路的收益 $\boldsymbol{Q}$ 与运营商的投资比例矩阵 $\boldsymbol{A}$ 可得运营商的清分收入为：

$$\boldsymbol{C}=\boldsymbol{Q}\times\boldsymbol{A}=[Q_1, Q_2, Q_3,\cdots, Q_m]\times\begin{bmatrix} a_{11} & \ldots & a_{1n} \\ \vdots & \ddots & \vdots \\ a_{m1} & \cdots & a_{mn} \end{bmatrix}$$

理想条件下的清分过程实际上就是有障碍换乘模式下的清分问题，在这种条件下可得到精确的乘客出行路径，进而得到精确的清分比例，但会给乘客出行带来不便。

3. 基于乘客出行路径的清分方法

基于乘客出行路径的清分方法是通过分析乘客的出行行为，考虑影响乘客路径选择的因素并建立出行广义费用函数，在此基础上确定乘客 OD 站点之间的一条或多条可能路径，从而根据这些路径中各相关运营商所承担的运营里程来确定其运费清分比例。这种方法较为复杂，但能更加客观、准确地反映实际情况，有助于实现运费清分的公平性。

1）最短路径法

最短路径是指任何两站之间旅行时间（包括区间运行时间和换乘时间）最短的路径。该方法假定某两站之间的乘客全部选择最短路径，将运费收益分配给最短路径上做出服务贡献的运营商。

假定某个 OD 之间的最短路径为 j，则 n 个营运商在此 OD 之间的收益为：

$$\boldsymbol{C} = q \cdot [a_{j1},\ a_{j2},\ a_{j3}, \cdots,\ a_{jn}]$$

该方法较为简单，在路网规模不大、结构简单、清分精度要求不是很高的条件，最短路径法可以作为确定运费清分比例的可行方案。但其不足之处在于只根据时间要素进行路径选择分析，忽略了影响乘客出行路径选择的其他主客观因素，同时一个 OD 对只选用唯一的路径进行清分计算不能体现乘客选择的多样性，不能真实反映实际情况。

2）多路径选择概率法

一票无障碍换乘条件下，路网中异线站点之间换乘可能存在多条路径，只选取最短路径不能真实地反映实际的乘客出行路线，进而在清分中使得利益在各运营商中的分配产生不公之处。多路径选择概率法考虑了乘客出行路径的多样性，确定几条乘客可能选择的合理性路径，根据一定的方法确定每条路径的客流分配比例，进而结合各线路承担的运营里程计算出清分比例。

设 n 个营运商在某条路径上的收益为 $\boldsymbol{C}=[c_1, c_2, \cdots, c_n]$，则每条线路得到的收益为 Q_j，即

$$Q_j = q \times p_j$$

其中，p_j 为 OD 之间乘客选择路径 j 的比例。

则运营商的清分收入为：

$$\boldsymbol{C} = \boldsymbol{Q} \times \boldsymbol{A} = [Q_1,\ Q_2,\ Q_3, \cdots,\ Q_m] \times \begin{bmatrix} a_{11} & \cdots & a_{1n} \\ \vdots & \ddots & \vdots \\ a_{m1} & \cdots & a_{mn} \end{bmatrix}$$

该方法通过分析乘客的出行行为，考虑了乘客出行路径的多样性，因此实际上包含了最短路径法。这种方法更切合实际地反映了乘客的出行情况，充分照顾到路网运营中做出贡献的运营商利益，从而根据这些路径中各相关运营商所承担的运营里程来确定其运费清分比例，其目标是更加科学、准确、客观地分配运费收益，体现公平原则。

二、多路径选择概率法的清分思路

多路径选择概率的清分方法的基本思路为：在网络中任意 OD 站点之间客流量和票款收入已知的情况下，将 OD 流量按照一定原则合理地分配到 OD 对之间的各条有效路径上，得到不同路径的分担比例，并计算出地铁各线路在每条路径中所占站点数的比例，根据这两个比例，求得 OD 之间地铁各线路应得收入所占的清分比例，最终计算出票款收入。

假定在城市轨道交通网络中共有 N 个 OD 对，在第 n 个 OD 对之间总的出行需求量为

d_n，票价为 q_n，则此 OD 之间的票价收入 R_n 为

$$R_n = d_n \times q_n$$

再假定第 n 个 OD 对之间存在 W 条有效路径供乘客自由选择，并假定第 w 条路径的选择概率为 p_w^n，用向量 $\boldsymbol{A}_i^n = \left[a_{1i}^n, a_{2i}^n, \cdots, a_{wi}^n\right]^{\mathrm{T}}$ 表示第 n 个 OD 对的第 w 条路径上 i 号线所占站点数的比例，则在第 n 个 OD 对之间地铁 i 号线运营商所占的清分比例 Q_{ni} 为

$$Q_{ni} = p_w^n \times \boldsymbol{A}_i^n = \left[p_1^n, p_2^n, \cdots, p_w^n\right] \times \left[a_{1i}^n, a_{2i}^n, \cdots, a_{wi}^n\right]^{\mathrm{T}}$$

地铁 i 号线在 N 个 OD 对之间所占的清分比例可用向量 $Q_i = \left[Q_{1i}, Q_{2i}, \cdots, Q_{ni}\right]$ 表示，则地铁 i 号线运营商应得到的清分收入为

$$C_i = R_n \times Q_i = \left[R_1, R_2, \cdots, R_n\right] \times \left[Q_{1i}, Q_{2i}, \cdots, Q_{ni}\right]^{\mathrm{T}}$$

案例模块

案例一：首尔轨道交通清分方法

首尔轨道交通的建设也是采用多方投资的办法。在 1～8 号线投资中，首尔地方政府占 80%，中央政府占 20%，建设过程的管理由政府主导，建成之后交给两家运营商；9 号线 38km，由政府投资 50%（地方政府 30%，中央政府 20%）、民营企业投资 50%（现代、大宇、韩进及其他几家民营企业）兴建，由另一家公司负责运营管理。首尔地铁由首尔地铁公社、首尔铁道公社和韩国铁道厅三家公司组织运营。

韩国智能卡公司（KSCC，Korea Smart Card Co.Ltd）负责首尔行政区内城市一卡通（T-Money 卡）的票款清分和卡发行业务，该公司就是首尔公共交通票款清分中心。它于 2003 年由政府牵头，系统承包商、信用卡公司、终端服务商（地铁、公交等）、设备供应商等单位共同组成，通过为各相关单位提供 T-Money 卡消费的清分服务收取一定的服务费作为营业收入，维持正常运作。

（1）清分中心的清算流程

地铁售检票设备上的读卡器和地铁 AFC 系统的车站服务器相连，车站服务器将交易数据发送给 T-Money 清算中心的在线服务器；清分系统第二天凌晨 4 点开始对上一日数据进行清算，7 点前将清算结果通知各运营商及信用卡公司，并通知结算银行股划账，各个运营商对清分结果进行检查核对。

（2）首尔运费清分规则

如果存在多条有效路径时按最短路径计算；T-Money 卡在地铁间换乘，入站时扣除最低消费金额归入站车站运营商，出站时扣除超额票款归出站车站运营商；首尔的轨道交通内部单程票款不作清分，发售单程票的收入全部归发售车站所属运营商。

案例二：上海轨道交通清分方法

1999 年上海城市轨道交通 1、2 号线自动售检票系统投入使用，这两条线的自动售检

票系统是在不同时期、从不同国家引进的技术和设备，其票卡制式、技术标准和数据格式均不相同。那时由于标准的缺失等原因无法做到“一票换乘”，造成检票时间增加，制约了运营服务水平的提高。为此，上海申通地铁集团组织编写了《上海轨道交通自动售检票系统实施纲要》，完成了整个轨道交通自动售检票系统的架构，确定了系统的技术方案、技术标准。2005 年 12 月 5 日完成了清分系统与上海公共交通卡清算系统的对接，12 月 25 日上海 5 条运营线路全部顺利接入清分系统，实现全市所有运营轨道交通线路的“一票换乘”和所有票务收入的及时清分结算。

城市轨道交通网络化运营和“一票换乘”后，不但为乘客提供了交通方便，同时也向乘客提供了多条换乘路径的可能性。当城市轨道交通网络中包含有共线运营、环线运营，甚至一条或几条线路的车站中有一半以上的车站是换乘站时，这将使得鉴别乘客的换乘路径成为难题。上海市采用的运费清分方法是基于乘客路径选择的最短路径清分方法，即在 OD 之间寻找乘客出行的最小费用路径，将全部流量分配给该路径，再根据不同运营商在该路径上所承担的路程比例来计算相应的清分比例。但是通过对换乘客流进行实地调查、数据统计和分析后，于 2006 年 8 月编写的“上海轨道交通票务中心客流调查报告”表明，按最短路径规则计算换乘客流和断面客流时与实际情况不符，尤其是在统计上海南站及上海体育馆站的换乘客流及 1 号线上体馆至上海南站的断面客流时更加突出。

参考文献 *References*

[1] 赵时旻. 轨道交通自动售检票系统.上海：同济大学出版社，2007.

[2] 广州地铁组. 站务人员. 广州：中国劳动和社会保障出版社，2009.

[3] 于涛. 城市轨道交通管理. 北京：人民交通出版社，2011.

[4] 裴瑞江. 城市轨道交通客运组织. 北京：机械工业出版社，2009.

[5] 石瑛. 城市轨道交通客运组织. 北京：中央广播电视大学出版社，2007.

[6] 林瑜筠. 城市轨道交通运输设备. 北京：中国铁道出版社，2011.

[7] 张莹，吴冰. 城市轨道交通车站设备. 北京：电子工业出版社，2012.